하룻밤에 읽는
고려사

하룻밤에 읽는
고려사

최용범 지음

페이퍼로드
paperroad

책머리에

고려 역사를 쓰다 보면 인간의 숭엄한 행위 앞에 '울컥'하는 때가 있다. 거란이 침략해 들어왔을 때 영토를 떼어주자는 대다수 관리와 나약한 국왕 앞에서 당당하게 외교전을 펼치자고 제안했던 서희의 '대거란 담판 외교' 같은 대목이 그렇다. 서희는 죽음을 두려워하지 않고 거란군 총사령관 소손녕과 한판 협상을 벌여 강동 6주라는 전략적 요충지를 획득했다.

또 거란에 강화 사절로 갔다가 귀화해 살라는 거란 성종의 거듭된 권유를 물리치다 죽임을 당한 하공진의 최후도 똑같이 감동하게 한다.

"나는 우리 본국에 대하여 딴마음을 품을 수 없으니, 만 번 죽더라도 살아서 귀국의 신하가 되기를 원하지 않는다."

하공진의 최후 일성이다. 이런 하공진을 죽인 뒤 거란 군사들은 분한 마음에 그의 염통과 간을 꺼내서 먹었다.

고려인은 자존심이 무척 셌다. 그러면서도 고리타분한 하나의 이념이나 원리에 매이지 않았다. 거란·여진·몽골 등 중국을 장악했던 막강한 이민족의 침입을 500년간 받아오면서도 굴복하지 않았다. 비록 현실적 힘의 부족으로 책봉을 받고 조공을 바치는 한이 있더라도 송·요·금·원·명 등의 부침에 따라 탄력적 대응을 했던 것이 고려의 자주적 외교정책이었다. 고려는 자주적이면서도 지극히 현실적인 외교정책을 펴며 요와 송, 금과 송 사이에서 지렛대가 되기도 했다. 역사상 최강을 자랑했던 몽골에 정복당했지만 자주적 체제를 지키기 위한 노력을 멈추지 않았고 100년 만에 몽골의 지배를 극복해낸 것이 고려의 저력이었다.

이런 고려의 외교력은 대미, 대중, 대북 관계가 민족의 성패를 가를 지금 우리 시대의 대외 관계를 되돌아보게 할 역사적 자산이기도 하다.

고려는 성리학만을 지배 이념으로 내세웠던 조선과는 달리 불교와 도교 등 다양한 학문과 사상이 공존하던 사회였다. 최충 같은 유학의 대가들도 불교에 심취했고 의천 같은 고승들도 유가에 능통했다. 곧 하나의 사상만을 도그마화해 사회를 경직시켰던 조선과는 달랐다. 이 점은 다양한 것의 공존을 추구하는 지금, 우리에게 적지 않은 시사점이 될 수 있다.

고려 사회는 또한 역동적이고 개방적인 사회였다. 이미 고려 초기부터 건국에 공을 세운 공신이 평민과 천민층에서 다수 배출되었다. 사회 체제가 안정되어가던 고려 중기에 와서는 이의민처럼 최하층 천민 출신이 군공을 세워 문하시중이라는 최고위직에 올랐고 후기에 와서 이런 경향은 더욱 두드러졌다.

개방적인 사회였던 만큼 여성의 사회적 지위도 조선보다 훨씬 더 높았다. 딸들이 아들과 동등하게 상속받고 호주가 되어 제사도

모셨던 사회인 점은 지금 우리 여성의 처지보다 나았다고 할 수 있다. 처가살이가 전혀 부끄럽지 않은 게 고려 사회였다.

이 책에서는 고려의 역사를 한눈에 볼 수 있다. 500년 고려사를 편의상 4개의 시대로 나누어 기술했다. 엄밀한 시대 구분 방법에 따라 구분하지는 않았다. 독자들이 읽기 쉽게끔 나누어놓았을 뿐이다. 엄밀한 역사 방법론의 정립은 전문 연구자의 몫이지 대중 역사서가 매달릴 일은 아니기 때문이다.

주로 정치사와 대외 관계사를 중심으로 서술했고, 그것을 끌어간 인물들 중심으로 기술했다. 아무래도 역사의 외연은 그쪽에 있기 마련이다. 문화나 생활사 관련 부분은 미흡하지만 칼럼을 통해 해소하고자 했다. 필자의 부족한 역량 때문에 고려사에 연구 업적을 쌓은 분들의 저작에 많은 부분 의존했다. 책의 성격상 일일이 각주 인용 출처를 명시하지 못했다. 양해와 함께 고마움을 전한다.

이 책의 표지에 작업자로 소개된 것은 필자뿐이다. 그러나 편집과 교정, 진행 등 책을 출간하는 데 김은미 씨와 홍지현 씨가 사실상 많은 일을 감당했다. 편집자의 수고를 덜어주기는커녕 번번이 마감을 제대로 지키지 못해 애간장 태우게 한 필자의 게으름을 또한 번 자책할 수밖에 없다. 미안함과 고마움을 전한다. 이 책의 도표는 후배 정도영 군이 맡아주었다. 어려운 작업을 밤새워 맡아준 점 도영 군에게 고마움을 전한다.

이 책을 쓰는 동안 필자에게는 개인적으로 많은 일이 있었다. 효도 한번 제대로 못 했는데 아버님이 쓰러지셔서 의식을 회복하지 못하고 계신다. 어머님은 큰 수술을 받으셨다. 부모님의 건강을 간절히 기원한다. 작업하는 동안 인생의 반려를 만나게 되었다. 아내 강은선은 필자가 괴롭게 작업할 때면 함께 고통을 나눠주었다. 아내에게 고마움을 전하지 않을 수 없다.

최용범

차례

초판 서문 **책머리에** … 4

 민족 통일 국가 고려의 형성

왕건, 준비된 쿠데타로 고려를 건국하다 … 14

탁월한 전략 구사로 난세를 통일하다 … 21

고구려 옛 땅의 회복을 꿈꾸다 … 27

주름살 임금 혜종, 그 미약한 왕권의 비극 … 33

정종은 왜 서경 천도를 그토록 고집했을까? … 39

광종, 7년의 세월을 기다리다 … 45

호족을 뒤흔든 노비안검법과 과거제 … 50

쌍기, 광종 개혁 정권의 이인자 … 55

기득권 세력의 저항과 광종의 비타협적 숙청 … 59

경종, 복수를 허용하다 … 64

고려의 작은 중국화를 추구하다 … 69

고려 체제 정비의 브레인 최승로 … 74

서희의 담판이 이뤄낸 승리 … 79

정계를 뒤흔든 고려판 측천무후, 천추태후 … 85

정변의 수수께끼 … 90

대거란 전쟁의 숨은 주역 양규 … 96

고려, 준비된 군대로 거란을 완파하다 … 103

고려 최고의 명문 사학을 만들다 … 108

세계와 통한 국제무역항 벽란도 ⋯ 112

고려판 수양대군, 계림공의 쿠데타 ⋯ 118

화폐 주조도 신수도 건설도 왕권 강화를 위해 ⋯ 124

성과 속을 넘나든 왕자 승려 의천 ⋯ 130

윤관의 여진 정벌의 실상 ⋯ 134

권력의 전횡이 부른 권세가의 몰락 ⋯ 141

허망하게 끝난 반란 ⋯ 148

◆ 고려에는 고려장이 없었다 ⋯ 154

◆ 왕권 강화의 키워드, 근친혼 ⋯ 156

◆ 고려청자에는 사람 뼈가 들어갔을까? ⋯ 158

◆ 고려 정치의 보이지 않는 손, 여인 ⋯ 160

◆ 고려 미술의 천재, 이영 ⋯ 162

제2장 **무신 집권기**

시나리오가 있었던 무신의 난 ⋯ 166

문신의 씨를 말려라 ⋯ 173

무신정권 수립의 실세는 하급 무인들 ⋯ 178

온건파가 장악한 약체 무신정권 ⋯ 184

무신정권을 부정하는 무신의 집권 ⋯ 190

천인 출신 장사 이의민의 장기 집권 ⋯ 196

최충헌, 60년 최씨 정권의 시작을 알리다 ⋯ 202

최충헌의 시스템 정치 ⋯ 209

권력자의 입맛대로 정치기구를 설치하다 ⋯ 215

무신 집권기 어느 문인 관료의 삶 … 221

민중의 100년 항쟁 … 227

고구려·백제·신라 부흥 운동은 왜 일어났을까? … 233

탐라는 육지의 식민지인가 … 238

◆ 무신 집권자들은 왜 직접 왕이 되지 않았을까? … 243

◆ 머리채를 팔아 마련한 점심밥 … 245

◆ 출세를 위해선 마누라도 버리자! … 247

◆ 고려 기생은 백정 출신 … 249

제3장

대몽 항쟁과 원 간섭기

칭기즈칸의 몽골제국 고려를 침입하다 … 254

무책임한 최씨 정권과 불굴의 고려군 … 260

삼별초 항쟁의 두 얼굴 … 266

고려군, 원의 일본 침략전에 동원되다 … 272

고려 침략의 선두에 선 홍다구 일파 … 278

원의 힘을 빌려 자주성을 강화하자 … 283

『삼국유사』와 『제왕운기』 … 288

충선왕의 딜레마 … 294

충숙왕과 심왕 고 … 300

두 번 폐위당한 폭군 충혜왕 … 306

여성이 호주도 되고 상속도 받았던 고려 … 312

◆ 고려의 내시는 조선의 내시와 완전히 달랐다 … 316

◆ 고려가 금속활자를 먼저 찍어내고도 문화혁명을 못 이룬 까닭은? … 318

제4장

고려 개혁의 좌절과 왕조의 멸망

원의 지원을 받은 반원 정책이란 역설 ⋯ 322

공민왕, 개혁의 칼날을 들다 ⋯ 328

홍건적의 침입과 국제 정세의 급변 ⋯ 334

원 간섭기 종식 ⋯ 340

원의 황후가 된 고려 공녀 ⋯ 346

신돈의 과감한 정치 개혁과 그 좌절의 내막 ⋯ 351

너무도 허망하게 끝난 공민왕의 개혁 정치 ⋯ 357

원의 100년 간섭이 고려에 남긴 것 ⋯ 364

문익점, 조선의 생활과 문화에 혁명을 일으키다 ⋯ 369

최영과 이성계를 영웅으로 만든 왜구 토벌 ⋯ 376

집념의 화약 마니아 최무선의 화포 발명 ⋯ 381

염흥방의 소탐이 불러온 권문세족의 몰락 ⋯ 385

최영 장군은 왜 요동 정벌에 나섰을까? ⋯ 390

이성계, 위화도회군으로 실권을 장악하다 ⋯ 396

이색·정몽주 VS 정도전·조준 ⋯ 402

◆ 조선의 향리와는 너무 달랐던 고려의 향리 ⋯ 408

◆ 고려에 이민 온 외국인들 ⋯ 410

◆ 역사의 희생양 이원계 ⋯ 412

참고 문헌 ⋯ 414

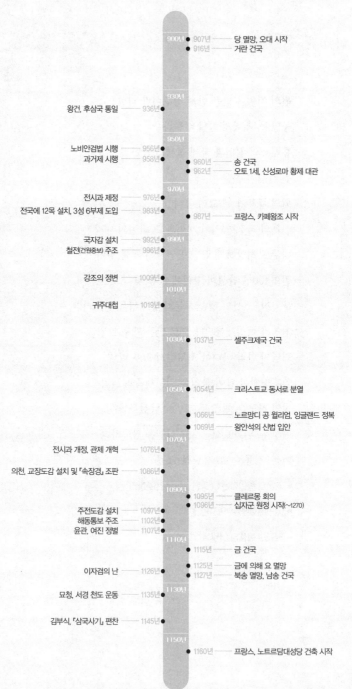

900년

907년 ● 당 멸망, 오대 시작
916년 ● 거란 건국

930년

왕건, 후삼국 통일 ─ 936년 ●

950년

노비안검법 시행 ─ 956년 ●
과거제 시행 ─ 958년 ●

960년 ─ 송 건국
962년 ─ 오토 1세, 신성로마 황제 대관

970년

전시과 제정 ─ 976년 ●
전국에 12목 설치, 3성 6부제 도입 ─ 983년 ●

987년 ─ 프랑스, 카페왕조 시작

국자감 설치 ─ 992년 ● 990년
철전(건원중보) 주조 ─ 996년 ●

강조의 정변 ─ 1009년 ●

1010년

귀주대첩 ─ 1019년 ●

1030년 ● 1037년 ─ 셀주크제국 건국

1050년 ● 1054년 ─ 크리스트교 동서로 분열

1066년 ─ 노르망디 공 윌리엄, 잉글랜드 정복
1069년 ─ 왕안석의 신법 입안

1070년

전시과 개정, 관제 개혁 ─ 1076년 ●

의천, 교장도감 설치 및 『속장경』 조판 ─ 1086년 ●

1090년

1095년 ─ 클레르몽 회의
1096년 ─ 십자군 원정 시작(~1270)

주전도감 설치 ─ 1097년 ●
해동통보 주조 ─ 1102년 ●
윤관, 여진 정벌 ─ 1107년 ●

1110년

1115년 ─ 금 건국

이자겸의 난 ─ 1126년 ●

1125년 ─ 금에 의해 요 멸망
1127년 ─ 북송 멸망, 남송 건국

묘청, 서경 천도 운동 ─ 1135년 ● 1130년

김부식, 『삼국사기』 편찬 ─ 1145년 ●

1150년

1160년 ─ 프랑스, 노트르담대성당 건축 시작

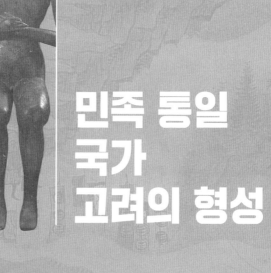

제**1**장

민족 통일 국가 고려의 형성

왕건, 준비된 쿠데타로 고려를 건국하다

왕건은 궁예 밑에서 군공을 쌓으며 입지를 다진 후
쿠데타 주도 세력의 지지를 받아 고려를 건국하고 왕위에 올랐다.

"신라는 말기에 정치는 문란하고 백성들은 흩어져 서울 밖의 주현 중에서 배반한 곳이 절반이나 되었다. 먼 곳과 가까운 곳에서 뭇 도적들이 벌 떼처럼 일어났고 개미 떼처럼 모여들었다."(『삼국사기』 권50, 열전 제10) 9세기 말 신라의 모습이다. 9세기 말은 신라의 지배력이 이미 땅에 떨어졌던 시기였다. 당唐과 손잡고 고구려와 백제를 멸망시키고 대동강 이남 지역을 통치했던 신라는 768년(혜공왕 4)부터 시작된 왕위 계승 전쟁과 군진軍鎭 세력가의 반란으로 나라라고 부를 수 없는 지경에 이르렀다. 특히 진성여왕 대(887~897)에 이르러서는 지방에 대한 통제력을 완전히 잃어 전국이 내란 상태에 돌입해 있었다.

지방의 군현은 군태수나 현령들이 독자적으로 무장하여 성주나 장군으로 칭하며 자립적인 힘을 가졌다. 이제 그들은 신라 정부의 명령을 받는 지방 조직이 아니라 언제든 중앙정부에 반기를 들 수 있는 독립적인 세력이 되었다. 또한 정부에 반기를 든 반란군은 거대한 세력을 형성하여 각기 지방에 할거하기 시작했다. 사벌주(상주)의 원종과 애노, 죽주(안성 죽산)의 기훤, 북원(원주)의 양길 등이 그들이었다. 이들 중 세력이 강성한 집단은 지방에 새로운 정권을 세워 신라 정부에 대항하여 한반도의 지배권을 노리기까지 했다. 완산주(전주)에 근거한 견훤과 철원에 근거한 궁예가 대표적 세력이었다.

한 시대가 끝나고 새로운 시대를 준비하는 과도기는 대망을 가진 자들에게 절호의 기회였다. 후한 말 영웅 조조, 유비, 손권 등이 삼국시대를 풍미했던 것처럼 9세기 말 한반도는 견훤, 궁예, 왕건이라는 걸출한 영웅들이 일진일퇴를 거듭하는 각축장이었다.

농민의 아들, 견훤

견훤甄萱 (867~936)은 상주 가은현 출신이다. 아버지 아자개阿慈介 는 농사를 짓다 무리를 모아 장군을 자처한 인물이었다. 견훤과 관련해 전해지는 흥미로운 전설이 있다. 견훤이 아직 포대기에 있을 무렵 그의 어머니가 아자개에게 밥을 가져다주는 길에 아이를 수풀 아래 내려두었다. 그때 호랑이가 나타나 견훤에게 젖을 물려주었다고 한다. 그 후 '호랑이의 자식'이란 전설이 따르게 되었다.

체구가 장대하고 담력이 셌던 견훤은 신라 군인이 되어 서남 해안의 국경을 지켰다. 그는 창을 베고 자면서 적을 기다렸고 용기 또한 늘 병졸보다 앞섰다. 그 공을 인정받아 비장裨將 이 되었다. 변방에서 견훤은 신라의 쇠망을 직시할 수 있었다. 견훤은 지방군 조직을 벗어나 뜻을 같이하는 무리를 모아 독립 세력을 형성했다. 그러고는 파죽지세로 서남 지방의 주현을 쳐서 새로운 정부를 구성하기까지 했다. 견훤은 전라도와 충청도 일부의 옛 백제 지역을 근거지로 삼아 백제 부흥의 기치를 들고 900년(효공왕 4) 후백제를 건국하기에 이른다. 그리고 1년 뒤 궁예가 후고구려를 건국한다. 이후 견훤은 궁예와 18년간 라이벌로서 한반도 곳곳에서 충돌한다.

버려진 아들, 궁예

궁예弓裔(857~918)는 극적인 일생을 살다 간 인물이다. 신라 제47대 헌안왕의 아들이라고도 하고, 제48대 경문왕의 아들이라고도 한다. 그러나 버려진 왕자였다. 신라 말 빈번했던 왕실의 왕위 계승전에 휩쓸려 버려졌을 것이다. 영웅의 신화가 그러하듯 궁예는 죽음 일보 직전에 유모의 도움으로 살아남았는데, 그 과정에서 한 눈을 잃어 애꾸가 되었다. 궁예는 신분을 숨긴 채 세달사 승려 선종善宗으로 살다가 뜻을 품고 세상으로 나갔다. 891년(진성여왕 5) 궁예는 죽주에 근거한 기훤箕萱의 무리에 들어갔다. 하지만 기훤은 궁예란 인물의 그릇을 알아보지 못했다. 이듬해 궁예는 다시 길을 떠나 북원에 자리한 양길梁吉에게 가 제 뜻을 펴기 시작했다. 양길은 궁예를 높이 평가하여 영토 확장의 중책을 맡겼다. 궁예는 성공적으로 정복 활동을 펼쳤고 그를 따르는 무리에 의해 장군으로 추대되었다.

901년 궁예는 마침내 철원을 근거지로 고구려를 계승한다고 하여 후고구려를 세운다. 궁예는 명주(강릉), 한산주(서울), 패서도(황해도)와 상주 등을 석권해 911년(효공왕 15)에는 북쪽으로는 평양까지 남쪽으로는 상주까지 그 영향력을 미쳤다.

후백제가 건국된 900년부터 이후 936년 멸망하기까지를 후삼국기라 부른다. 후삼국기라 하더라도 신라는 경주를 중심으로 한 경상도 일대만 간신히 지키는 형편이라 독립적 변수가 될 수 없었다. 실질적으로는 후고구려와 후백제 이국二國 시대였다. 그런데 후백제와 후고구려 간의 쟁패기에 하나의 변수가 생긴다. 후고구려를 이끌어오던 궁예가 몰락하고 왕건이 새롭게 고려를 건국해 양국 간 전쟁의 주역이 바뀌었다.

호족의 아들, 왕건

궁예가 양국 간 대결에서 우위를 보일 수 있었던 이유는 왕건이라는 뛰어난 장군을 수하에 두었기 때문이다. 왕건王建(877~943)은 송악(개성)의 호족 집안에서 태어났다. 왕건의 집안은 대대로 중국 무역에 종사해왔는데, 특히 조부 작제건作帝建은 직접 무역선을 타고 다니며 활동하여 엄청난 부를 쌓았다. 기록에서 집안의 재산을 '천금이 쌓여 있는累千金' 형세라 할 정도였다. 작제건은 재력뿐만이 아니라 무력도 확보했다. 당시 바닷가에 횡행하는 해적들을 소탕하기 위해 군사를 보유하고 있었다.

작제건의 아들 용건龍建(왕륭) 역시 무역업에 종사하며 개성 주변의 호족과 혼인 등을 통해 탄탄한 세력을 쌓은 인물이었다. 그렇다고 궁예나 견훤처럼 독자적 정권을 세울 정도로 강성하지는 않았다. 용건은 철원 지방을 중심으로 세력을 뻗쳐나가는 궁예에 주목했다. 용건은 자신과 아들 왕건의 운명을 궁예에게 걸기로 했다. 용건은 큰 장사꾼답게 궁예에게 한판 승부수를 던진다. 자신이 장악하고 있던 송악을 궁예에게 바치기로 한 것이다. 대신 용건은 다음과 같은 조건을 붙였다. "대왕께서 만일 조선, 숙신, 변한 땅의 왕이 되시려면 우선 송악에 성을 쌓고 저의 큰아들을 성주로 삼으심이 좋을 것입니다."(『고려사』 권1, 태조 총서) 송악을 전략적 요충지로 삼을 것과 아들 왕건을 송악 태수로 임명해달라고 했다. 궁예는 흔쾌히 승낙했다. 막강한 재력을 가진 개성 제일의 호족을 수하로 거느리게 될 뿐만 아니라 해양 세력까지 확보할 수 있었기 때문이다.

이후 왕건은 궁예의 수하로서 탁월한 군공을 세웠다. 903년 금성(나주) 전투에서 승리하여 10여 군현을 점령하는 한편, 912년에는 덕진포에서 견훤이 직접 지휘하는 후백제군을 완파했다. 후백제의 배후를 쳐서 태봉(당시 고려의 국호)을 공격할 여지를 없앤 것이다. 해상 세력의 후예답게 수전水戰에 강했던 왕건은 경상도와 전라도 일대 해안까지 영향력을 확보해 고려의 전략적 우위를 확보했다. 이러한 노력과 승리의 대가로 왕건은 파진찬에 올라 시중이 되었다. 태봉 조정에서 오를 수 있는 최고 지위였다.

궁예 VS 왕건

왕건이 이렇게 세력을 얻는 동안 궁예의 입지는 점차 좁아졌다. 양길에게 얻은 도적 무리를 세력 기반으로 일어난 궁예는 견훤처럼 고향에 근거를 두지도 않았고 왕건처럼 튼튼한 호족적 기반도 없었다. 다양한 세력의 연합체인 후고구려에서 궁예는 친위 세력을 구축하고 독자적 국가 이념을 세우기 위해 진력했다. 904년 국

고려의 건국과 통일 과정

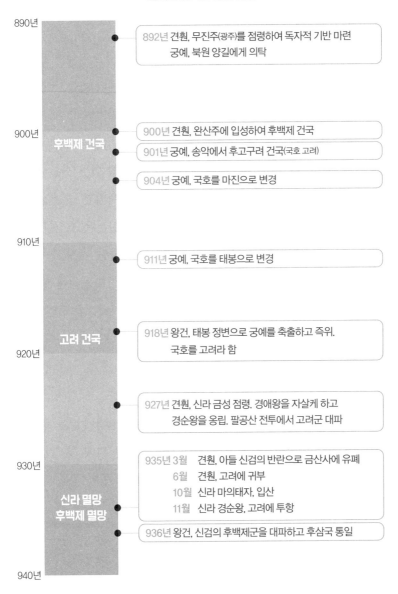

890년

892년 견훤, 무진주(광주)를 점령하여 독자적 기반 마련
궁예, 북원 양길에게 의탁

후백제 건국

900년
900년 견훤, 완산주에 입성하여 후백제 건국
901년 궁예, 송악에서 후고구려 건국(국호 고려)
904년 궁예, 국호를 마진으로 변경

910년
911년 궁예, 국호를 태봉으로 변경

고려 건국

918년 왕건, 태봉 정변으로 궁예를 축출하고 즉위.
국호를 고려라 함

920년

927년 견훤, 신라 금성 점령. 경애왕을 자살케 하고
경순왕을 옹립. 팔공산 전투에서 고려군 대파

930년

**신라 멸망
후백제 멸망**

935년 3월   견훤, 아들 신검의 반란으로 금산사에 유폐
6월   견훤, 고려에 귀부
10월   신라 마의태자, 입산
11월   신라 경순왕, 고려에 투항
936년 왕건, 신검의 후백제군을 대파하고 후삼국 통일

940년

호를 마진摩震이라 하고 청주인 수천 명을 새 도읍인 철원으로 이주시킨 것도 그리고 다시 911년 국호를 태봉이라 바꾼 것도 친위 세력을 형성하기 위해서였다.

하지만 궁예의 정책은 급진적이고 무리수였다. 초조함에 사로잡힌 궁예는 공포정치로 일관했다. 자신의 부인 강씨와 아들도 믿지 못해 죽였다. 문무 관료에서 평민에 이르기까지 반역의 조짐이 있는 자는 모조리 처형했다. 그 결과 민심은 극도로 달라져 쿠데타의 빌미를 주게 된다. 왕건 역시 궁예에게 죽임을 당할 뻔했으나 참모인 최응의 도움으로 살아남을 수 있었다. 왕건은 위험한 중앙 정계에 남아 있기보다는 자청하여 외직으로 나갔다. 왕건은 자신이 전공을 세운 나주 등지에서 세력 기반을 마련하는 한편, 지지 세력을 중심으로 쿠데타를 준비했다. 왕건이 왕위에 오르고 신라를 얻는다는 도참 예언이 쓰인 거울로 개경의 민심을 조작하는가 하면, 궁예의 친위 세력인 아지태를 중심으로 한 청주인들을 제거하며 입지를 다졌다.

결국 918년 왕건은 홍유洪儒, 배현경裴玄慶, 신숭겸申崇謙, 복지겸卜智謙 등 쿠데타 세력의 추대를 받아 왕위에 올랐다. 왕위에 오른 왕건은 국호를 고려高麗, 연호를 천수天授라 하고 새로운 지배 체제를 확보했다. 그러나 궁예의 지지 세력인 김순식, 성달, 문소 등과 청주인들의 반발을 무마하는 데는 적지 않은 시간이 흘러야 했다.

후삼국기 걸출한 학문적 재능으로 이름을 떨친 3명의 최씨를 '삼최三崔'라 불렀는데, 최치원과 견훤의 측근이었던 최승우, 왕건을 보필한 최언위가 그들이다.

탁월한 전략 구사로
난세를 통일하다

태조는 신라를 돌보고 후백제를 공격하는 전략적 구도를 선택해
후삼국을 통일했다.

고려 건국 초기에 왕건(태조)의 입지는 불안하기만 했다. 궁예의 지지 세력이 여전히 남아 반쿠데타를 기도했다. 먼저 왕건이 즉위한 지 4일 만에 처우에 불만을 품은 환선길이 반란을 획책했다. 환선길은 궁예를 축출하는 데 함께했던 인물이다. 청주인 임춘길, 배종규 등도 반란을 꾀했다. 게다가 웅주(공주), 운주(홍성) 등 10여 개 주현이 배반하여 후백제에 투항하기도 했다. 왕건이 즉위한 해에만 반쿠데타 시도가 4차례 있었다.

왕건의 정치적 권위는 궁예보다 떨어졌다. 건국 첫해에 나주도 대행대시중羅州道大行臺侍中에 임명된 구진이 "이전 임금(궁예) 때 오랫동안 지방에서 수고했다"(『고려사』 권1, 태조 1)라며 인사 발령을 거부하는 일까지 있었다. 왕건은 이런 구진에 대해 "이전에 나도 어려운 일을 많이 겪었지만 한 번도 수고했다는 핑계를 대고 사양하지 못했던 것은 임금의 위엄이 두려웠기 때문이었다"라며 탄식해마지않았다. 한마디로 임금으로서 영이 서지 않았다. 이런 내부적 불안 요

소를 더욱 부채질한 것은 후백제의 강력한 군사력이었다. 고려 건국 이후 초기 10년간은 후백제가 전투에서 우위를 차지했다.

하지만 왕건은 서두르지 않았다. 자신을 낮추고 상대방을 높이는 태도를 보이며 때를 기다렸다. 전국 각처의 호족들에게도 억압보다는 회유책을 썼다. 그 결과 견훤의 아버지 아자개를 비롯해 명주 순식, 진보(청송) 홍술 등 9개 성의 장수들이 자진하여 투항해왔다. 특히 강대한 세력을 자랑하던 명주 호족 순식은 궁예의 오랜 지지 세력으로 왕건에게 적대적 태도를 보였던 인물이다. 왕건은 이들을 무력보다는 포용력으로 감화시켰다.

햇볕 정책으로 후삼국 통일의 주도권을 쥐다

고려가 후백제와의 쟁패에서 우위를 점하고자 한 전략적 선택은 신라에 대한 왕건의 햇볕 정책이었다. 궁예는 신라에 생래적 적개심을 품고 있어 강경책을 고수했다. 그를 버린 신라 왕실을 향한 적개심은 영주 부석사에 난입해 벽에 그려진 신라 왕의 화상을 칼로 베어버릴 정도로 대단했다.

왕건이 집권하면서 대신라 정책은 포용 정책으로 바뀌었다. 신라와 화친하여 손을 잡고 후백제를 치는 전략을 택했다. 그러면 전선도 단일해질 것이었다. 이에 반해 후백제는 궁예가 사라진 고려는 일단 방치한 뒤 신라를 먼저 침략하는 전략을 택했다. 약자를 먼저 제압한 뒤 고려와 본격적으로 전쟁을 벌이려는 계획이었다. 그래서 918년 왕건이 즉위하자 축하 사절까지 보냈다. 920년 9월에는 아찬 공달을 보내 공작선孔雀扇과 지리산 죽전竹箭을 선물로 보내기도 했다. 견훤의 이런 태도는 후백제가 신라를 침공하는 데 고려가 중립적 태도를 보이리라 기대했기 때문이다. 그래서인지 선물을 보낸 바로 그다음 달인 10월 신라 대야성을 빼앗고 진례군(금산) 지방으로 진격해 들어갔다. 다급해진 신라는 고려에 원병을 청했다. 왕건은 즉각 군사를 보내 후백제군을 물리쳤다. 이로써 고려는 신라와는 동맹 관계를, 후백제와는 적대 관계를 맺게 되었다.

왕건의 대신라 햇볕 정책은 신라 변경의 각 지방이 남진해 내려오는 고려에 자발적으로 투항하는 부수적 효과까지 낳았다. 그러나 건국 직후 고려의 군사력은 후백제에 뒤처져 있었다. 925년(태조 8) 고려는 조물성에서 후백제에 패배해 견훤에게 화친을 청하고 볼모를 교환했다. 그리고 왕건은 자신보다 열 살 위인 견훤을 상보(尙父)로 삼았다. 신라를 치는 데 골몰한 견훤은 고려의 화친에 응했고 조물성 전투 이후 신라의 20여 성을 점령했다.

후백제의 대신라 공격이 절정에 달한 것은 927년이었다. 견훤은 직접 대군을 이끌고 금성(경주)까지 들어가 포석정에 있던 경애왕을 자결하게 하고 비빈을 강탈했다. 그리고는 경애왕의 사촌이자 헌강왕의 외손인 김부(金傅)를 왕으로 세웠다. 그가 바로 신라의 마지막 왕 경순왕이다. 왕건은 후백제의 원병 요청에 군사 5000명을 이끌고 경주로 향했으나 함락을 막지 못했고, 퇴각하는 견훤과 팔공산 일대에서 격전을 벌였으나 대패한다. 고려는 이 전투에서 신숭겸, 김락 등의 명장을 잃는다.

내분으로 몰락한 후백제

팔공산 전투 이후 고려와 후백제의 대립은 한층 더 격렬해진다. 이듬해인 928년 5월과 11월에는 후백제가 각각 강주(진주)와 오어곡성(예천)을 공격해 타격을 입히는 등 5차례의 전투에서 고려에 승리했다. 929년에는 견훤이 의성을 공격해 왕건의 한쪽 팔이라 할 수 있는 성주 홍술의 목을 베기도 했다.

하지만 후백제의 전승 행진은 930년 고창(안동) 병산 전투에서 고려에 대패하면서 멈추게 된다. 후백제군 8000명이 살육된 고창 전투로 영안(풍산), 하곡(안동 부근) 등 30개 군현이 고려에 항복했고, 명주에서 흥례부(울산)에 이르기까지 110여 성이 고려에 넘어갔다. 고창 전투에서 고려가 대승을 거두자 신라는 고려에 더욱 밀착했다. 931년 신라 경순왕은 왕건을 초청해 연회를 베풀었다. 이때 50여 기병만 대동하여 경주에 들어선 왕건은 신라 조정과 백성의 열렬한 환영을 받았다. 『삼국사기三國史記』에는 당시 신라 백성들이 "예전 견훤이 왔을 때는 승냥이와 호랑이를 만난 것 같았는데, 지금 왕공이 오니 부모를 뵌 듯하다"라고 했다는 기록이 보인다. 이날의 연회는 훗날 신라가 고려에 나라를 바치게 되는 결정적 계기가 되었다.

후백제는 고창 전투 뒤에도 수차례 공격에 나섰지만 대세를 뒤엎기에는 역부족이었다. 게다가 후백제에서는 왕위 계승을 둘러싼 내분이 발생했다. 935년 3월 견훤이 넷째 금강을 후계자로 정하려고 하자 맏아들인 신검을 비롯한 양검, 용검 3형제가 반기를 들었다. 3형제는 견훤을 금산사에 가두고 금강을 죽인 뒤 신검을 왕위에 올렸다. 견훤은 금산사에서 3개월간 갇혀 있다가 그해 6월 탈출하여 고려에 귀부했다. 왕건은 견훤을 맞이하여 상보라고 부르며 지위를 백관의 위에 두고 양주를 식읍으로 주었다.

경주 동궁과 월지·문화재청

신라는 674년 인공 연못 월지를 만들고 연못 속에 달빛이 비치는 동궁을 세웠다. 경사가 있을 때나 귀한 손님을 맞을 때 이곳에서 궁중 연회를 베풀었다고 한다. 신라 경순왕이 견훤의 침입을 받은 뒤, 931년 2월 왕건을 초청하여 위급한 상황을 호소하며 연회를 베풀었던 곳이기도 하다.

대세가 고려에 기운 것을 안 경순왕 역시 신라를 고려에 바쳤다. 왕건은 경순왕에게 자신의 딸 낙랑공주를 배필로 주고 정승공에 봉해 태자보다 높은 예우를 받게 했다. 경주는 경순왕의 식읍이 되었다.

신라를 병합한 고려는 후백제를 정벌할 준비를 했다. 견훤 역시 배역자인 아들 신검을 치는 데 적극적이었다. 견훤의 사위이기도 한 후백제의 장군 박영규는 사람을 보내 후백제를 치면 내응하겠다는 의사를 전해오기도 했다. 왕건은 직접 대군을 거느리고 936년(태조 19) 9월 일선군(구미) 일리천 전투에서 신검군과 싸워 대승을 거두고 후백제의 항복을 받아냈다. 이로써 왕건은 전쟁터에 뛰어든 지 40년 만에 삼국을 통일했다. 이때 그의 나이 60이었다. 신라 말 전국이 반란과 전쟁의 아수라장에 빠진 지 100년 만에 이뤄낸 국토 통일이기도 했다. 그러나 고려가 안정된 집권 국가로 서기 위해서는 아직 많은 과제가 남아 있었다.

신라의 마지막 태자인 마의태자 전설에 따르면 그는 자신의 무리와 함께 만주로 가서 여진족의 수장이 되었다고 한다. 훗날 여진족의 국명 '금金'은 마의태자의 성씨를 따서 지은 것이라 한다.

고구려 옛 땅의
회복을 꿈꾸다

태조는 고구려 계승 의식을 분명히 했고
각지의 유력 호족들과의 결혼을 통한 호족 연합 정책을 폈다.

충선왕은 원에 있을 때 조맹부, 염복 등 당대 문인들과 토론을 즐겼다. 충선왕은 역사에 해박했는데 태조 왕건을 송 태조 조광윤에 비하며 "우리 태조(왕건)의 도량과 덕량은 중국에서 태어나셨다면 마땅히 송 태조보다 덜하지 않았을 것이다"(『고려사』 권2, 이제현의 찬) 했다. 특히 조광윤이 송을 일으켜 진秦과 한漢이 차지했던 광대한 영토를 다시금 평정하려고 했던 것처럼 왕건도 고구려의 옛 영토를 되찾겠다는 열망이 컸다고 하며 다음과 같이 말했다.

우리 태조는 왕위에 오른 뒤에 아직 김부가 귀부하지 않았고, 견훤도 잡히지 않았는데도 누차 서경(평양)에 행차하여 친히 북방 변경을 순행했다. 그 뜻 역시 고구려 동명왕의 옛 영토를 우리 집안에서 대대로 이어져온 귀한 물건으로 여겨 분명 삼한을 석권한 후에 그곳을 차지하고자 한 것이니, 태조의 의도가 어찌 닭을 잡고 오리를 치는 데 그칠 따름이었겠는가?(『고려사』 권2, 이제현의 찬)

나는 고구려인이다

태조는 쿠데타를 일으킨 뒤 궁예가 태봉으로 바꿨던 국호를 고려로 되돌려 고구려 계승 의지를 드러냈다. 태조의 고구려 계승 의식은 선조가 백두산을 기반으로 한 고구려의 후예라는 점과 한반도 중북부 지방, 즉 고려 영토의 주민 대다수가 고구려 유민이라는 현실에 뿌리를 둔 것이었다. 중국인들 또한 고려란 명칭을 옛 고구려와 이어진 것으로 인식했다고 한다.

국호를 고려라 할 만큼 고구려의 옛 영토 회복에 대한 열망이 컸던 태조는 후삼국 통일이 불투명한 상황에서도 폐허가 되어 잡초가 무성한 서경에 새로이 성을 쌓고 주민을 이주시켰다. 그리고 '훈요 10조訓要十條'에서도 후대 왕들에게 1년에 100일은 서경에서 머물게 했다.

태조 왕건 동상
1993년 고려 태조 무덤인 개성 현릉에서 발굴된 태조 왕건상이다. 송악 출신 호족의 아들이었던 왕건은 궁예의 휘하에 있다가 42세의 나이에 왕위에 오르고 나라의 이름을 고려로 바꾸었다.

다섯째, 내가 삼한 산천의 은밀한 도움으로 대업을 이루었다. 서경은 수덕水德이 순조로워 우리나라

지맥의 뿌리가 되고 대업을 만대에 전할 땅이니 네 게설의 중간 달마다 100일을 머물러 안녕을 이루게 하라.(『고려사』 권2, 태조 26년 4월)

태조는 건국 초기 후백제와 전쟁하는 동안에도 동북쪽으로 유금필庾黔弼(?~941)을 출정시켜 여진 부락을 쳐서 내쫓기도 했다. 고구려의 옛 땅을 되찾기 위한 태조의 노력은 거란에 멸망해 고려로 망명해온 발해 유민을 우대한 데서도 볼 수 있다. 태조는 발해를 "본래 나의 친척 나라"라고까지 부르며 동질감을 표시했다. 934년(태조

태조의 통치 정책

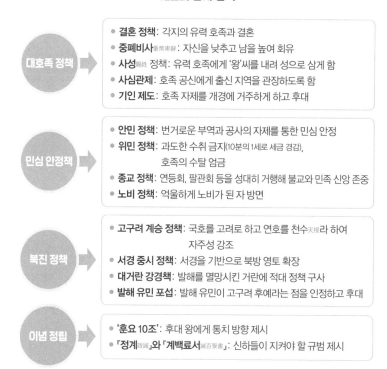

대호족 정책
- **결혼 정책**: 각지의 유력 호족과 결혼
- **중폐비사**重幣卑辭: 자신을 낮추고 남을 높여 회유
- **사성**賜姓 정책: 유력 호족에게 '왕'씨를 내려 성으로 삼게 함
- **사심관제**: 호족 공신에게 출신 지역을 관장하도록 함
- **기인 제도**: 호족 자제를 개경에 거주하게 하고 후대

민심 안정책
- **안민 정책**: 번거로운 부역과 공사의 자제를 통한 민심 안정
- **위민 정책**: 과도한 수취 금지(10분의 1세로 세금 경감), 호족의 수탈 엄금
- **종교 정책**: 연등회, 팔관회 등을 성대히 거행해 불교와 민족 신앙 존중
- **노비 정책**: 억울하게 노비가 된 자 방면

북진 정책
- **고구려 계승 정책**: 국호를 고려로 하고 연호를 천수天授라 하여 자주성 강조
- **서경 중시 정책**: 서경을 기반으로 북방 영토 확장
- **대거란 강경책**: 발해를 멸망시킨 거란에 적대 정책 구사
- **발해 유민 포섭**: 발해 유민이 고구려 후예라는 점을 인정하고 후대

이념 정립
- **'훈요 10조'**: 후대 왕에게 통치 방향 제시
- **『정계』**政誡**와 『계백료서』**誡百寮書: 신하들이 지켜야 할 규범 제시

17) 발해 태자 대광현大光顯이 백성 수만 명을 이끌고 온 귀순해 오자 왕계王繼라는 이름과 원보元甫의 관직을 내렸다.

태조는 발해에 대한 동질감 표시로 발해를 멸망시킨 거란에 강한 적개심을 나타내기도 했다. 이런 적개심 때문에 942년 거란이 사신 30명과 낙타 50필을 보내며 화친을 청해오자 "거란은 일찍이 발해와 화친했으면서도 맹약을 배반하고 그 나라를 멸망시켰으니, 이는 심히 무도한 것이다"(『고려사』 권2, 태조 25년 10월)라고 하며 제안을 거부했다. 그러고는 사신 30명은 섬으로 귀양 보내고 낙타는 만부교 아래 묶어두어 굶어 죽게 했다.

태조의 노력 덕분에 말년에 고려는 서북쪽으로는 청천강 유역인 안주 지방까지, 동북쪽으로는 영흥 지방까지 국경을 넓혔다. 태조의 북진 정책은 후대 왕에게 계승되었다. 태조의 서경 중시 정책이나 북진 정책은 왕실의 친위 세력을 강화하기 위한 정치적 포석으로 풀이되기도 한다.

양날의 칼이 된 결혼 정책

태조 왕건은 한국 역사상 가장 많은 왕비와 결혼한 왕으로도 유명하다. 태조는 총 29명의 배우자(왕후 6명, 부인 23명)를 두었고 그 사이에서 25남 9녀를 얻었다. 후삼국기에 허다하게 난립했던 호족들과의 관계를 원만히 하려는 방책이었다. 왕위에 오르기 전 왕건은 유천궁의 딸 신혜왕후 유씨와 나주 오다련군의 딸 장화왕후 오씨와 결혼했을 뿐이었다.

왕건은 다양한 계통의 사람들과 혼인했다. 신성왕후 김씨는 자신의 딸을 내주었던 신라 경순왕의 백부인 김억렴의 딸이다. 또 동산원부인 박씨는 견훤의 사위였던 박영규의 딸이다. 후삼국기 두 나라의 유력 인사 딸들과 결혼한 것이다. 지역적으로도 다양했다. 태조가 왕위에 오른 뒤 맞이한 신명순성왕후 유씨는 충주 호족 유긍달의 딸이고, 광주원부인 왕씨와 소광주원부인 왕씨는 광주^{廣州} 호족 대광 왕규의 딸이다.

적대적인 지역의 인사들을 포섭하기 위해 혼인 관계를 맺기도 했다. 정목부인 왕씨와 대명주원부인 왕씨는 왕건에게 오랫동안 복종하지 않아 애를 태우던 명주의 유력 세력인 왕경과 왕부의 딸이다. 또 측근 인사들과 유대를 더욱 공고히 하기 위해 혼인 관계를 맺었다. 황주 삼중대광 황보제공의 딸 신정왕후 황보씨, 삼중대광 유금필의 딸 동양원부인 유씨, 고려 건국 1등 공신 홍유의 딸 의성부원부인 홍씨, 평주 호족 박수경의 딸 몽량원부인 박씨 등이 그들이다. 이 중 황보씨는 고려 초기 막강한 외척 집안으로 자리 잡는다.

태조는 다양한 지방 세력과 혼인 관계를 맺었지만 자녀들의 혼사는 근친혼을 고집했다. 안정숙의공주(낙랑공주)와 성무부인 박씨 소생의 공주가 경순왕 김부와 결혼한 것을 제외하면 모두 이복 남매끼리 결혼했다. 심지어 신명순성왕후 유씨와 정덕왕후 유씨는 각각 아들 문원대왕과 딸 문혜왕후를 결혼시킨다. 이렇게 되면 서로 상대한 왕자에 대해서는 장모로, 공주에 대해서는 시어머니로 혼인 관계를 맺는 것이다. 지금의 상식으로는 도저히 이해할 수 없는 근친혼은 유력 호족과 자녀들이 결혼할 때 파생할 수 있는 왕실의 분열과 대립을 막고 왕권을 강화하기 위해서였다. 그러나 태조가 다양한 세력과 맺은 혼인과 이후 자손들이 맺은 근친혼은 태조 사후 왕위를 둘러싼 살벌한 다툼을 불러오기도 했다.

지역감정이 생기게 된 연원으로 '훈요 10조' 제8조, 즉 금강 이하 땅(곧 전라도 일대)의 풍수가 배역의 땅이니 그곳 사람이 정권을 잡으면 나라를 어지럽히거나 반역을 감행할 것이라는 내용을 들기도 한다. 이 때문에 '훈요 10조'가 조작된 것이라는 논란이 있다.

주름살 임금 혜종, 그 미약한 왕권의 비극

지지 기반이 취약한 상황에서 즉위한 혜종은
왕위를 노리는 세력에게서 끊임없이 공격받다 요절했다.

『고려사高麗史』에는 혜종(912~945)의 출생과 관련해 다음과 같은 기록이 나온다.

장화왕후 오씨는 나주 사람이었다. 조부는 오부돈吳富伅이고 부친은 다련군多憐君이니 대대로 목포에서 살았다. 다련군은 사간沙干 연위連位의 딸 덕교德交와 혼인해 왕후를 낳았다.

일찍이 왕후가 포구에서 용이 와서 뱃속으로 들어가는 꿈을 꾸다 놀라 깨어 부모에게 이야기하니 부모도 기이하게 여겼다. 얼마 후에 태조가 수군 장군으로서 나주에 진수했는데 배를 목포에 정박시키고 시냇물을 바라보니 오색구름이 떠 있었다. 가본즉 왕후가 빨래하고 있으므로 태조가 그녀를 불러 잠자리를 같이했다. 그러나 왕후의 가문이 한미한 탓에 임신시키지 않으려고 돗자리에 사정했는데, 왕후가 이를 즉시 자신의 몸에 집어넣어 임신하여 아들을 낳으니 그가 혜종이다. 혜종은 얼굴에 돗자리 무늬가 새겨져 있어 세상은 혜종을 '주름살 임금'이라고 불

렀다.(『고려사』 권88, 장화왕후 오씨 열전)

이 기록만 보면 왕건은 무책임하고 파렴치한 색한에 불과하다. 한마디로 빨래하고 있는 처자와 일시적 관계를 맺고는 그 여자의 미천한 신분을 우려해 임신만은 피해보려는 야비한 심산이 아닌가. 그런데 이에 한술 더 떠 여자는 남자의 신분을 생각하며 배출된 정액을 자신의 몸에 집어넣는다. 더 황당한 것은 그렇게 낳은 아들 혜종의 얼굴에 돗자리 무늬까지 있다는 얘기다.

당시 계급 외 관계로 자식을 낳는 것은 하등 부끄러운 일이 아니었다. 게다가 장화왕후 오씨는 그다지 큰 세력은 아니었지만 해상 세력이 강성했던 나주 지방의 벌족이었다. 그런데 어째서 이런 황당한 이야기가 전해지는 것일까? 그것은 이런 근거 없는 임신 과정을 조작하고 유포한 세력이 있었기 때문이다. 이 세력은 얼마 안 있어 혜종을 위협, 축출하고 정종을 왕위에 올린 충주 유씨 세력과 황주 황보씨 계열인 것은 두말할 나위 없다.

예고된 분란

사실 혜종의 즉위 전부터 분란은 예고되어 있었다. 혜종의 즉위 과정은 순조롭지 않았다. 태조는 상당한 무리수를 둬가며 918년(태조 1) 왕자 무武(혜종)를 태자로 책봉했다. 그때 무의 나이는 7세에 불과했다. 『고려사』에 따르면 태조는 왕자 무를 태자로 세우려 했으나 장화왕후의 집안이 미천한 까닭에 신하들이 반대할 것을 우려했다. 태조는 낡은 상자에 자황포柘黃袍(왕이 입는 옷)를 넣어 왕후에게 주었다. 왕후가 이것을 박술희에게 보였다. 이에 박술희는 태조의 뜻을 알고 무를 정윤正胤(태자)으로 세울 것을 청했다. 이렇게 후계자 선정을 조심스럽게 해야 할 정도로 태조의 왕권은 강력하지 못했다.

태조는 박술희를 혜종의 후견인으로 선정하고도 마음이 놓이지 않았다. 당시 군 지휘권을 장악하고 있던 임희의 딸(의화왕후 임씨)과 경기 지역의 유력한 호족 왕규의 딸(후광주원부인 왕씨), 청주 지역의 호족 김긍률의 딸(청주원부인 김씨) 등 유력 호족 집안의 딸들과 혜종을 결혼시켜 그의 지지 기반으로 삼게 했다.

하지만 태조의 치밀한 대비책도 유력한 호족이 전국에 산재해 있는 상황에서는 별무소용이었다. 특히 태조와 혼인 관계를 맺은 여타 호족 세력을 기반으로 한 왕자들 역시 왕위 계승권을 가지고 있었기에 왕위에 공공연하게 도전해왔다. 이렇게 혜종은 시한폭탄을 안은 채 즉위했다.

평민보다 못한 임금의 목숨

945년(혜종 2) 1월 왕권에 대한 중대한 움직임이 일었다. 혜종이 943년 5월 왕위에 올랐으니 재위한 지 채 2년도 안 된 시점이었다. 혜종의 장인 왕규가 왕의 이복동생 요堯(정종)와 소昭(광종)가 반란을 일으키려 한다고 보고했다. 사서는 이를 참소讒訴, 즉 없는 죄를 있는 것처럼 꾸민 모략이라 했지만 사실이 아닐 가능성이 크다. 혜종은 이 말을 듣고 오히려 왕요와 왕소에게 은혜롭게 대했다. 하루는 천문 관측 관직을 맡고 있던 최지몽이 "유성이 자미원을 범했으니

고려(개성) 첨성대

만월대 서쪽 궁성터에 있는 고려 첨성대로 알려진 천문관측소다. 고려 초기 천문 관측과 역법을 담당하던 관서가 사천대다.

나라에 반드시 역적이 있을 것입니다"(『고려사』 권127, 왕규 열전)라고 하자 혜종은 왕규가 왕요와 왕소를 해치려는 징조로 짐작해 장녀(경화궁부인)를 왕소에게 시집보낸다. 광종은 조카와 결혼한 셈이다.

그 뒤 왕규가 외손자 광주원군(태조와 소광주원부인 왕씨 사이에 낳은 아들)을 왕으로 세우려고 밤에 자객을 보내 혜종을 죽이려 했다. 그때 혜종은 자객을 한주먹으로 때려죽였다고 한다. 그런데 이런 분명한 반역 활동에도 혜종은 이 사건을 불문에 부쳤다. 미스터리가 아닐 수 없다. 신하가 임금을 죽이려 한 것을 분명히 알고도 아무런 조치를 취하지 않은 것은 이해할 수 없는 일이다. 이후에도 최지몽이 가까운 시일 내에 변고가 있을 것이니 거처를 옮기라고 아뢰자 혜종은 중광전으로 몰래 거처를 옮겼다. 이를 모른 채 왕규가 사람을 거느리고 왕의 침실 벽을 뚫고 들어가 혜종을 죽이려 했으나 이미 혜종은 자리를 옮긴 뒤였다. 이에 왕규는 최지몽을 죽이려 했다. 왕규의 세력이 아무리 강했다 해도 혜종 자신이 생명에 직접적인 위협을 받는 상황에서 아무런 조처를 하지 않았다는 것은 이해하기 힘든 일이다. 왕규 외에도 그에 버금가거나 압도하는 호족 세력이 분명히 있었다. 혜종의 후견인 박술희 역시 막강한 군사적 기반을 가진 실력자였고 지역 호족에 기반을 둔 왕자들도 분명히 있었다. 그런데도 왕규가 이런 전횡을 휘두를 수 있었을까?

생존의 벼랑 끝에 선 자의 초조함

사건의 진상이 어찌 되었든 혜종은 수차례에 걸쳐 위협을 받게 되자 심리적 불안감 때문인지 성격이 급변한다. 혜종은 태자 시절 후백제와의 전투에서 전공을 올리기도 했고, 도량이 넓고 지혜와 용기가 뛰어난 인물이었다. 그러나 자신의 생명을 보전하기 힘들 정도로 왕권에 도전하는 세력이 주변을 에워싸자 의심이 너무 많아져 임금의 체통조차 잃어버렸다. 성격도 예민하게 변하여 느닷없이 화를 내거나 기뻐하는 등 감정 기복이 심해졌다. 자신의 생존을 스스로 지킬 힘이 없는 상황에서 지속해서 위협을 받는다면 누군들 변하지 않을 도리가 없을 것이다. 혜종은 주변에 무장한 갑사와 장사들을 두었는데 이들에게 무분별하게 상을 내려 안팎의 불만을 샀다. 군신들은 중병에 걸린 그의 침실에 들어가지 못하고 소인들만 왕의 곁을 지켰다고 한다. 그러다 945년 9월 혜종은 34세를 일기로 죽음을 맞았다. 그의 재위 기간은 불과 2년 4개월에 그쳤다. 이복동생 왕요가 군신의 추대를 받아 왕위에 올랐다. 정종이다.

혜종의 죽음을 전후해서 사태는 급박하게 전개되었다. 사서에는 왕규가 대광 박술희를 죽였다고 전한다. 정종이 박술희의 반역을 의심해 갑곶(강화도)으로 귀양을 보냈는데 왕규가 뒤쫓아가 왕명이라 속여 말해 죽였다고 한다. 그리고 왕위에 오른 정종은 왕규가 반란을 일으킬 것을 미리 알고 서경대광 왕식렴과 모의해 대비했다. 그 뒤 왕규가 난을 일으키려 하자 왕식렴이 군대를 이끌고 개경으로 들어와 왕규와 도당 300여 명을 체포해 모두 베어 죽였다.

뭔가 앞뒤가 맞지 않는 기록이다. 문신인 왕규가 역전의 용장 박술희와 대립해 그를 죽일 수는 없는 일이다. 더욱이 이 두 사람은 혜종의 뒤를 받들라는 태조의 유명을 받은 친혜종 세력이었다. 그들 앞에는 서경 세력과 황주 황보씨의 후원을 받은 막강한 왕요와 왕소 두 왕자가 있었다. 그들이 적 앞에서 대립할 리 없는 것이다. 연구자들은 정종이 왕식렴 등의 서경 세력과 제휴하여 혜종을 압박했다고 보고 있다. 압도적 힘을 바탕으로 한 이들 세력의 압박에 혜종은 정신적 불안감에 못 이겨 죽었을 것이다. 그 과정에서 역부족이었던 왕규와 박술희 등이 죽음을 맞게 된 것이다.

혜종의 후견인이었던 박술희는 어려서부터 기골이 장대하고 물불을 가리지 않는 강한 성격의 사나이였다. 식성도 좋아 두꺼비, 개미 등을 닥치는 대로 먹었다 한다.

정종은 왜 서경 천도를 그토록 고집했을까?

서경 세력의 지지를 받아 왕위에 오른 정종은
정치적 안정을 얻기 위해 서경 천도를 시도했지만 실패했다.

945년 왕위에 오른 정종은 초기에는 정무에 상당히 의욕
적이었다. 조금 신비스러운 감이 없지 않지만 『고려사절요高麗史節
要』에 기록된 하늘의 명은 정종이 민심을 얻기 위해 노력했음을 보
여준다. 왕위에 오른 이듬해인 946년 봄 정종이 태조가 묻힌 현릉
에 성묘하려 하자 하늘에서 "요야, 서민을 불쌍히 여겨 구휼하는 일
이 임금의 임무니라" 하는 소리가 들렸다고 한다. 그 일이 있고 난
뒤에도 하늘에서 북소리가 울리면 대사면을 단행했다. 개경의 문
무관 상당수를 살상하고 왕위에 오른 정종이었기에 적대 세력과
화해하여 민심을 얻기 위해 취한 조치였다. 최승로崔承老(927~989)는
즉위 초기의 정종을 다음과 평했다.

이른 아침부터 밤늦게까지 부지런히 힘쓰고 정성을 다하여 도리를 구
했습니다. 저녁에도 등불을 밝히고 신하를 불러보기도 하고, 어떤 때는
식사까지 늦게 하시면서 정무를 처결하시어 즉위한 초기에는 사람들이

모두 서로 기뻐했습니다.(『고려사』 권93, 최승로 열전)

즉위 초에 이렇듯 무난한 정책을 펴 민심을 무마했던 정종은 947년(정종 2) 봄부터 서경 천도를 위해 대대적인 축성 작업에 돌입했다. 최측근인 대광 박수문을 보내 덕창진에 성을 쌓기 시작해 평양 서경과 철옹(평안남도 맹산), 박릉(평안북도 박천), 삼척, 통덕(평안남도 숙천)에 성을 쌓았다. 그리고 가을에는 박수문의 동생인 박수경을 시켜 덕성진에 성을 쌓았다.

고집인가 신념인가

한편 최언휘(당에 유학하여 과거에 급제, 귀국 후 신라와 고려에서 문장가로 크게 활약한 경주 출신의 인물)의 아들 최광윤崔光胤은 거란에 사로잡혔다가 그곳에서 능력을 인정받아 벼슬을 살았는데, 귀성에 사신으로 왔다가 장차 거란이 침략해 들어올 것이라는 서신을 고려 조정에 전했다. 이에 정종은 군사 30만을 뽑아 광군光軍을 조직했다. 그러나 당시 중앙정부는 30만 대군을 직접 운영할 능력이 없었으므로 실제 광군은 각 지역 호족들이 지역 단위로 규합하여 편성한 농민 예비군이었을 것이다. 이런 식으로나마 군 동원령을 내려 호족을 왕권의 통제하에 두려 한 의도로 볼 수 있다.

왕권 행사가 거의 눈에 띄지 않은 혜종에 반해 정종의 북방 개척과 서경 천도 추진은 괄목할 만한 움직임이었다. 그러나 정종이 추진한 거대 공사는 민중이 감당하기 힘든 고역이었고, 왕실은 그런 대노역을 강제할 만큼 강력하지 못했다. 장정을 징발하여 서경에 궁궐을 짓는 노역을 시키고 개경의 민가를 서경에 옮기는 일을 추진했으나 다수의 사람이 복종하지 않았고 원망하는 바가 많았다. 이런 원망의 소리는 정종 반대파인 개경의 유력 호족들 사이에서 나왔을 것이고, 이를 감지했을 정종은 두려움에 떨었을 것이다. 『고려사』와 『고려사절요』는 한결같이 정종을 두려움이 많은 인물이었다고 기록하고 있다. 정종은 언제 들고일어날지 모를 반대파의 공세 속에 있었으니 그 공포는 심대했을 것이다. 그런데도 정종은 자신이 세운 서경 천도 계획을 철회하지 않았다.

두려움은 많았으나 천성이 강하고 억센 데다 고집불통인 이중적 성격으로 정종은 극심한 스트레스에 시달렸다. 공사를 시행한 지 1년 반 만인 948년 가을 정종은 심장에 심한 충격을 받는다. 동여진의 소무개 등이 왕궁의 천덕전에 알현하러 와 말 700필과 토산물을 바치는데 느닷없이 벼락이 떨어져 물건을 가지고 온 사람과 천덕전의 서쪽 모퉁이를 쳤다. 이 일로 정종은 매우 놀란 뒤 몸져눕는다. 그리고 이듬해 949년 3월 27세의 나이로 죽음을 맞는다. 정종의 권력을 지탱해주었던 왕식렴이 죽은 지 얼마 후의 일이었다. 정종은 임종 전 동생 왕소를 불러 왕위를 물려주었다.

정종이 죽자 기뻐 뛰었던 고려 민중

이토록 젊은 나이에 정종이 죽자 서경에서 부역하던 인부들이 뛸 듯이 기뻐했다고 한다. 서경 천도 계획이 얼마나 무리한 일이었는지 알 수 있는 대목이다. 그런데 정종은 서경 천도를 왜 그토록 고집했을까? 그토록 극심한 불안과 두려움에 떨면서 말이다. 게다가 당시 정종의 정치적 입지는 다수의 강한 반발을 이겨낼 정도로 튼튼하지도 않았다. 흔히 정종이 서경 천도를 고집한 이유를 고구려의 옛 영토 회복, 즉 북진을 추진하기 위해서라고 보는데 정말 그런 것일까?

최승로는 정종에 대해 "도참설을 믿어 천도를 결정하고, 또 그 타고난 품성이 강직했던 탓에 고집을 꺾지 않고 가혹하게 징발했습니다"(『고려사』 권93, 최승로 열전)라고 평했다. 정종이 도참을 지나치게 믿어 천도를 강행했다고는 하지만 이것이 실체적 진실은 아닐 것이다. 물론 정종이 왕위 계승 과정에서 많은 인명을 살상하여 죄의식 때문에 불교에 깊이 빠졌던 것은 사실이다. 정종은 즉위 초부터 불교에 각별히 공을 들였다. 왕궁에서 10리 길인 개국사까지 걸어서 불사리를 바치는가 하면, 곡식 7만 석을 여러 사찰에 시주하기까지 했다. 그리고 불교를 배우는

개국사 석등

고려는 건국 후 개경을 중심으로 법왕사, 왕륜사, 개국사를 비롯한 10대 사찰을 건립했다. 고려시대에는 불교와 연관된 도참설이 크게 유행해 백성들의 인식에 큰 영향을 주었을뿐더러 왕실이나 귀족들에게도 영향을 주어 정치적 대립에 이용되기도 했다.

승려들을 위해 불명경보佛名經寶와 광학보廣學寶를 설치하기도 했다.

이렇듯 정종이 불교와 풍수지리설에 깊이 빠졌던 것은 사실이다. 그러나 죄의식보다 더한 그 무엇이 정종을 불안에 떨게 했다. 그 무엇이란 바로 서경 이외의 호족 세력이었을 것이다. 정종은 왕식렴 등 서경 세력의 군사적 후원을 받아 즉위했다. 그러나 개경 지역에서만 박술희, 왕규 등 400명이 넘는 문무 관료를 죽이고 차지한 왕위였다. 처형된 문무관은 대부분 개경에 뿌리를 두거나 지방에 근거지를 남겨놓고 올라온 호족들일 것은 두말할 나위가 없다. 그렇다면 살아남은 개경 지역의 신료들과 호족들은 처형된 문무 관료와 어떤 식으로든 관계를 맺고 있었을 것이다. 따라서 정종은 원한의 표적이 될 수밖에 없었다. 서경 세력의 병력이 그대로 개경에 남아 있을 수만은 없으므로 그들 중 상당수가 복귀한 개경은 정종에게 그야말로 호랑이굴이나 다름없었다. 궁궐 신축 공사를 강행할 때 복종하지 않고 원망했던 다수의 사람은 바로 서경 이외 지역의 호족들이었을 것이다.

아무리 성격이 강한 정종이라 할지라도 왕좌는 가시방석이었을 것이다. 정종은 이런 상황을 어떻게든 타개하려고 서경 천도를 강행했다. 정종이 반대파를 포용하거나 복종시킬 수 있는 카리스마나 정치력이 있었다면 무리수를 두지는 않았겠지만, 불행히도 정종은 그렇지 못했다. 아니, 왕권이 불안정한 상황에서 무력으로 왕위에 오른 만큼 사실 정종이 선택할 수 있는 카드도 근거지로 도피하는 것 외에는 별다른 수가 없었는지 모른다.

결국 서경 천도 강행은 정종의 외통수였을 것이다. 정종은 쿠데타로 집권해 명분이 없었고, 또 없는 명분을 불교와 도참설로 극복하려 했으나 이러한 시도는 당시의 세력 관계로 보아 성공 가능성이 적었다. 정종의 서경 천도 강행은 정치적, 생물학적 생존을 위한 필사의 수였을 뿐이다.

후삼국 통일 전쟁에서 큰 활약을 보였고 자객을 맨손으로 때려잡기도 했던 혜종과 강한 성격의 정종은 모두 갑작스러운 죽음을 맞았다. 이 때문에 암살 혹은 독살되었다는 추측이 끊이지 않고 있다.

광종,
7년의 세월을 기다리다

광종은 집권 초기에 급격한 개혁을 추진하는 대신
지지 세력을 다져 개혁의 기반을 마련했다.

광종은 신명순성왕태후 유씨의 아들로 태조의 넷째 아들
이다. 광종이 왕위에 오를 가능성은 적었다. 장자로 왕위 계승을 한
혜종이 있었고 또 그다음에는 동복형 왕요(정종)가 있었다. 그런데
도 광종은 두 형의 이른 죽음으로 왕위에 올랐다.

925년(태조 8)에 태어난 광종은 청년 시절 후삼국기라는 격동기
를 경험한 터라 계승 서열과 관계없이 왕위에 오를 수 있다고 믿었
을 것이다. 왕자 시절 광종은 형 왕요와 함께 왕실 세력의 핵심으로
서 혜종을 위협한 서경 세력과 친분을 두터이 하며 활발한 정치 활
동을 폈다. 그 결과 형 왕요를 왕위에 오르게 하는 데 성공했다. 그
리고 요절한 정종의 선위를 받아 949년 왕위에 오른다.

광종은 선대 두 왕의 실정을 보고 난 뒤 왕위에 오른 만큼 집권
초기(949~955, 모색기)에는 절대 무리하지 않았다. 호족 공신 세력의
힘이 여전히 막강했기 때문이다. 광종 역시 즉위하는 과정에서 호
족 공신들의 도움을 받았으므로 이들과 직접 대립각을 세울 수는

없었다.

중앙집권책의 포석

광종은 왕위에 오르자마자 대광 박수경에게 국초 공역자功役者 명단을 작성하게 하고 등급을 매기게 했다. 등급은 총 4등위로 공이 제일 큰 4역자에게는 쌀 25석, 3역자에게는 20석, 2역자에게는 15석, 1역자에게는 12석을 내렸다. 그리고 이를 봉록의 기준으로 삼았다.

공신들에게 쌀을 내려주면서 봉록의 기준으로 삼은 것은 지방 호족들을 통제하려는 조처로도 볼 수 있다. 지방민을 자의적으로 수탈하지 말라는 뜻이 내포되어 있기 때문이다. 『고려사절요』에는 "초기에 공로가 있는 자들을 헤아려 쌀을 차등 있게 내려주고 예식 例食으로 삼았다"(『고려사절요』 권2, 정종 4년 8월)라고 기록되어 있다. 여기서 예식이란 '봉록의 기준'이다. 곧 관료들에게 생활을 보장해주겠으니 이제 수탈은 곤란하다는 메시지가 담겨 있는 것이다. 비록 직접 명령하는 형식은 아니었지만 광종은 낮은 수준에서나마 호족 공신에 대한 견제구를 던진 셈이다.

공역자 포상에 이어 광종은 주목할 만한 명령을 내린다. 원보 식회式會와 원윤 신강信康 등에게 명하여 주현의 세공 액수를 정하게 했다. 세공 액수를 정하기 위해서는 지역의 산물과 산출량을 파악해야 했다. 광종 때까지 왕권은 지방관을 파견하지 못할 정도로 지방에 직접 미치지 못했다. 이러한 권력의 공백 상황에서 호족들은 군사, 행정, 재정 등 지역 통치의 전 영역을 담당하는 관직을 설치해 지역민을 직접 지배하고 있었다. 지방관의 파견은 성종 때인 983년에 이르러서야 가능하게 되었다.

사실 지방을 직접 통치하려 해도 당시 왕권으로는 역부족이었다. 이런 상황에서 주현의 세공 액수를 정하는 일은 우선 지역에 대한 실태 조사를 완수해 지방 통제의 기반을 장악하는 것이었다. 앞서 태조나 정종 때도 일부 지역에 관리를 파견해 실태 조사를 하고 보고서를 작성하게 했다. 광종이 즉위 초에 세공 액수를 정하게 한 것도 전대의 이런 활동이 있었기 때문에 가능했다. 광종은 세공 액수를 정함으로써 국가 수입 증대와 함께 지방에 왕권을 미치게 할 기초를 마련할 수 있었다. 광종이 즉위하자마자 취한 2가지 조처는 모두 향후 왕권 강화를 위해 체제를 수립하고 자료를 수집한 것이었다.

최승로는 즉위 초기 광종을 "사람의 됨됨이를 살피심에 실수가 없게 하셨다"(『고려사』 권93, 최승로 열전)라고 평했다. 인사에 신중했던 것이다.

창업보다 수성이 어렵다!

즉위한 이듬해인 950년 정월 불길한 징조가 나타났다. 큰바람이 불어 나무가 뿌리째 뽑혀 날아갔다. 자연재해는 곧 하늘의 뜻으로 여겼던 시기였다. 광종이 재앙을 물리칠 방법을 묻자 사천대司天臺에서 덕을 닦는 것보다 좋은 것은 없다고 진언했다.

『고려사』에 따르면 광종은 사천대의 조언을 듣고 항상 『정관정요貞觀政要』를 읽었다 한다. '항상'이라고 했으니 수십 번을 되풀이해 읽었을 것이다. 그렇다면 광종이 그토록 애독했던 『정관정요』란 어

『정관정요』(조선시대) · 국립중앙박물관
광종은 집권 후 7년간을 정치적 기반을 다지기 위한 모색기로 보낸다. 이때 광종은 『정관정요』 등의 책을 통해 정치에 대한 이론적 접근을 시도하면서 국내외적 안정을 가장 우선적 과제로 설정한다.

떤 책인가. 『정관정요』는 당 태종이 신하들과 정치 토론한 내용을 오긍(吳兢)이 정리한 책이다. 태종은 치세 동안(626~649, 연호는 정관) 당의 성세를 열어 이를 '정관의 치(治)'라 부른다. 당 태종은 비록 형을 죽이고 아버지를 구금하기도 했지만 당의 건국과 치세의 기반을 확고히 다진 탁월한 황제였다. 『정관정요』에서 태종은 국가 창업 이후 수성의 지난함을 역설한다. 목숨을 건 창업과 권력 쟁탈 뒤에도 당 태종은 국가를 영속시키기 위한 방도를 신하들과 치열하게 모색했고 그 결과물이 바로 『정관정요』였던 것이다. 그렇기에 동아시아에서 성세를 이루려는 군주들은 『정관정요』를 제왕학의 교과서로 삼았다.

치열한 왕위 계승전 끝에 제위에 오른 광종은 이제 수성기에 들어선 고려 왕실을 안정시키고 왕권을 강화해야 함을 절실히 깨

달았을 것이다. 고려라는 나라가 '뿌리 뽑히는 일'은 없어야 했다. 이런 광종에게 당 태종은 가장 본받고 싶은 '롤 모델'이었을 것이다. 광종은 『정관정요』를 읽고 또 읽으며 왕권을 강화할 방안을 치열하게 모색했다.

광종은 섣불리 움직이지 않았다. 개혁의 칼날을 드는 대신 태조 때부터 정비해온 북방의 진을 보강해나갔다. 장청진(영변), 위화진(운산), 안삭진(운산) 등에 성을 쌓아 국경을 정비했다. 북방 정비 및 국경 획정 작업을 한 것이다. 그리고 중국 오대五代의 마지막 왕조인 후주와의 외교적 교섭을 활발히 진척시켰다.

광종은 이복동생과 결혼했다. 왕실의 권력 기반을 강화하기 위해서였다. 그런데 근친혼은 유전적 결함이 있는 자손을 낳을 가능성이 크다고 한다. 식물도 근친교배를 막기 위해 한 개체의 암술과 꽃가루가 만나는 것을 피한다.

호족을 뒤흔든
노비안검법과 과거제

광종은 호족 공신의 정치적, 경제적 기반을 허물어
왕권을 강화하고자 했다.

광종은 즉위 후 7년간 기득권 세력과의 마찰 없이 대세에
순응하는 태도로 일관했다. 최승로는 이때의 광종을 다음과 같이
평했다.

정종의 유명을 받고 형제간에 도와 왕위에 올라 아랫사람을 예로써
대하고 사람을 알아보는 데 실수하지 않으셨습니다. 종친과 귀족이라
고 치우치지 않으셨고 항상 호강豪强한 자를 누르고 소원하고 친한 자
를 버리지 않으셨으며 홀아비와 과부 등 불쌍한 이들을 구휼하셨습니
다. 왕위에 오른 후부터 8년 만에 정치와 교화가 맑고 공평했으며 형벌
과 은상이 법도에 어긋나지 않았습니다.(『고려사』 권93, 최승로 열전)

기득권 세력의 측면에서 보아도 크게 무리한 정책을 취하지 않
은 것이다. 그들에게는 모든 것이 물처럼 순탄하게 흐르는 듯 보였
다. 그러나 956년(광종 7) 중국 후주에서 온 쌍기雙冀가 한림학사에

중용되고 노비안검법奴婢按檢法이 시행되면서 사정은 180도 달라졌다. 특히 노비안검법의 시행은 호족 세력에게 떨어진 날벼락이었다. 노비안검법이란 원래 양인이었으나 전쟁에서 포로로 잡혔거나 빚을 갚지 못하여 노비가 된 자들을 조사하여 이전의 신분으로 되돌려주는 개혁 정책이었다.

노비는 호족 공신 세력이 지닌 경제적, 군사적 힘의 원천이었다. 평상시에는 호족 공신 소유의 대규모 토지를 경작하여 곡물 산출과 토지 확대에 이바지했으며, 유사시에는 사병으로 전환되었다. 그런 노비를 해방한다고 하니 호족 공신 세력의 힘이 급격히 약화할 것은 자명한 일이었다.

1석 3조의 노림수, 노비안검법

노비안검법은 왕권 강화를 노리는 광종에게 1석 3조의 효과를 가져다주었다. 우선 호족 공신들의 세력을 단번에 약화했다. 신분을 되찾은 양인들로 인해 국가의 세수는 늘어났고 중앙의 군사력은 강화되었다. 세금을 내고 병역의 의무를 담당할 양인이 늘었기 때문이다. 여기에 더해 노비에서 해방된 사람들은 광종이 개혁 정책을 펼치는 데 든든한 지지층이 되어주었다.

태조 때도 노비안검법과 비슷한 정책이 있었다. 918년(태조 1) 8월 태조는 백성 중 궁예 때 토목공사와 기근에 시달려 노비로 전락한 1000여 명을 파악하여 국고의 베와 비단으로 몸값을 치러 원래 신분으로 되돌려주었다. 태조는 이후에도 포로로 잡혀 노비가 된 자들을 방면하려 했으나 공신들이 반발할까 두려워 실행하지 못했다. 공신들의 힘을 제압하기에는 태조의 왕권도 미약했다.

노비안검법을 시행한 초기에는 속으로는 원망하지 않는 호족 공신이 없었으나 차마 입 밖으로 표현할 수 없었다. 그만큼 노비안검법이 당시 기준에 비춰봐도 정당하고 준비된 개혁 정책이었다. 광종이 보인 확고한 의지와 태도 앞에서 공신들조차 그 속내를 드러내며 감히 진언하는 자가 없었는데, 광종 비 대목왕후 황보씨만이 노비안검법에 반발하며 중단을 요청했다. 대목왕후는 유력 호족 황보씨 가문 출신으로 집안의 요청을 받아 광종에게 노비안검법의 중단을 강력하게 건의했다. 그러나 광종은 대목왕후의 요청을 단호히 거절했다. 개혁 마스터플랜의 첫발부터 타협할 수 없었을 것이다.

개혁 세력의 공급 파이프, 과거제를 시행하다

958년(광종 9) 쌍기의 건의에 따라 과거제가 도입되었다. 노비안검법 시행에 이어 과거제 도입은 개혁의 필연적 절차였다. 기득권층인 호족 세력을 견제하고 왕권을 강화한다는 개혁의 목표를 분명히 한 광종에게 과거제는 필요에 꼭 맞는 선발 방식이었다. 혜종 때부터 광종 집권 초반까지 주요 관직은 호족 공신과 그들의 자손이나 친인척에게 마치 전리품처럼 주어져 기득권 세력을 누르기란 쉬운 일이 아니었다.

물론 과거제가 도입되었다고 해서 조선시대처럼 주요 관직을 과거 합격자로 채울 수는 없었다. 광종이 과거제를 도입한 이후 18년간 과거 급제자는 단 39명에 불과했다. 그러나 39명에 그쳤다 하더

정몽주 초상(1629) · 국립경주박물관
그림에서 고려시대 백관의 상복을 볼 수 있다. 사모를 쓰고 단령포를 입고 허리에 각대를 띠었다. 광종은 지위에 따라 공복의 색깔을 달리함으로써 왕과 신하의 관계는 물론 관리의 상하 관계도 분명히 했다.

라도 과거제 도입은 그 자체만으로도 상당한 의의를 지녔다. 각지에 근거지를 둔 호족들이 중앙 정계의 요직을 나눠 가지는 상황에서 공식 시험을 통해 관료를 뽑는다는 사실 자체가 기존의 인사 체제와 세력 관계에 균열을 가져왔다. 광종 때 과거에 급제한 최섬, 진긍, 서희 등은 경종 대(975~981)와 성종 대(981~997)에도 여러 요직을 거치며 실력자로 부상한다.

과거제 시행 이후 광종은 백관의 공복公服을 제정했다. 관리의 공복을 품계별로 자삼紫衫, 단삼丹衫, 비삼緋衫, 녹삼綠衫의 4가지 색으로 나누어 입게 했다. 현직 관리의 상하 구분을 뚜렷이 한 공복 제정은 왕을 중심으로 한 정치 체제를 상징적으로 보여주는 조처였다.

　이러한 개혁 조처에 호족이 반발할 것은 명약관화했다. 광종은 시위군侍衛軍을 증강해 이에 대비했다. 광종의 이런 준비에도 호족들은 반발했고, 결국 고려는 숙청의 소용돌이에 빠져든다.

중국에서 과거제는 587년 수 문제 때 처음 도입된 이후 청 때까지 이어지다가 1905년에 폐지되었다. 우리나라에서 과거제는 958년 처음 실행된 이후 1894년 마지막 과거가 있을 때까지 약 900년간 지속되었다.

쌍기,
광종 개혁 정권의 이인자

광종은 후주 세종을 모범으로 삼고 쌍기를 중용해
개혁을 실행해나갔다.

여느 개혁 군주가 그러하듯 광종 역시 개혁의 마스터플랜을 짜면서 브레인 역할을 할 인물이 필요했다. 광종 개혁의 최고 브레인은 중국 후주에서 온 쌍기였다. 개혁의 브레인으로 외국인을 고용한 것인데, 우리 역사상 보기 드문 일이다.

쌍기는 956년(광종 7) 후주 봉책사 설문우를 따라왔다가 병이 나 고려에 머무르게 되었다. 병이 낫자 왕이 불러 대면하니 왕의 뜻에 맞았다. 광종이 쌍기의 재주를 아깝게 여겨 후주 황제에게 표를 올려 고려 신하로 삼겠다고 요청하여 마침내 등용했다. 버슬을 뛰어넘어 한림학사로 승진시켰고, 한 해가 지나기도 전에 문병文柄을 맡기니 신료들은 지나치다 여겼다.(『고려사』 권93, 쌍기 열전)

쌍기가 맡은 문병은 문신 중 최고의 지위로 문신 업무 전체를 총괄하는 자리였다. 신료들의 반발과 견제는 막심했다. 그런데도 광종은 아랑곳하지 않았고, 958년(광종 9) 마침내 쌍기를 과거를 주관하는 시험관인 지공거知貢擧에 임명해 인재를 선발하게 한다.

『고려사』 '쌍기 열전'에는 "쌍기가 그 뒤로부터 여러 차례 지공거를 맡아 후학을 장려하니 비로소 학문을 숭상하는 기풍이 일어났다"라고 기록하고 있다. 지공거가 지닌 힘은 막강했다. 과거제가 완전히 정착한 성종 이후 지공거는 인사 선발권을 쥔 막강한 직책으로 이 자리에 한 번 오른 자는 자신의 계보를 거느릴 정도의 중진으로 대접받았다.

귀화인 쌍기, 개혁 모델을 전수하다

쌍기는 후주에서 어떤 역할을 했던 인물이고, 어떤 자질을 지녔기에 광종의 총애를 한 몸에 받을 수 있었는지 의문이다. 이는 『고려사』의 기록만으로는 이해하기 힘든 문제다. 다만 그 의문에 짐작해볼 만한 단서는 광종이 후주 세종을 모범으로 삼았다는 것이다. 광종은 고려 개혁의 방향을 후주 세종의 황제권 강화 정책에서 찾았다. 일본 역사 저술가 진순신陳舜臣은 후주의 세종을 가리켜 "오대의 제왕 중에서 명군"이며 "오대십국 시대에 내정에 진정으로 주력한 것은 후주의 세종 정도"라고 평한 바 있다.

세종은 중국 오대의 최단명 왕조인 후한의 뒤를 이어 개국한 후주 태조 곽위의 처조카이자 양자인 시영柴榮이다. 세종은 오대 50여 년의 과업이라 할 수 있는 중앙집권화를 일관되게 추진해 북송에 의한 중국 통일의 기틀을 다져놓은 과도기의 걸물이었다. 세종은 황제 중심의 중앙집권화를 3가지 차원에서 진행했다. 우선 과거제

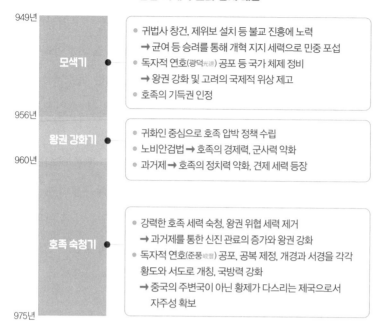

광종 치세 구분과 정치 내용

949년	
모색기	• 귀법사 창건, 제위보 설치 등 불교 진흥에 노력 → 균여 등 승려를 통해 개혁 지지 세력으로 민중 포섭 • 독자적 연호(광덕光德) 공포 등 국가 체제 정비 → 왕권 강화 및 고려의 국제적 위상 제고 • 호족의 기득권 인정
956년	
왕권 강화기	• 귀화인 중심으로 호족 압박 정책 수립 • 노비안검법 → 호족의 경제력, 군사력 약화 • 과거제 → 호족의 정치력 약화, 견제 세력 등장
960년	
호족 숙청기	• 강력한 호족 세력 숙청, 왕권 위협 세력 제거 → 과거제를 통한 신진 관료의 증가와 왕권 강화 • 독자적 연호(준풍峻豊) 공포, 공복 제정, 개경과 서경을 각각 황도와 서도로 개칭, 국방력 강화 → 중국의 주변국이 아닌 황제가 다스리는 제국으로서 자주성 확보
975년	

를 실시해 관료를 중심으로 한 중앙집권제의 기초를 세웠다. 다음으로 황제 직속의 친위군인 전전군殿前軍을 증강했다. 황제권 강화의 물리적 기반을 튼실하게 한 것이다. 마지막으로 중앙집권화를 재정적으로 뒷받침하는 경제 개혁을 단행했다. 세종은 이렇게 강화된 황제권을 바탕으로 내치를 안정시켜 중국 통일의 초석을 다질 수 있었다.

후삼국의 쟁패를 마치고 고려가 삼국을 재통일한 시점과 중국이 오대십국의 혼란 속에 있던 시점이 겹친다. 혜종과 정종 대에 빚어진 혼란상으로 왕조의 앞날은 장담할 수 없었고, 이후 즉위한 광종은 호족들의 기득권을 인정한 채 조용히 사태를 관망할 수밖에 없었다. 반면 954년 즉위한 중국 후주의 세종은 앞서 언급한 주목할 만한 정치 개혁을 단행하기 시작했다. 이러한 사정이 통일신라 이후 중국과 밀접한 관계를 맺고 있던 고려 조정에 소상히 알려졌을 것이다. 왕권 강화를 통한 중앙집권 체제 수립이란 마스터플랜을 가지고 있던 광종에게 후주 세종의 개혁안은 더없이 좋은 모델이었다.

바로 이러한 때 후주의 사정을 소상히 알고 있을 뿐만 아니라 개혁 과정에도 참여했을 법한 쌍기가 광종에게는 누구보다도 가장 필요한 인재였다. 쌍기는 후주에서 고위직에 대한 감사와 법무 관계 업무를 담당했던 인물이었다. 그리고 이것이 바로 고려 조정에 혜성처럼 나타난 쌍기가 높은 벼슬에 올라 실권을 장악할 수 있었던 이유다.

> 광종 개혁의 강력한 지지자였던 균여均如(923~973)는 출생 시 워낙 괴상하게 생겨 집 안에서도 괴물로 여겨 포대기에 싸 들판에 버렸다. 그런데 들판의 새들이 보호하여 다시 데려다 길렀고 자라면서 총명함을 보였다 한다.

기득권 세력의 저항과
광종의 비타협적 숙청

호족 공신들이 왕권 강화를 위한 개혁 정책에 반발하자 광종은
대규모 숙청을 단행했다.

광종은 노비안검법을 실시해 호족의 경제적, 군사적 기반을 허물어뜨린 뒤 과거제를 도입하고 복식제를 정비하는 등 개혁에 박차를 가했다. 고려 조정은 기존의 호족 공신들 대신 귀화한 중국인들과 백제 출신의 신진 세력으로 하나둘 채워졌다. 광종은 심지어 호족 공신들의 집을 빼앗아 귀화인들에게 주었다. 이에 왕실 못지않은 권세와 부를 누려왔던 호족 공신들의 반발은 불 보듯 뻔한 것이었다. 서필徐弼 같은 신료는 지나친 왕권 행사에 직언을 서슴지 않았다. 이런 직언을 하는 인사

유지성劉志誠 묘지명 · 국립중앙박물관
중국 송 양주 출신 귀화인 유지성(972~1039)의 묘지명이다. 우리 조정으로 옮겨와 벼슬하여 장사랑, 등사랑(정9품하), 유림랑(정9품상)에 이르렀다고 한다. 고려는 적극적인 귀화인 수용 정책을 펴 어느 시대보다 귀화가 성행했다. 특히 광종은 쌍기와 같은 중국 귀화인들을 적극적으로 유치해 적재적소에 기용했다.

가 한 명이라면 뒤에서 불만을 터뜨리거나 원한을 품는 인사는 수십 또는 수백이 넘었으리라. 개경에는 불온한 기운이 흘렀다.

960년(광종 11) 평농서사 권신權信이 대상 준홍俊弘과 좌승 왕동王同 등을 역모 혐의로 고변했다. 고려 최고위층이 역모를 꾀한다는 보고가 올라온 것이다. 그러자 광종은 이 하위 관직자의 말을 듣고 준홍과 왕동 등을 내쫓았다. 이는 앞으로 이어질 사건들의 신호탄에 불과했는데,『고려사』는 다음과 같이 적고 있다.

> 이때부터 참소하는 간신이 때를 만나 충성스럽고 선량한 사람을 무함誣陷했다. 종이 그 주인을 고소하고 자식이 그 아비를 참소하여 감옥이 늘 꽉 차 임시 감옥을 두었고, 죄 없이 죽임을 당하는 자가 잇달았다. 시기함이 날로 심해져 왕족들도 몸을 보전하지 못하는 자가 많았으며, 심지어 왕의 외아들 왕주까지 의심을 받아 왕을 가까이하지 못했다. 사람마다 무서워하고 두려워하여 감히 마주 보고 이야기하지 못했다.(『고려사』 권2, 광종 11년 3월)

박수경, 분을 못 이겨 죽다

피비린내 나는 숙청이 시작되었다. 권신의 고변을 계기로 광종은 조정에서 호족들을 대거 제거한다. 그리고 964년 다시 고려 조정에 피바람이 몰아친다. 이때 가장 크게 화를 당한 인물이 바로 박수경이다. 박수경이 누구인가. 박수경은 후삼국 전쟁에서 혁혁한 공을 세운 무장으로 924년(태조 7) 조물성 전투에서 그가 이끈 부대만이 유일하게 승리하여 태조에게 희망을 안겨준 바 있다. 또한 932년(태조 15) 발성(발어참성勃禦斬城) 전투에서 후백제군에 포위된 태조를 구출해낸 고려 통일의 1등 공신이었다. 박수경은 혜종 대 (943~945)의 왕위 계승전에서도 왕식렴과 함께 왕요, 즉 정종이 왕 위에 오르는 데 혁혁한 공을 세웠다. 박수경은 패강진(예성강 하구 평산) 세력의 대표주자로서 황해도에서 막강한 영향력을 자랑하는 호족이다. 게다가 자신의 누이(성무부인)와 조카딸(월경원부인), 딸(몽랑원부인)을 차례로 태조에게 시집보낼 정도로 왕실과 깊은 관계를 맺은 인물이다. 그런데 이런 박수경이 두 눈을 부릅뜨고 있는 상황에서 세 아들 승위, 승경, 승례가 참소를 입어 죽임을 당했다. 이들 모두 조정의 요직을 차지하고 있었던 데다 무장 출신인 박수경으로서는 견디기 힘든 모욕이었으리라 쉽게 짐작할 수 있다. 이 사건으로 박수경은 같은 해 8월 사망한다. 사인은 바로 분사憤死였다. 분함을 참지 못하고 죽은 것이다.

박수경 일가 외에도 혜종의 아들과 정종의 아들이 죽음을 면치 못했고, 태자 주伷(경종)까지도 죽음의 공포에 시달렸다. 광종에게 숙청된 자들은 모두 종실이거나 왕실과 혼인 관계를 맺은 유력 호족이었다. 광종은 막강한 지역 기반을 가진 데다 왕위 계승권을 가진 호족들이 언제든 자신의 목에 칼날을 들이댈 수 있다고 생각했다. 최승로가 "일찍이 혜종·정종·광종 세 임금께서 서로 계승하셨던 초기를 살펴보건대, 여러 가지 일들이 아직 안정되지 못한 때 개경과 서경의 문무 관리들의 절반 이상이 죽임을 당했습니다"(『고려사절요』 권2, 성종 1년 6월)라고 한 것으로 보아 왕에게 호족의 존재가 얼마나 위협적이었는지 미루어 짐작할 수 있다.

서경 세력의 몰살과 충청권 호족

광종의 개혁 정책에 가장 심하게 반대한 사람들은 이른바 서경 세력이었다. 왕식렴과 임희 등을 비롯해 서경에 뿌리를 내린 세력으로 정종 때 서경 천도를 주도하기도 했다. 여기에 패강진 세력인 박수경과 유금필이 더해지면서 막강한 세를 과시했다. 하지만 960년 이후 광종의 대대적인 숙청으로 완전히 제거되기에 이른다. 최승로의 다음과 같은 기록은 서경 세력의 말살 과정을 보여준다.

> 구신舊臣과 숙장宿將들은 차례로 죽어 멸족을 당했고, 가까운 친인척들은 모두 다 전멸당했습니다. 더욱이 혜종께서 형제의 우애를 온전히 이루시고 정종께서 나라를 잘 보존하셨으니 그 은혜와 의리를 논한다면 가히 책임이 무겁다고 말할 수 있습니다. 두 임금께서는 다 오직 외아들만 두셨는데, 그들의 생명을 (광종께서) 보존해주지 못했으니 그 덕을 갚지 않았을 뿐만 아니라 또다시 그들과 원한을 깊이 맺게 한 것입니다.(『고려사』 권93, 최승로 열전)

광종이 혜종과 정종의 아들을 죽였다는 것은 배후에 있던 유력 호족에게 타격을 가했다는 의미다.

광종이 개혁 정책을 펴는 데 잠재적 반대자인 이들에게 가한 숙청과 견제는 피할 도리가 없는 일이었다. 그 결과 경종이 즉위(975)할 때에는 구신으로서 살아남은 자가 40여 인에 불과할 정도였다. 태조 때 공신으로 책봉된 인사가 3200명이었다고 하니 숙청 규모가 어느 정도였는지 짐작할 수 있다. 그러나 피의 숙청에도 불구하고 모든 호족의 영향력이 절대적으로 감소했던 것은 아니었다.

숙청의 피바람이 매섭게 불던 시기에도 숙청 대상은 주로 개경 이북의 평주와 서경의 호족이었다. 광종의 후비 대목왕후의 외가 황주 황보씨 계열이나 광종의 친모인 신명순성왕태후의 충주 유씨 계열, 태조 비 정덕왕후의 정주 유씨 계열은 세를 보존할 수 있었다. 황주 황보씨나 충주 유씨는 광종의 처가와 외가로서 결속해 있었고 정주 유씨는 두 가문 소생의 왕자와 왕녀들과 혼인 관계를 겹겹이 맺고 있다.

이들은 960년부터 시작된 숙청 과정에서 광종의 지지 세력이었을 가능성이 크다. 이 세 세력은 개경 정계에서 핵심 요직을 장악한 개경파의 핵심이었다. 따라서 광종의 호족 억압책에는 반대했지만 서경파 숙청에는 암묵적으로 동의하고 배후에서 지지를 보냈을 것이다. 이들은 왕주가 태자로 책봉되는 965년(광종 16)부터 태자를 중심으로 광종을 견제하는 막강한 세력이 되어 경종 즉위 후 고려 정계에 다시금 전면에 나선다.

> 호족豪族의 '豪'(호)는 몸과 꼬리에 가시털이 덮여 있는 돼지 같은 짐승인 호저豪豬를 말한다. 위험이 닥치면 고슴도치나 밤송이 모양으로 동그랗게 웅크리는 습성이 있다. 그런데 그 의미가 강성하고 걸출한 사람을 가리키게 되었다.

경종,
복수를 허용하다

경종이 즉위하자 광종의 정치 개혁으로 타격을 받았던
호족 공신 세력이 처참한 복수전을 전개했다.

975년(광종 26) 광종이 51세를 일기로 세상을 떠났다. 재위 기간은 26년 2개월로 적지 않은 시간을 국왕의 자리에 있었다. 하지만 아버지 태조 왕건이 남긴 왕권 강화와 통치 체제 정비라는 과제를 완수하기에는 턱없이 모자란 시간이었다. 주위에는 언제든지 왕권을 뒤엎을 수 있는 세력이 여전히 남아 있었다. 싸움의 끝자락에는 아군보다 적군이 더 넓게 포진해 있었다.

광종이 개혁의 시간을 벌기 위해 7년의 세월을 기다렸듯 전광석화와 같은 개혁의 기습을 받은 호족 공신 세력 역시 반격의 기회를 노리고 있었다. 비록 광종의 공격으로 많은 호족이 죽음을 맞았지만 그들의 기반마저 무너진 것은 아니었다. 숙청의 칼날을 받은 무수한 호족 공신 세력이 칼을 갈고 있었다면 그 반대 진영인 개혁 세력은 아직 정치 세력화되어 있지 않았다. 과거제를 통해 양성된 젊은 관료들이나 신진 세력 그리고 고려 사회의 비주류 세력은 고려 정계를 끌고 가기에는 역부족이었다. 광종 말년에 그 빈틈을 간

파한 호족 세력이 반격을 시작했고 그 와중에 광종이 격정의 생을 마감했다.

호족들의 복수전

975년 5월 광종에 이어 경종이 즉위했다. 경종은 이미 대목왕후를 전면에 내세운 황주 황보씨 계열의 영향력 아래 있었다. 경종의 즉위와 함께 황주 황보씨를 비롯한 거대 호족 세력이 다시 고려 정계의 전면에 나서기 시작했다. 경종은 즉위하자마자 대사면령을 내렸다. 귀양 갔던 신하들이 돌아왔고, 옥에 갇혔던 죄수들은 석방되었다. 전과가 기록된 죄적罪籍은 없애버렸고, 정치권에서 소외되었던 유력자들은 복권되어 관직을 받았다. 채무는 탕감해주었고, 조세와 공납은 감면해주었다. 임시 감옥은 헐고, 참소한 글들은 불살랐다.

지금껏 숨죽여 지내야 했던 대다수 호족 공신에게 광종의 죽음은 해방을 알리는 신호였다. 호족 세력은 복권에 만족하지 않았다. 광종 대(949~975)의 정치적 피해에 대한 보상 차원에서 참혹한 복수전을 전개하기 시작했다. 경종이 말릴 수 있는 일이 아니었다. 참소로 억울하게 희생된 이들의 자손이 복수하는 것을 허용하는 복수법이 마련되었다.

집정 왕선王詵이 공식 복수전에 앞장섰다. 그러자 개경은 살육으로 1년간 아비규환의 나날이 이어졌다. 복수는 복수를 낳았고, 피는 피를 불렀다. 복수당한 가족의 원망에 찬 복수의 다짐이 계속되었다. 게다가 이러한 비이성적인 살육의 와중에는 복수를 빙자한 법살이나 정치적 살인도 있었다. 왕선이 왕명을 빙자해 태조의 아들 효성태자와 원녕태자를 살해한 것이다. 경종은 이런 왕선을 쫓아내고 멋대로 죽여 복수하는 것을 금했다.

아버지 광종의 피 묻은 손이 개혁 성공의 거름으로

이후 한동안 고려 정계에는 평화가 찾아왔다. 경종은 순질筍質과 신질申質을 각각 좌집정과 우집정으로 삼고 내사령을 겸하게 했다. 집정을 둘로 나누어 권력을 분산하고자 내려진 조치였다. 976년(경종 1) 경종은 좌우집정제를 확립한 뒤 가장 큰 치적이라 할 시정전시과始定田柴科를 제정하여 고려의 토지제도를 정비했다. 인품人品과

고려와 조선의 토지제도 비교

	고려시대	조선시대
	전시과	과전법
범위	전자+시지 지급	전지만 지급
규모	전국(특히 하삼도) 토지 대상	경기 지방 토지에 한정
경작권	보장안 됨	보장됨
별사전	승려와 풍수지리업자	준공신에게 경기 토지 지급
유가족	구분전	수신전 · 휼양전
군인전(군전)	중앙 군인 2군	유향품관(한량)
구분전		읍리 · 진척 · 역자
민전	매매 허용	매매 금지(사실상 매매 상속)

고려시대 전시과 변천 과정

시정전시과(경종)	개정전시과(목종)	경정전시과(문종)
전현직 관리뿐만 아니라 품계가 있는 자에게도 지급	전현직 관리에게만 지급	현직 관리에게만 지급

관품官品에 따라 토지를 나누어주는 전시과 제도를 마련함으로써 고려는 중앙집권제의 경제적 토대를 다질 수 있었다. 토지 조사를 완료하고 공신과 관료들에게 일관된 기준에 따라 전지田地(곡물을 수취할 수 있는 토지)와 시지柴地(뗄감을 얻을 수 있는 토지)를 분급해 왕실은 명실공히 신민에 대한 지배권을 확보하게 되었다.

고려 왕실은 전시과를 시행하기 전 940년(태조 23) 역분전役分田을 제정했으나 지역에 대한 배타적 지배권을 내세우는 호족의 반발로 그 효과적 실행이 불가능했다. 그런 왕실이 전국적 토지제도를 시행한다는 것은 호족에 대한 왕실의 우위가 확보되었음을 의미한다. 광종이 호족 공신 세력을 대거 축출하고 세력을 위축시켰기 때문에 가능한 조처였다. 경종은 광종이 마련한 과거제를 진흥하기 위해 진사 시험의 합격자 전원에게 공복을 내려주는 등 신진 양성에도 힘을 기울였다.

하지만 980년(경종 5) 왕승王承 등이 반역을 도모하다 발각되었고 이에 따른 숙청으로 국정이 혼란해지자 경종은 정치에 뜻을 잃고 여색과 잡기에 몰두했다. 미리 천문을 보고 모반이 있으리라 예언한 최지몽이 개입해 왕승을 처단하는 데 앞장섰는데 그런 정치 싸움에 신물이 났을 것이다. 그러다 이듬해인 981년 병을 얻어 26세의 나이로 죽음을 맞이한다.

두 번에 걸친 혼란기를 극복하지 못하고 여색과 잡기에 빠진 경종을 보면 그가 군주로서 다소 유약했음을 짐작할 수 있다. 그러나 보통은 음모와 탐욕이 이성을 삼켜버리는 끝 모를 정치투쟁에 환멸을 느낄 수밖에 없을 것이다. 이 점에 비춰보면 평생을 정치투쟁으로 시간을 보낸 광종의 냉혹함과 무비無比함 그리고 인간을 넘어선 의지의 일관성에 섬뜩한 느낌이 들기도 한다.

한편 경종은 재위 기간 내내 광종 대의 정치적 혼란을 수습하고 극복하려 하며 성종으로 가는 징검다리 역할을 했다. 경종의 사촌 동생이었던 성종은 고려 체제를 정비한 성군으로 기록된 왕이다. 성종은 숙부인 광종이 피를 흘려 강화한 왕권을 기초로 '왕을 중심으로 한 중앙집권적 국가 체제'를 온전히 수립하는 데 성공했다. 광종이 평생 온몸을 바쳐가며 이루고자 했던 개혁 과제가 성종 대(981~997)에 이르러서 결실을 보게 된 것이다. 광종이 재위 전반에 걸쳐 호족 공신 세력을 제압하지 않았다면, 호족 공신 세력의 견제를 무릅쓰고 유교적 문신 관료를 등용하는 과거제를 정착시키지 않았다면 성종 시대의 중앙집권적 국가 체제 수립은 불가능했을 것이다.

고려의 토지제도는 후기로 갈수록 문란해졌다. 우왕 때 이르러서는 권세가들이 한 토지를 두고 서로 소유권을 주장했다. 그 결과 밭 한 뙈기의 주인이 5, 6명에 이르고, 1년에 조세를 받는 횟수가 8, 9회에 이를 정도였다.

고려의 작은 중국화를 추구하다

성종은 유교적 정치 이념에 따라
고려의 체제를 정비했다.

고려 성종은 조선의 성종과 마찬가지로 많은 제도와 문물을 정비한 왕이다. 그리고 『고려사』나 『고려사절요』의 편찬자들 모두 성종의 정치에 대해서는 한 점의 흠도 잡지 않았다. 『고려사』에서 이제현은 "이른바 '뜻이 있는 사람이라면 더불어 일할 수 있다'는 인물이 아니겠는가. 아아! 착하도다"(『고려사』 권3, 이제현의 찬)라며 감탄을 금치 못했다. 『고려사절요』에서도 "성품이 엄정하고 도량이 너그럽고 넓었으며, 법을 세우고 제도를 정하는 데 절의를 숭상했고 현사賢士를 등용하고 백성들을 구휼하니 정치가 볼 만한 것이 있었다"(『고려사절요』 권2, 성종 총서)라며 성종을 극찬했다. 하지만 탈유교적이며 자주적인 입장에 천착하는 학자들은 성종을 중화사상에 따라 중국의 정치 체제를 지향한 사대주의자로 보며 천추태후와 비교하기도 한다.

모든 면에서 원만했던 성종의 비범함은 38세의 젊은 나이에 죽음을 목전에 두고서도 초연했던 모습에서 찾을 수 있다. 997년(성종

16) 성종은 병이 위독해지자 조카 송誦(목종)에게 선양한 뒤 내천왕사內天王寺로 요양을 하러 갔다. 이때 평장사 왕융이 왕의 회복을 위해 사면령을 내려 하늘의 도움을 얻자고 했다. 그러나 성종은 단호히 거절하며 "사람이 죽고 사는 것은 하늘에 달렸으니 어찌 죄 있는 자들을 풀어줌으로써 억지로 연명을 구하기까지 하리오. 또 내 뒤를 이어 즉위한 자가 무엇으로 새로운 왕의 은혜를 펴리오"(『고려사』 권3, 성종 16년 10월)라고 하고는 끝내 사면령을 허락하지 않고 죽었다. 죽음을 눈앞에 두고도 후대를 배려하는 사려 깊음에 그 인간의 크기를 짐작할 수 있다.

격동의 시기를 지나서

성종은 960년(광종 11) 대종 왕욱의 둘째 아들로 태어났다. 10대의 민감한 시기에 광종의 대숙청 정치를 경험했다. 그리고 경종 대(975~981) 복수극이 휘몰아칠 때는 10대 후반으로 한참 세상에 눈 뜰 때였다. 정치적 격동기에 여러 정파의 부침을 보아온 성종은 981년 왕위에 오르면서 정치의 안정으로 고려 왕조를 반석에 올려놓고 백성들의 피폐한 삶을 해결하고자 하는 의욕이 넘쳤다. 그래서 성종은 즉위하자마자 내심 마음에 두고 있던 최승로를 비롯한 5품 이상 관리들에게 정치 개혁의 프로그램을 제시하라고 요청했다.

성종은 즉위한 직후 파격적인 개혁 조처를 한다. 할아버지 태조가 '훈요 10조'에서도 중시하라고 당부했던 팔관회八關會를 축소했다. 최승로가 '시무 28조'에서 건의한 팔관회 축소와 관련한 내용은 다음과 같다.

> 우리나라는 봄에 연등회를 열고 겨울에 팔관회를 개최하여 사람들을
> 징발해 노역이 대단히 번거로우니, 바라건대 이를 대폭 줄여 백성의 수
> 고를 덜어주십시오. 한 번 올려진 뒤 부수어버리는 여러 종류의 우인偶
> 人(인형)을 만드느라 공역과 비용이 매우 많이 드는데 역시 심각함이 이
> 루 말할 수 없습니다. 또한 우인은 제사가 아니면 사용하지 않는데, 서
> 조西朝의 사신이 예전에 와서 이것을 보고 상서롭지 못하다고 하면서 얼
> 굴을 가리고 지나갔던 일도 있으니 바라옵건대 지금부터는 그 사용을
> 허락하지 마시옵소서.(『고려사』 권93, 최승로 열전)

987년에 이르러서는 아예 팔관회 자체를 폐지하는데, 팔관회
의 잡기가 떳떳하지 못하고 번잡스럽다는 이유에서였다. 그리고
985년(성종 4)에는 사람들이 집을 희사하여 사원(절)으로 삼는 폐단
을 금지했다. 팔관회라는 토착적 민속 신앙과 불교의 성세를 꺾어
놓은 대신 유교적 가치를 심는 제도와 문물은 정비했다. 983년에
는 원구단을 설치하여 풍년을 비는 행사를 했고, 친히 적전을 갈
고 신농씨神農氏를 제사 지내며 후직씨后稷氏의 신위를 함께 모시기도
했다. 유교적 애민 사상에 근거해 흉년기에 곡식을 대여해주는 의
창義倉(986)과 개경과 서경 및 12목에 쌀값 안정을 위한 상평창常平倉
(993)을 설치하기도 했다. 또 조상에 제사를 지내는 데 100일의 휴
가를 주는 등 효孝의 가치를 심는 데 주력했다. 990년(성종 9)에는 효
도를 강조하는 교서를 내리는데, 전국의 효자, 의부, 절부를 찾아

선농단先農壇**(조선시대) · 문화재청**

선농단은 농사짓는 법을 전수했다고 전해지는 신농씨와 후직씨를 제사하는 공간이다. 선농제는 그 기원이 신라시대까지 거슬러 올라가며 고려시대에 이어 조선시대에도 태조 이래 역대 임금들은 선농단에서 풍년이 들기를 기원하며 제사를 지냈다.

정문旌門을 세우고 부역을 면제해준다.

유교적 중앙집권 체제 완성을 위한 노력

성종은 중앙집권 체제의 완성을 위해 모든 노력을 집중했다. 성종은 당唐의 정치 체제를 이상적 모델로 생각하여 995년(성종 14) 당의 3성 6부제를 모방해 이전의 광평성·내봉성·내의성·내사성을 중서문하성·상서도성의 2성 체제로 정리하고, 실무 기구로 이부·병부·호부·형부·예부·공부의 6부를 둔다. 또 고려 초기의 토착적 관리 서열 체계인 관계官階를 중국식의 문산계文散階와 무산계武散階 제도를 들여와 향리鄕吏 등에 대한 위계로 사용했다.

성종은 지방 제도 정비를 위해 최승로의 건의를 받아들여 983년 12목牧을 두고 중앙에서 주목州牧이라는 관리를 파견하고 관청에 공해전公廨田을 지급했다. 12목의 설치를 완료하고 995년에는 전국을 10도道로 나누었다. 전국을 관내도·중원도·하남도·강남도·영남도·영동도·산남도·해양도·삭방도·패서도로 나눠 구역화를 시도했다.

과거제 시행과 학교 설립에도 힘을 기울였다. 과거를 거의 매년 실시해 많은 급제자를 배출했다. 또한 성종은 주현의 많은 젊은이를 개경으로 불러올려 유학을 공부하게 했고, 992년(성종 11)에는 개경에 국자감을 짓게 하여 교육에 대한 의지를 드러냈다. 그리고 이듬해에는 경학박사와 의학박사를 등을 12목에 파견해 지방 교육을 장려했다. 이처럼 성종이 유교적 체제를 구축한 덕분에 최승로, 김심언 등과 같은 신라 6두품 출신의 자제들이 크게 약진할 수 있었다.

하지만 성종이 중국식 제도 도입과 유교적 문치에 치중하자 993년(성종 12) 거란의 1차 침입 때는 영토를 떼어 바치자는 할지론割地論이 비등하는 계기가 되기도 했다. 이러한 주장은 서희의 주장으로 힘을 잃었지만, 그 억세고 자주적인 고려의 고유 정신이 쇠약해진 것만은 분명했다. 그래서 이지백李知白 같은 신하는 성종의 중국화 정책을 비판하며 연등회, 팔관회 등을 다시 거행하자고 주장해 힘을 얻기도 했다.

> 성종이 금지한 팔관회는 천령天靈과 오악五嶽, 명산名山, 대천大川, 용신龍神을 제사 지내는 의례였다. 고려인의 하느님에 대한 관념이 지극했다는 점을 보여주는데, 팔관회는 몇 차례 부침을 겪으며 조선 초에 폐지되었다.

고려 체제 정비의 브레인
최승로

최승로의 시무 28조는 성종뿐만 아니라
후대 고려 국왕의 국정 지표가 되었다.

최승로_{崔承老}(927~989)는 신라 경주 출신으로 격란의 시기에 태어났다. 최승로가 태어난 해(경애왕 4, 태조 10)에 경주 포석정으로 쳐들어온 견훤 때문에 경애왕이 스스로 목숨을 끊었다. 이런 난리의 와중에서도 최승로의 아버지 최은함_{崔殷含}은 아들이 태어나 무척 기뻤다. 아들이 없는 것을 탄식해 중생사_{衆生寺} 관음보살상 앞에서 아들을 낳게 해달라고 빌기까지 해서 얻은 자식이었기 때문이다.

그런데 최승로가 태어난 지 3개월도 채 되지 않아 후백제군이 쳐들어왔다. 다급해진 최은함은 그를 중생사 관음보살상 앞에 놓고 부처에게 보살펴줄 것을 빌고는 피난을 떠났다. 보름이 지난 후 후백제군이 물러나자 중생사로 아들을 찾으러 가니 최승로는 몸도 건강하고 살결도 새로 목욕한 것처럼 깨끗했다. 뽀얀 얼굴에 입에는 젖 냄새가 남아 있는 듯했다. 이는 『삼국유사』에서 전하는 전설 같은 이야기다.

6대에 걸친 벼슬살이

그로부터 8년이 지난 935년(태조 18) 신라 경순왕이 고려에 항복했다. 이때 경순왕을 따라 최은함이 개경으로 왔다. 당시 9세였던 최승로는 아버지를 따라 개경으로 이사했다. 최승로는 어린 시절부터 총명하다 이름나 938년에는 태조에게 불려가 『논어』를 외웠다. 예순 고개를 막 넘어선 태조는 최승로를 기특하게 여겨 염분鹽盆(소금가마)을 하사했다. 그러고는 학자들이 드나드는 원봉성元鳳省 학생으로 들어가 배우게 했고 장학금으로 쌀 20석과 안마鞍馬(말안장)를 하사했다. 최승로는 이때부터 문한직을 맡아 성종 대(981~997)에 이르기까지 6대에 걸쳐 벼슬살이했다. 최승로가 시무 28조에서 비판해 마지않았던 광종도 그에게 문장에 관한 업무를 맡겨 외교문서를 쓰게 했다. 그 공으로 광종에게 술과 과일을 하사받기도 했다.

이런 최승로가 자신의 시대를 맞은 것은 성종 때였다. 그 전대까지는 아직 고위직에 오르지 못했고, 그의 정치적 영향력 역시 적었다. 성종이 즉위하면서 인사를 담당하는 선관選官(훗날 이부吏部)의 장관인 어사御事가 되었다. 이어 재상직인 문하시랑평장사를 거쳐 988년(성종 7)에 문하시중에 올랐다. 영의정에 해당하는 문하시중이라는 최고위직에 오른 지 1년 만에 최승로는 63세를 일기로 세상을 떴다. 영광의 시기는 짧았다. 최승로는 비록 문화시중직에 짧은 기간 재직했지만 그가 성종에게 올린 '시무 28조'는 성종과 후대 임금의 국정 지표가 되어 오랜 영향력을 발휘할 수 있었다.

왕에게 경험과 지식을 바치다

성종이 왕위에 오르자 982년 최승로는 그간 5대에 이르는 선대 임금의 정치를 평가하는 '오조치적평五朝治績評'을 올렸다. 그리고 여기에 더해 성종이 당면한 정치 개혁 과제를 28조에 걸쳐 건의한 보고서도 올렸다. 이것이 '시무 28조時務二十八條'다. 현재는 28조의 시무책 중 22개 조의 내용만 전해지고 있다. 시무 28조에는 최승로가 생각하는 이상적 국가관과 군주관, 신료관 등이 담겨 있다. 시무 28조는 현실 정치의 구체적 과제를 제시한 자료로 중요하다.

최승로의 상서문 구성

서론
- 시무 28조를 올리게 된 배경 설명
- 당 사관 오긍의 『정관정요』 편찬에 비유

오조치적평
(5대조 평가)
- **태조**: 넓은 도량과 포용력
- **혜종**: 왕족 간의 우애를 지키려는 마음
- **정종**: 사직을 보존하려는 의지
- **광종**: 공평무사함
- **경종**: 현명한 판단

이외에도 각 왕의 정치적 실수에 대한 원인과 결과 분석

시무 28조
- **1조**: 서북 변경의 수비 강조
- **2·6·8·10·13·16·20조**: 불교 억제, 유교 사상을 통한 왕도 정치 실현
- **3·14·15·19·21조**: 신하에 대한 예우, 군주의 유교적 몸가짐 등 올바른 행위 지도
- **4·5·18조**: 권선징악을 통한 정치 및 경제, 외교적 측면 강조
- **7·12조**: 외관 파견, 공역 균등, 지방 정책 언급
- **9·11·17·22조**: 복식과 가옥 제도, 신분 제도 등 사회 기강 강화

최승로는 우선 왕권이 안정된 가운데 중앙집권적이고 통일된 국가를 이상적으로 생각해 중앙정부가 지방에 통제력을 확보해야 한다고 주장했다. 지방 호족이 마음대로 백성을 침해하고 착취하는 일이 있어서는 안 된다고 하면서 지방관 파견을 제안했다. 시무 28조 중 제7조를 보자.

> (…) 이제 제가 보건대 향리의 토호들이 늘 공무를 빙자하여 백성들을 침해하고 학대하므로 백성들이 명령을 감당하지 못하니 요청하건대 외관을 두시옵소서. 비록 일시에 모두 다 보낼 수 없을지라도 우선 10여 개 주현에 합하여 1명의 관리를 두고, 그 아래 각기 2, 3명의 관원을 두어서 위임하여 백성을 어루만지며 돌보게 하시옵소서.(『고려사』 권93, 최승로 열전)

최승로는 중앙정부를 중심으로 왕권을 안정적으로 확립해야 한다고 했다. 하지만 군주가 전제적으로 모든 권력을 휘두르는 전제 정치는 반대했다. 그래서 최승로는 광종을 혹독하게 비판했다(3조). 군주는 간신을 멀리하고 군자를 잘 대접해야 하며, 선비를 존중할 줄 알아야 한다고 주장했다(14조). 또 신분 제도를 엄격히 지킬 것을 주장했다. 노비와 주인의 구분을 분명히 지키고(22조), 관직에 있는 자와 평민의 지위를 나누어 옷도 규정에 따라 입어야 한다고 했다(9조).

그러면서 이런 정치는 국왕이 직접 나서서 하는 것이 아니라 임금의 위임을 받아 신하들이 해야 한다고 했다. 곧 군주-귀족 관료–백성으로 분화된 지배 질서를 지키자는 것이 최승로의 생각이었다. 최승로의 정치관은 귀족 관료의 도덕 정치를 지향했다. 신라 6두품 귀족 출신이라는 입장에 충실한 주장이었다. 그렇기에 광종대(949~975)의 노비안검법에 비판적이었다.

광종 때에 이르러 처음으로 노비를 조사하여 그 시비를 가리게 하시니, 이에 공신들이 탄식과 원망이 없지 않았으나 간언하는 사람은 없었습니다. 대목왕후께서 간절히 간언했지만 받아들이시지 않으셨습니다. 천예賤隷가 뜻을 얻어 존귀한 사람들을 능멸하여 업신여기고 앞다퉈 허위를 꾸며 본래의 주인을 모함하는 자들이 헤아릴 수 없었습니다. 광종은 스스로 화근을 만들어놓고 능히 그 피해를 차단하지 못했으며, 말년에 이르러 누명을 씌워 죽인 사람이 매우 많아 크게 실덕했습니다. (…) 바라옵건대 성상께서는 지난 일을 깊이 성찰하셔서 천한 이들이 귀한 이들을 업신여기지 못하게 하시고, 노비와 주인과의 관계에서 공평하게 처리하십시오. 대개 벼슬이 높은 사람은 이치를 알아서 불법이 드물고, 벼슬이 낮은 사람은 참으로 그 지혜가 능히 비행을 꾸밀 수 없는데, 어찌 양인을 천인으로 만들 수 있겠습니까?(『고려사』 권93, 최승로 열전)

최승로는 송에 무역 사절을 보내지 말라고 주장했다. 사신의 내왕이 번거롭고 많아지면 중국에서 천하게 여길 것이라는 이유에서다. 최승로의 건의는 받아들여져 고려의 무역 주도권이 쇠퇴했다.

서희의 담판이 이뤄낸 승리

거란의 침입 의도를 정확히 알아챈 서희의 명쾌한 외교 담판으로
고려는 실리와 명분을 다 챙겼다.

거란契月은 키타이Khitai의 한자어다. 목축민들은 지도자가
졸렬할 때는 힘이 크지 않지만 탁월한 지도자를 만나면 민족의 규
모가 작아도 매우 강력한 정권을 만들어낸다. 고려 역사는 이 목축
민들과의 싸움으로 명운이 갈렸다. 요遼를 세운 거란, 금金을 세운
여진, 원元이란 거대 제국을 이룩한 몽골이 그랬다. 요는 야율아보
기耶律阿保機(태조)와 야율덕광耶律德光(태종)이라는 걸출한 지도자가 나
타나 10세기 중원의 판도를 바꾸었다. 태조 왕건은 발해를 멸망시
킨 거란을 '금수의 나라'라 하여 적대시했지만, 결국 거란은 요제국
을 세워 중원의 최대 강자로 떠올랐다.

특히 야율덕광이 죽고 난 뒤의 내분을 수습하고 안정기에 접어
든 10세기 말 거란의 성종 야율융서耶律隆緖은 송宋을 평정하여 천하
를 통일하는 것을 전략적 과제로 삼았다. 그러기 위해서는 배후의
고려와 여진 세력을 어떻게든 제압해야 했다. 한편 송으로서는 고
려와 손잡고 거란을 견제해야 하는 처지였다. 고려 역시 태조의 북

비다도備茶圖

중국 하북성에서 발견된 11세기 후반 요대 선화요묘宣化遼墓 벽화에서 거란인들을 볼 수 있다. 요를 세운 거란족은 몽골족과 퉁구스족의 혼혈로 형성된 민족이다.

진 정책을 이어받아 압록강 유역의 여진을 정벌하고 북방의 성을 개척하는 것이 국가적 과제였다. 무엇보다 북방 안정이 시급했다. 송과 거란이라는 대국과 정면충돌하는 대신 외교적 줄타기를 하면서 북방을 안정시켜야 할 처지였다. 이처럼 10세기 말 이후 고려의 대외관계는 이해관계가 복잡하게 얽혀 있었다.

거란의 1차 침입

고려와 거란, 송 가운데 거란이 먼저 주도권을 잡았다. 거란은 발해 유민이 세운 정안국定安國을 멸망시키고 압록강 유역의 여진을 정벌하여 고려와 직접 대치했다. 993년(성종 12) 5월 여진은 고려에 거란의 침공 계획을 알려왔지만 고려 조정은 이를 믿지 않았다.

그러나 같은 해 8월 거란이 고려를 정벌하기 위해 군대를 이미 동원했다는 것이 알려지자 다급해진 고려는 전쟁 준비를 시작했다. 같은 해 10월 시중 박양유를 상군사로, 내사시랑 서희를 중군사로, 문하시랑 최량을 하군사로 하여 국경을 방어하게 했다. 성종도 직접 서경까지 올라가 전쟁을 준비했다. 그러나 거란 성종의 부마이자 동경유수인 소손녕蕭遜寧이 이끄는 80만 대군이 봉산군(황해도 중부 지역)까지 진출해 있었고, 선봉인 윤서안이 사로잡히는 급박한 상황이 되었다. 그러자 안북대도호부(안주)까지 올라가려던 했던 성종은 서경에 머무를 수밖에 없게 되었다. 서희는 봉산을 구하기 위해 소손녕군과 대치했다. 당시 상황은 다음과 같았다.

> 서희가 병사들을 이끌고 가서 봉산을 구하고자 했다. 소손녕이 공표하여 말하기를 "우리나라가 이미 고구려의 옛 땅을 다 차지했는데, 지금 너희 나라가 변경을 침탈했으므로 이 때문에 토벌하러 온 것이다" 했다. 또 글을 보내어 말하기를 "우리나라가 사방을 통일했으니 아직 귀부하지 않은 나라는 기필코 소탕할 것이다. 속히 항복하여 오래 머무르지 않도록 하라" 했다.(『고려사절요』 권2, 성종 12년 10월)

서희徐熙(942~998)는 소손녕이 더 진군하지 않고 항복만 권유하자 거란이 점령보다는 복속하려 한다는 것을 알아챘다. 서희는 이를 성종에게 보고하며 화해 협상을 건의했다. 성종은 서희의 건의를 받아들여 감찰사헌 이몽전을 거란 군영에 보냈다. 소손녕은 침략 이유를 묻는 이몽전에게 "너희 나라에서 백성을 돌보지 않으므로 이에 천벌을 내리는 것이다. 만약 화의를 원하거든 빨리 나와 항복하라"(『고려사절요』 권2, 성종 12년 10월) 했다.

이것이 협상이다

이몽전이 돌아와 소손녕의 말을 전하자 고려 조정은 공포에 휩싸였다. 왕이 개경으로 돌아간 뒤 대신을 보내 항복하자는 주장이 있었고, 서경 북쪽의 땅을 넘겨주고 황주부터 자비령까지를 국경으로 하자는 할지론까지 제기되었다. 성종이 할지론에 동의하며 서경의 창고를 열어 백성들에게 주고 남은 것은 적의 군량미가 되지 않게 대동강에 버리라는 명령을 내렸다.

이때 서희가 나섰다. 서희는 넉넉한 식량은 성을 지키고 싸움에서 승기를 잡는 데 중요하며 백성들의 생명줄이니 버려서는 안 된다고 성종을 설득했다. 그리고 거란과 다시 싸워볼 것을 주장했다.

지금 거란이 침입하여 옴에 그 뜻은 이 두 성을 차지하고자 한 것에 지나지 않으면서도 그 말은 고구려의 옛 땅을 취하겠다고 하는 것은 실제로 우리를 두려워하는 것입니다. 지금 보기에 그들 병사의 기세가 매우 성하다고 하여 성급히 서경 북쪽의 땅을 나누어주는 것은 계책이 아닙니다. 삼각산 이북 지역 또한 고구려의 옛 땅인데 저들이 싫증을 낼 줄 모르고 그곳을 요구한다면 다 줄 수 있겠습니까. 골짜기는 채우기 쉬워도 사람의 마음은 채우기가 어렵다고 욕심은 끝이 없습니다. 더구나 지금 땅을 나누어 준다면 곧 진실로 만세의 수치가 될 것입니다. 바라건대, 성상께서는 도성으로 돌아가시고 신 등에게 그들과 한번 싸워본 후에 다시 의논하게 하셔도 늦지 않을 것입니다.(『고려사절요』 권2, 성종 12년 10월)

전 민관어사 이지백도 성종 대에 와서 중국의 풍습만 즐기고 고려의 전통을 저버린 정치를 비판하며 영토를 내주는 것을 반대했다. 성종은 서희 등의 주장에 따랐다.

한편 고려로부터 회답이 없자 소손녕은 안융진(안주)을 공격했다. 그러나 중랑장 대도수와 낭장 유방이 이끄는 고려군이 거란군을 대패시켰다. 소손녕은 군사적 행동 대신 다시 항복하라고 재촉할 뿐이었다. 성종은 합문사인 장영을 거란 진영에 보냈지만 소손녕은 대신급 회담을 요구했다. 성종은 대신 중에 협상할 인사가 자원하길 바랐지만 아무도 나서지 않았다. 대외 전쟁이 고구려 때 대당 전쟁 이후 처음이었고 고려 문신들의 모범이던 송이 거란에 유약하게 대처했던 데 영향받은 탓도 있었다. 이런 결정적 순간에 서희가 나서서 소손녕과 담판을 자원했다.

그 유명한 서희의 담판은 이런 우여곡절 끝에 시작되었다. 서희는 외교사절로서 의전을 문제 삼아 상대의 기를 꺾어놓고 시작했다. 소손녕이 자신은 거란 황제의 사위니 서희가 신하의 예를 갖춰 뜰에서 대청에 앉은 자신에게 절을 해야 한다고 하자 이를 당당히 거부했다. 서희는 양국의 대신이 대면하는 자리에서 군신의 예를 요구하는 것은 무례하다며 숙소로 돌아가 회담에 응하지 않았다. 이런 서희의 당당한 자세에 소손녕은 대등하게 교섭하는 것을 받아들여 회담이 이뤄졌다.

회담에서 소손녕은 2가지를 요구했다. 고려는 신라의 후계자이므로 자신들에게 권리가 있는 옛 고구려의 땅을 바칠 것과 송과의 교섭을 단절하고 거란과 외교 관계를 맺자고 했다. 이에 서희는 고려는 고구려를 계승한 나라임을 분명히 하며 오히려 거란의 동경(요양)이 고려 땅이라는 주장을 폈다. 또한 거란과의 교섭이 막혔던 것은 강동 6주를 가로막고 있는 여진 때문이므로 그들을 내쫓고 그 땅을 고려에 돌려줘 성을 쌓게 하면 거란과 수교하겠다는 제안을 했다.

이런 서희의 제안을 거란의 성종이 받아들여 거란과의 전쟁은 끝을 맺었다. 할지론으로 영토를 잃을 뻔한 고려는 오히려 강동 6주라는 군사적·경제적 요충지를 확보하게 되었다. 서희는 강동 6주에서 여진을 내쫓고 성을 쌓았다. 그리고 백성을 이주시켜 고려의 영토로 고착시켰다. 이후 강동 6주는 대거란 전쟁과 대몽 항쟁에서도 난공불락의 요지로서 그 소중함을 일깨우게 된다.

서희는 송에 사신으로 파견된 바 있다. 당시 송 태조 조광윤은 고려가 송에 외교적 노력을 기울이지 않았다는 이유로 고려 사신을 홀대했다. 이때도 서희는 거란과 여진에 막혀 송과 교류가 힘들다고 조리 있게 설명했다. 이에 송 태조는 정식으로 고려와 외교 관계를 맺었다.

정계를 뒤흔든 고려판 측천무후, 천추태후

천추태후는 성종의 유교적 정치 이념 대신
전통적이고 복고적인 정치 노선을 택했다.

1009년(목종 12) 정월 천추태후의 거처인 천추전에 불이 나 건물 전체가 타버렸다. 목종이 관등觀燈을 하던 도중에 기름 창고에 불이 붙었다. 그러나 이 불은 단순한 화재가 아니었다. 『고려사』에 따르면 목종은 궁전과 창고가 다 타버린 것을 보고 슬프고 한심하게 생각하던 끝에 병을 얻어 정무를 보지 않았다. 궁궐은 목조 건물이라 화재가 자주 있을 수 있다. 그런데 목종은 이 한 번의 화재에 상심하여 정무를 보지 않게 된 것이다. 궁궐의 문을 닫아걸고 신하들의 접견 요청을 거부했다고 한다. 그로부터 한 달이 조금 지나 목종은 임금의 자리에 쫓겨나 죽음을 맞는다. 뭔가 의혹이 있지 않을 수 없다.

혹자는 나약한 목종이 불이 난 데 놀라 사망한 것이라는 추측을 하기도 한다. 그러나 목종은 『고려사』의 기록에 따르면 성품이 침착하고 굳세며 어려서부터 임금의 도량을 지닌 인물이었다. 단순히 화재에 놀라 병이 날 인물이 아니었다. 천추전의 화재는 정변의 시작을 알리는 불이었다. 누군가 고의로 불을 낸 것이다. 누구였을까? 목종의 다음 대를 노리는 천추태후와 김치양 일파 중 한 사람이었을까, 아니면 정변의 주인공인 강조 쪽 진영의 사람이었을까? 오늘날 고려사 연구자들도 선뜻 답을 내리기 힘들어하는 질문이다.

최초의 섭정 태후, 천추태후

사태의 핵심은 앞서 말한 대로 천추태후와 김치양 일파 대 그 반대 세력의 대립에 있었다. 천추태후와 김치양은 누구인가?

천추태후(964~1029)는 경종의 제3비로서 왕비 시절에는 헌애왕후 황보씨로 불렸다. 태조와 신정왕태후 황보씨의 소생인 대종 왕욱의 딸이기도 하다. 성이 황보인 이유는 외가 성을 물려받아서 그렇다. 족내혼이 극심했던 고려 왕실에서 흔히 볼 수 있는 일이다. 앞에서 살펴본 대로 고려 초기 황주 황보씨는 왕비를 가장 많이 배출해낸 막강한 호족 세력이었다. 헌애왕후의 동생 헌정왕후 황보씨 역시 경종의 제4비였다. 그리고 헌애왕후의 동복 오빠가 바로 성종이다.

헌애왕후는 경종의 후비 5명 중 유일하게 아들(목종)을 낳았다. 997년 성종의 뒤를 이어 목종이 왕위에 오르자 헌애왕후는 18세인 아들을 대신해 섭정을 시작한다. 헌애왕후는 천추전千秋殿에 거처한다고 해서 천추태후라 불리게 된다.

천추태후의 곁에는 김치양金致陽(?~1009)이란 인물이 있었다. 김치양은 동주(황해도 서흥) 사람으로 태후의 외가 쪽 사람이었다. 김치양에 관해『고려사』는 다음과 같이 적고 있다.

성정이 간교하고 음경은 수레바퀴를 능히 걸 수 있을 정도였다. 일찍이 거짓으로 중 행세를 하면서 천추궁에 출입하여 자못 추한 소문을 일으키니, 성종이 이를 알고 곤장으로 다스려 먼 곳으로 유배 보냈다.(『고려사』 권127, 김치양 열전)

목종이 즉위한 후 천추태후는 김치양을 불러들여 합문통사사인이란 벼슬을 주었다. 그 뒤 김치양은 왕의 존중과 총애를 한 몸에 받으며 벼슬이 우복야 겸 삼사사(정2품)에까지 이른다. 김치양은 천추태후를 등에 업고 막강한 영향력을 행사했다. 백관에 대한 인사를 좌우해 세력을 키웠고, 벼슬아치에 대한 인사권에 관여했다.

천추태후는 김치양과 함께 황주 황보씨 일가를 중심으로 한 친위 세력을 구축했다. 천추태후의 정치 노선은 성종 집권 시 추구했던 중국의 유교적 관료 체제보다는 왕건의 유훈을 실천하기 위해 전통적이고 복고적이었다. 목종을 성종 대(981~997)에 경시했던 서경으로 네 번이나 행차하게 하여 그 중요성을 강조하기도 했다.

천추태후는 중국 당 고종의 황후 측천무후(624~705)와 비교되기도 한다. 측천무후 역시 섭정하면서 당 정치 전반을 관장했다. 측천무후는 미약한 자신의 정치적 기반을 강화하기 위해 신진 관료층을 배양하여 반대파인 고위직 인사와 전통적 귀족층을 제거했다. 또한 당시의 불교 숭앙 분위기를 틈타 연인이자 요승인 설회의를 조정하여『대운경大雲經』이란 불경을 이용해 '태후는 미륵불의 하생'

이라는 설을 퍼뜨렸다.

천추태후 역시 과거제를 확충하여 신진 세력을 배양하고 전통적 귀족 관료층을 숙청하기도 했다. 또한 승려 출신 김치양을 통해 사원을 건립하고 불교 행사와 전통적인 국가 신앙을 대폭 지원했다.

왕위 계승을 둘러싼 갈등

이런 천추태후의 행보에 유교적 성향이 강한 관료층이 반발하는 것은 당연했다. 관료층의 불만은 차기 왕위를 둘러싼 두 세력 간의 갈등을 불러일으켰다.

1003년(목종 6) 천추태후와 김치양 사이에서 아들이 태어났다. 천추태후는 이 아들을 목종에 이어 왕으로 세우고자 했다. 그러자면 다음 왕위 계승권을 가진 대량원군(현종)을 제거해야 했다. 대량원군은 동생 헌정왕후와 삼촌인 왕욱(안종)이 저지른 불륜의 결과였다. 헌정왕후 황보씨가 왕욱과 관계를 맺어 임신했을 때 이 사실을 안 성종은 왕욱을 귀양 보냈다. 헌정왕후는 귀양 가는 왕욱을 집 앞에서 전송한 직후 문 앞 버드나무 가지를 붙잡고 대량원군을 출산했다. 그리고 출산 직후 헌정왕후는 사망한다. 성종은 사생아가 된 대량원군을 품에 안아 기른다.

이런 불행한 성장 과정에 있던 외조카였지만 천추태후에게는 걸림돌일 뿐이었다. 천추태후는 대량원군을 절로 보내 승려가 되게 했다. 고려시대에 왕자들이 승려가 되는 것은 잉여 권력을 처리하는 방식이었다. 그러나 대량원군은 왕씨 성을 가진 유일한 왕자였다. 이미 유교적 정치 이념을 신봉하는 관료 세력은 대량원군을 다음 왕위 계승자로 옹립하고자 움직였다. 천추태후는 대량원군을 제거하려 독이 든 술과 떡을 보내 등 여러 시도를 했지만 실패했다.

그러던 중 천추전에 불이 났고 목종은 정사를 거부하며 몸져누웠다. 그리고 며칠 후 현종이 왕위에 오르는 '강조의 정변'이 발생한다. 자, 그렇다면 천추전에 누가 불을 놓았을까? 천추태후 세력인가, 현종 옹립을 지지하는 세력인가?

천추태후의 그늘에 있어야 했던 목종은 근시近侍를 총애하여 터무니없이 높은 벼슬을 주고, 그들을 불러 남색을 즐기는 일이 많았다.

정변의 수수께끼

유교 이념에 충실한 고려의 관료들은 강조의 무력 기반을 동원하여 천추태후와 목종에게 반기를 들었다.

『고려사』나 『고려사절요』를 자세히 읽다 보면 앞뒤가 맞지 않는 대목이 많다. 두 책 모두 방대한 고려 왕조 실록을 축약한 책이므로 요약 과정에서 오류가 생길 수 있다. 하지만 더 큰 원인은 정변 후 이를 정당화하기 위한 세력의 의도적 왜곡에 있다. 강조康兆(?~1010)를 중심으로 한 세력이 일으킨 정변에 대한 기록에는 왜곡의 흔적이 뚜렷하게 남아 있다.

승자가 기록한 강조의 정변

사서에 따르면 강조의 정변은 처음부터 의도적인 것이 아니었다. 목종이 천추전 화재 이후 정사를 거부한 지 얼마 안 되어 김치양 일파가 반란을 도모하면서 왕의 측근인 유충정에게 거사에 참여할 것을 권유했다. 유충정은 이 사실을 왕에게 고했다. 그러자 목종은 대량원군(현종)을 후계자로 삼아 김치양 일파의 음모를 분쇄하려고 했다. 이를 위해 재신인 채충순, 최항 등을 시켜 삼각산 신혈사(神穴寺)에 있는 대량원군을 맞이하게 했다.

그보다 앞서 목종은 서북면 순검사 강조를 개경으로 불러 자신과 대량원군을 호위하게 했다. 그런데 명을 듣고 개경으로 오던 강조가 잘못된 정보를 접한다. 목종은 이미 사망했고 천추태후와 김치양이 왕위를 찬탈하여 왕명이라고 속여 말해 강조를 불러들였다는 오보였다. 강조는 이 말을 듣고 본영으로 돌아가 5000의 군사를 이끌고 서둘러 개경으로 오던 중 평주(황해도 평산)에 이르러서야 목종이 생존해 있다는 사실을 접한다. 강조는 고민에 빠졌다. 왕의 명령 없이 대군을 움직인 게 되었으니 반역을 일으킨 것이 되어버렸다. 그런 강조에게 측근들은 이미 온 길을 돌이킬 수 없다고 부추겼다. 강조는 이에 수긍해 목종을 폐위하고 대량원군을 옹립하기 위해 개경으로 진격했다.

> 강조는 목종을 폐위하고 양국공으로 삼고 합문통사사인 부암 등을 시켜 지키도록 했으며, 군사를 보내어 김치양 부자 및 유행간 등 7명을 처형하고 그 일당 및 태후의 친속 이주정 등 30여 명을 섬으로 유배 보냈다.(『고려사』 권127, 강조 열전)

대량원군을 왕위에 올린 강조는 김치양과 천추태후 세력을 적발하여 제거했다. 목종은 폐위하여 태후와 함께 충주로 가게 했다. 그러고는 1009년(현종 즉위년) 2월 사람을 보내 목종을 시해했다. 이후 태후는 황주로 보내졌다. 정변을 성공적으로 마무리한 강조는 중대사라는 최고위직에 올라 정국을 주도한다.

숨길 수 없는 의혹

이상이 사서에 따른 강조의 정변의 대강이다. 여기에서 이해할 수 없는 대목이 한둘이 아니다. 우선 천추전에 불이 나자 목종이 놀라서 병이 나고 이 틈을 타 김치양이 반란을 도모했다는 대목이다. 목종은 "성품이 침착하고 군세어 어려서부터 임금의 도량이 있었고 궁술과 기마를 잘했다"(『고려사』 권3, 목종 12년 2월)라고 할 만큼 건강했다. 그런 목종이 화재에, 그것도 반란의 주도 세력인 천추태후가 거처하는 천추전에 불이 나서 병이 나고 정사를 거부할 리 없다.

목종은 또한 대량원군을 왕으로 옹립하고자 했는데, 어머니 천추태후와 함께 유배를 갈 이유가 없다. 그리고 김치양의 역모를 사전에 알린 유충정은 정변의 일등 공신임에도 이후 벼슬을 받았다는 기록은커녕 오히려 재능도 없이 왕의 총애를 받은 자였다는 혹평만 남아 있다. 유충정은 정변의 와중에 처형당했을 가능성도 크다. 반란의 공신이 집권 이후의 권력투쟁 과정에서 희생되는 일은 더러 있어도 성공 직후 제거된 일은 없기 때문이다. 그렇다면 사태의 진상은 무엇일까?

'강조의 정변'의 발단이 된 천추전 화재를 일으킨 세력은 김치양 일파가 아니라 그 반대 세력이라 보는 게 맞지 않을까? 천추전 화재는 반유교적 정치를 폈던 천추태후와 김치양 일파 그리고 이들을 묵인한 목종에 반대하는 세력이 정변의 첫걸음으로 일으켰던 것이다. 최항, 채충순 등 중앙의 문신 세력이 이러한 반대 세력이었을 테고, 이들이 군사력을 보유한 강조와 제휴하여 정변을 계획했을 것이다.

천추전 화재 뒤 이들 반정 세력은 목종을 유폐한 뒤 대량원군에게 양위할 것을 강요했고, 목종은 이들과의 면담을 거부하며 버텼으리라 추정할 수 있다. 그러자 강조가 군사를 동원해 목종을 폐위하고 대량원군을 옹립했을 것이다. 이렇게 치밀하게 준비된 정변의 급작스러운 진전에 천추태후와 김치양 등은 어찌할 바를 몰랐다. 만약 김치양 일파가 반란을 일으키려 했다면 강조의 움직임에 아무런 대응도 하지 못한 것을 이해할 수 없다. 그리고 김치양 일파를 제압한 뒤 사형 7명, 귀양 30명이란 숙청 규모는 극히 미약한 수준이었다.

반란 주역 강조의 기개

왕조 국가에서 왕을 살해하는 것은 웬만한 폭군이 아닌 이상에는 상당히 부담스러운 일이었다. 조선조 연산군은 폭군으로 이름을 떨쳤지만 그를 죽인 것은 병이었지 반정 세력이 아니었다. 광해군은 정치적 노선을 달리하는 반정 세력에게 밀려난 뒤 20여 년간 유배 생활을 하다가 생을 마감했다. 그만큼 왕의 사형은 집행하기 힘든 일이었다. 이의민은 무신정변(1170)으로 거제로 추방된 의종을 살해(1173)했다는 이유로 상당 기간 정적의 공격을 받았다.

행차가 적성현(경기 연천)에 이르자 강조가 상약직장 김광보를 보내어 독약을 바쳤다. 왕이 마시지 않으려고 하자 김광보가 호종하던 중금군 안패에게 말하기를 "강조가 말하기를 '만약 독을 먹이지 못하면 중금 군사에게 큰일(임금을 죽이는 일)을 치르게 한 후에 자살했다고 보고하라'라고 했다. 그렇게 하지 않으면 나와 너희들은 모두 멸족을 당할 것이다"
라고 했다. 그날 밤에 안패 등이 왕을 시해한 후 스스로 목숨을 끊었다
고 아뢰고, 문짝을 뜯어 관을 만든 후 객사에 임시로 빈소를 차렸다.(『고
려사절요』 권2, 목종 12년 1월)

목종은 순식간에 당했다. 강조는 반정의 주역으로서 목종을 죽
여서 후환을 없애려고 했을 것이다. 이런 일을 문신과의 협의 과정
없이 독자적으로 추진했다는 것은 조정의 주도권을 확보하려는 의
도였을 것이다. 강조는 현종 즉위(1009) 후 중대사라는 최고위직과
인사를 관장하는 이부상서의 자리에 올라 권력을 휘둘렀다.

강조는 단지 권력욕만으로 움직인 인물은 아니었다. 1010년(현종
1) 거란의 황제 성종이 '목종 살해 사건'을 문죄한다는 구실로 고려
를 침략해왔다. 강조는 최고사령관인 행영도통사로서 방어전에 나
섰지만 패배하여 거란의 포로가 된 후 죽고 말았다.

거란의 황제가 강조의 결박을 풀어주며 묻기를 "너는 내 신하가 되겠
냐?"라고 하니 강조가 대답하여 말하기를 "나는 고려 사람인데 어찌 너
의 신하가 되겠냐?"라고 했다. 재차 물었으나 대답이 한결같았으며 또한
칼로 살을 발라내며 물어도 대답은 처음과 같았다. 이현운에게 물으니
대답하여 말하기를 "두 눈은 이미 새로운 해와 달을 보았습니다. 일심으
로 섬길 뿐 어찌 옛 산천을 기억하겠습니까?"라고 했다. 강조가 노하여
이현운을 발로 차며 "너는 고려 사람으로 어찌 이처럼 말하는가?"라고
했다. 거란은 마침내 강조를 처형했다.(『고려사』 권127, 강조 열전)

강조의 정변이 단순한 권력욕이 아니라 정치 노선의 차이에서 발생한 것임을 알 수 있다. 그가 최고 직위에 있으면서 전선에 직접 출정한 것도 일종의 노블레스 오블리주로 볼 수 있다. 이런 강조가 단순한 반역자로 열전에 기록된 것은 이해하기 어려운 대목이다.

유행간은 목종의 총애를 받은 동성 애인이기도 했다. 1009년 목종의 의전 담당인 합문사인이 되어 왕의 측근으로서 유충정과 함께 권세를 부렸다. 목종이 정사政事를 돌보는 데 유행간에게 많이 의지했다는 기록도 전한다. 유행간은 목종이 대량원군(현종)을 맞아 양위하려 했을 때 이를 방해했다가 강조가 목종을 폐하고 김치양 부자 등을 죽일 때 함께 살해되었다.

대거란 전쟁의 숨은 주역 양규

거란의 2차 침입 당시 양규는 불리한 전황 속에서도
거란군에 7전 7승하며 적들에게 심각한 타격을 입혔다.

역사에는 재미있는 우연이 많다. 고려 목종과 거란 성종은 한 가지 공통점이 있는데, 재위 기간 대부분을 어머니의 섭정 아래에 있었다는 것이다. 목종은 잘 알려진 대로 천추태후의 섭정 속에서 세월을 보내야 했다. 거란 성종은 982년 12세의 나이에 즉위해 27년간이나 어머니 소태후의 섭정과 실권자인 승상 야율융운耶律隆運의 그늘에 묻혀 있어야 했다.

그에 대한 반발이었을까? 1009년 12월 소태후가 죽고 성종이 직접 정사를 맡게 된 이후 거란은 주변국에 강경책으로 일관했다. 1009년이면 고려 목종이 강조에게 죽임을 당한 해이기도 하다. 성종이 집권한 이듬해인 1010년 거란은 고려를 재차 침공할 채비를 갖췄다. 침공의 명분은 강조의 정변이었다. 말 그대로 명분일 뿐이었다. 거란이 고려에 죄를 묻는 이른바 문죄서問罪書에는 "동으로는 여진과 맺고 서로는 송과 왕래하니, 이는 무엇을 꾀한 것이냐"(『고려사』 권8, 문종 12년 8월)라는 구절이 있었다. 곧 고려가 언제 송과 연합하여 거란을 위협할지 모른다는 판단이 고려 침입의 진짜 이유였다.

거란은 이보다 6년 앞선 1004년 송을 침입하여 대승을 거둔 바 있다. 이때 황하 북쪽 전주까지 진격했던 거란은 송의 강화 요청에 응해 '전연(澶淵)의 맹'을 맺게 되었다. 전연이란 곳에서 맹약을 맺었기에 '전연의 맹'이란 이름을 얻은 이 강화조약의 내용은 송과 거란이 형제국의 의를 맺고, 송은 군비로 거란에 매년 비단 20만 필과 은 10만 냥을 바쳐야 한다는 것이었다. 송으로서는 최대의 치욕이었다. '전연의 맹'은 또한 거란이 고려를 침입할 준비가 되어 있음을 말해주는 것이기도 했다.

왕이 항복해도 나는 항복할 수 없다

전쟁은 곧바로 일어나지는 않았다. 거란은 착실한 전쟁 준비를 위해 고려에 항복을 종용하는 사신을 보내 일진일퇴의 외교 공방을 벌였다. 물론 고려는 문안사를 보내며 사대의 예는 갖추었지만 절대 굴복하지 않았다. 대신 강조를 행영도통사 검교상서에 임명하여 30만 대군을 이끌고 통주(평안북도 선천)에 주둔하게 했다.

1010년(현종 1) 11월 드디어 성종은 직접 거란군을 이끌고 압록강을 건너 흥화진(의주)을 포위했다. 그러나 거란군 40만이 일주일 동안 포위 공격해도 성을 함락하지 못했다. 당시 흥화진을 방어한 장수는 양규(楊規)로 그는 대거란 전쟁의 진정한 영웅이었다.

공격과 회유를 거듭해도 흥화진의 병사와 백성이 꿈쩍도 하지 않자 성종은 병력의 반을 통주성으로 돌려 강조의 30만 대군과 일전을 벌였다. 초기에는 강조군이 우세했지만 거란의 유인책에 넘어가 강조의 부대는 성 밖에서 완패했고, 강조와 휘하의 많은 장수는 포로가 되었다. 주력 부대가 패배하면 주변의 다른 부대도 도미노처럼 무너지기 마련이다. 그러나 고려의 장군들은 그렇지 않았다. 성종은 공략에 실패한 흥화진의 양규에게 죽은 강조의 이름으로 항복을 권하는 거짓 편지를 보냈다. 하지만 양규는 "나는 우리 왕의 명을 받고 싸우는 것이지 강조의 명을 받고 싸우는 것이 아니다"(『고려사』 권94, 양규 열전)라며 단호히 항복을 거절했다.

강조와 함께 포로가 된 노전과 마수 등에게 거란의 문서를 들려서 통주성으로 보내 항복을 권하자 성안의 일부 장병들이 동요하기도 했다. 그러나 통주성의 최질과 홍숙 등이 노전과 마수를 포박, 성문을 잠그고 결사 항전에 임하자 성안의 병사와 백성이 일치단결하여 방어전에 나섰다.

거란군은 두 성을 포기하고 남하하여 곽주를 점령하고 안주(안북대도호부)를 함락했다. 그 기세로 거란군은 서경에 침입해 중흥사탑을 불살랐고 숙주(숙천)도 함락했다. 그렇다고 서경이 호락호락 넘어간 것은 아니었다.

노의가 거란의 길잡이가 되어 거란 사람 유경과 함께 격문을 가지고 서경에 와서 항복을 권유했다. 서경부유수 원종석은 속관 최위, 함질, 양택, 문안 등과 함께 이미 항복한다는 글을 작성했다. 지채문 등이 이를 듣고 군사를 인솔하여 서경에 이르렀더니 성문은 닫혀 있었다. 최창이 분대어사 조자기를 불러서 말하기를 "우리는 왕명을 받들고 힘써 급히 중랑장 지채문智蔡文(?~1026)이 자기 진영으로 돌아가는 노의와 유경을 습격하여 죽이고는 항복 문서를 불살라버렸다. 지채문은 도순검사 탁사정이 군사를 이끌고 오자 연합군을 편성해 항쟁을 계속했다.

고려 장수들은 분전했지만 현종은 나약했다. 거란에 항복 문서를 보낸 것이다. 그러자 거란의 성종은 전투를 중단하고, 마보우를 개성 유수로 임명해 점령군처럼 행세하려 했다. 그러고는 합문인 진사 한기가 "황제께서 지난번 유경과 노의로 하여금 조서를 보내어 알아듣게 타일렀는데, 어찌 지금까지 소식이 없는가? 만약 명령을 거역하지 않을 것이라면 유수와 관료들은 와서 나의 지시를 듣도록 하라"(『고려사』 권94, 지채문 열전)라고 했다. 이 말을 듣고 탁사정이 지채문과 함께 한기 등 거란 병사 100여 명을 베고 나머지는 모두 사로잡았다. 이로써 현종의 항복 문서는 효력을 잃게 되었다. 왕이 항복했어도 고려의 기개를 가진 장병들은 꿋꿋이 버틴 것이다.

그냥 보낼 수는 없다

고려군은 격분한 거란군을 임원역(서경 대화궁 근처) 남쪽에 맞아 싸웠다. 탁사정과 승려 법언은 군사 9000명을 거느리고 싸워 적병

3000여 명을 베는 전과를 올렸다. 이 전투서 법언은 안깝게도 전사했다. 흥화진의 양규는 군사를 이끌고 곽주로 진격해와 그곳에 주둔하고 있던 거란군을 무찌르고, 포로로 잡혀 있던 고려인 7000명을 구했다. 그러나 고려군의 분전에도 서경과 개경으로 진군해오는 거란군을 막을 수는 없었다.

현종은 다시 한번 항복을 생각했지만 이번에는 강감찬姜邯贊(948~1031)이 말렸다. 강감찬은 현종이 남쪽으로 피난 가고, 군대는 지구전을 펼치면 승산이 있을 것이라며 설득했다. 결국 강감찬의 주장대로 현종은 나주까지의 긴 피난길에 올랐다. 나약한 왕의 피난길은 비참했다. 백성들은 왕의 피난 행렬에 돌을 던졌고, 수하의 신하들은 대부분 도망치기에 바빴다. 전주절도사 조용겸 같은 이는 현종을 업신여기기까지 했다. 끝까지 수행한 신하는 지채문, 채충순 등 몇몇에 불과했다. 왕의 피난행은 목숨을 건 사신 하공진河拱辰과 고영기高英起 등의 노력으로 끝났다. 하공진과 고영기는 현종이 요에 친조親朝(신하가 조정에 들어가 황제를 배알하는 것)하고 자신들이 볼모로 잡히는 조건으로 강화 교섭을 성공적으로 끌어냈다.

거란 군영에 들어간 하공진에게 선봉장이 왕이 어디에 있냐고 묻자 강남으로 피난을 갔는데 강남까지는 아주 멀어서 몇만 리가 되는지 모른다며 짐짓 시치미를 떼었다. 하공진의 이 한마디는 개경 이남의 고려 지리를 알지 못했던 거란군의 추적 의지를 꺾었다. 국지전에서의 거듭된 패배와 이국에서의 전쟁으로 피로해진 성종은 결국 1011년(현종 2) 정월 11일 철수를 시작했다. 철수하면서 얻은 것은 개경에 대한 약탈과 파괴, 거짓 항복 그리고 하공진과 고영

거란의 침입과 강동 6주

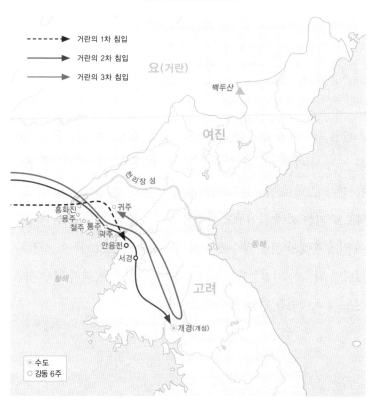

기 등의 인질뿐이었다.

거란군은 쉽게 돌아갈 수 없었다. 귀주, 통주, 곽주 등을 철통처럼 지키던 김숙흥, 양규 등이 퇴각하는 거란군을 공격했기 때문이다. 이 과정에서 수만 명의 고려인 포로를 구출했다. 거란군은 토지보다 사람이 부족한 것을 절감해 포로를 주요한 전리품으로 삼았다. 노예 신세가 될 뻔한 고려인들이 구출되었다. 특히 양규가 구출한 인원은 모두 3만 명에 이른다.

양규는 고립된 군대를 데리고 한 달 사이에 총 일곱 번의 전투를 치르는 동안 사살한 거란의 병사들이 매우 많았고, 사로잡혔던 백성 3만여 명을 되찾았으며, 획득한 낙타, 말, 병장기들은 이루 다 셀 수조차 없을 정도였다.(『고려사절요』 권3, 현종 2년 1월)

한편 거란의 성종은 포로로 끌고 갔던 고려 사신 하공진의 기개를 높이 사 연경에서 살게 하고 거란인 아내까지 얻어주는 등 환대를 했다. 그러나 하공진은 고려를 잊지 못해 좋은 말을 사서 고려쪽으로 가는 길에 묶어두고 탈출할 틈만 노렸다. 이를 알게 된 성종이 직접 충성할 것을 권유했다. 하지만 하공진은 두 마음을 가질 수 없다며 완곡히 거절했다. 거듭된 회유에도 뜻을 굽히지 않은 하공진은 결국 죽임을 당했다.

하공진은 성종의 거듭된 회유에도 거란에 귀순할 것을 거부했다. 그러자 성종은 하공진을 죽이고는 군사들에게 그의 염통과 간을 꺼내 먹게 했다.

고려, 준비된 군대로
거란을 완파하다

고려는 군사적으로 충실하게 준비해서
3차 대거란 전쟁에서 거란군을 궤멸했다.

거란의 2차 침입에 따른 전쟁은 끝난 게 아니었다. 고려는 거란에 거짓 항복을 했을 뿐이고, 거란 역시 고려가 굴복하지 않았음을 알고 있었다. 항복을 받고 가는 적군에 전면적인 추격전을 벌이는 패전국은 없다. 고려는 거짓 항복 선언을 받고 퇴각하는 거란군을 추격해 섬멸에 가까운 타격을 입혔다. 고려는 고려대로 시간을 벌고, 거란은 거란대로 원정전에서 소모된 군사력을 가다듬고자 했을 뿐이었다.

비록 거란이 2차 침입에서 승리를 거두긴 했지만 승리의 징후는 고려에 있었다. 거듭된 전쟁 부역에 시달린 거란인 수백 명이 17차례에 걸쳐 고려에 귀화해온 것이다. 역사에 기록된 것만 이 정도니 전쟁에 시달려 고려로 도망 온 거란인은 훨씬 더 많았을 것이다. 이미 민심은 거란을 떠나고 있었다.

피할 수 없는 전쟁

고려는 2차 전쟁 후 준비를 철저히 했다. 1011년(현종 2) 송악성을 증수해 외성을 쌓았다. 서경에도 황성을 구축해 방비를 단단히 했다. 또 한편으로는 거란에 사신을 보내 철군한 데 사례했다. 같은 해 8월, 10월, 11월 3차례에 걸쳐 각각 최원신, 김승의, 김은부를 거란에 파견해 성종의 생일을 축하하기도 하고 동지冬至 하례를 하기도 했다. 고려는 거란에 외교적 교섭을 통해 최대한 군사전을 피하고자 했다.

거란은 침략 의사를 접지 않았다. 거란은 현종에게 친조하겠다는 약속을 지키라고 요구를 했다. 고려로서는 받아들일 수 없는 문제였다. 고려는 현종이 병이 나 친조할 수 없는 상황임을 알렸다. 거란 역시 고려의 의중을 헤아리고 있었다. 화가 난 성종은 1차 침입 때 할양한 강동 6주를 내놓으라고 했다. 이 역시 고려로서는 받아들일 수 없는 요구였다. 강동 6주(흥화진, 용주, 철주, 통주, 곽주, 귀주)는 고려 영토로 편입된 이래 군사와 교통상 요충지가 된 지역이었다. 서희가 중심이 돼 강동 6주를 개척해 성을 쌓은 이 지역은 군사적 이점은 물론 여진족 등과 교역하며 경제적 이점도 커져 양보할 수 없는 땅이 되었다. 거란의 2차 침입 전쟁에서 확인되었듯이 흥화진과 통주, 귀주는 철옹성이어서 거란군도 쉽게 함락할 수 없었다.

거란이 양보하지 않는 한 전쟁은 피할 수 없었다. 전후 3년간 양국은 활발히 외교관을 교환하며 정치적 절충을 보고자 했지만 답은 나오지 않았다. 거란은 1013년 7월 야율행평耶律行平을 파견하여 강동 6주의 성을 답사하게 했다. 명백한 군사적 도발 징후였다.

1014년 거란은 야율행평을 다시 고려로 보내 강동 6주의 반환을 요구했다. 이에 고려는 야율행평을 억류해버린다. 거란은 같은 해 압록강에 부교를 설치하고 보주성을 점령하며 다시 강동 6주의 반환을 요구했다. 이에 고려는 일전을 결심하며 송에 동맹을 타진했다. 그러나 이

강민첨 초상(1788)·문화재청

강민첨은 북방에서 다양한 군사적 업적을 쌓은 인물이다. 동여진의 침략을 물리치고 거란의 침입에 맞서 맹활약했으며 강감찬의 부원수로 활약했다.

미 문약해진 송은 대거란 전쟁에 나설 수 없었다.

현종이 친조를 계속 거부하자 거란은 결국 강동 6주의 반환을 요구하며 1018년(현종 9) 고려를 3차 침략한다. 거란의 소배압蕭排押이 군 10만을 이끌고 들어왔다. 현종은 이에 맞서 강감찬을 상원수로, 강민첨姜民瞻(?~1021)을 부원수로 삼아 군사 20만 8300명을 이끌고 거란을 상대하게 했다.

강감찬의 대승

강감찬과 강민첨은 영주(평안남도 안주)에 주둔하며 거란군을 기다렸다. 강감찬은 흥화진에 병사 1만 2000명을 매복시키고 성 동쪽에 흐르는 대천을 소가죽으로 잇대 막았다. 그러자 거란군이 대천을 마른 내인 줄 알고 진격해왔고 강감찬은 막았던 소가죽 둑을 열

어 적을 물살에 휩싸이게 하고 매복시켰던 군사를 풀어 대파했다. 패전한 대군을 수습해 개경으로 향하던 거란군은 자주(평안남도 자산)에서 강민첨에게 또다시 대패했고, 마탄(강원도 화천군 하천)에서는 조원이 이끄는 부대에 1만 명이 넘는 병사가 목숨을 잃었다.

고려군의 공격에도 소배압은 거란군을 이끌고 개경을 향했다. 2차 전쟁 때의 개경 진입을 떠올렸는지도 모른다. 그러나 예전의 성공 체험에 기댄 전술은 여지없이 실패했다. 강감찬이 개경 수비를 탄탄하게 해놓았다. 성 밖의 백성들을 모두 성안으로 들어오게 하고 성 밖은 비워둬 현지 보급을 차단하는 청야淸野 전술을 펼치며 거란에 맞설 준비를 했다. 덕분에 거란군은 공격할 엄두도 내지 못하고 무작정 남하했다. 남하하던 부대도 전쟁 물자를 조달하지 못해 굶주린 군사로 싸워야 했다. 이렇게 되자 거란군은 퇴각을 거듭하며 귀주로 몰려갔다. 그러나 귀주에서는 강감찬 장군이 기다리고 있었다. 소배압은 언뜻 비슷한 전력이라 싸워볼 만하다고 생각했지만, 얼마 후 개경을 지키던 김종현 부대가 합류해 거란군은 일방적으로 수세에 몰려 겨우 수천 명만 살아서 돌아갈 수 있었다. 이 전투를 우리는 귀주대첩이라 부른다. 격분한 성종은 소배압에게 패전의 책임을 묻고 귀양을 보낸다.

이런 참담한 패배에도 거란은 1019년 5월과 8월에 고려에 사신을 보내 실상을 엿보게 했다. 그러나 고려의 전력이 예상보다 훨씬 강하다고 판단했는지 더 이상의 침략은 없었다. 그 뒤 양국은 사신을 교류하며 평화를 위해 노력했다. 고려는 억류했던 야율행평 등의 사신들을 돌려보내며 예를 지켰고, 거란 역시 고려를 함부로 대하지 못했다.

기나긴 전쟁을 치르는 동안 고려는 국방에 대한 대비를 더욱 엄중히 하여 북방 관리를 철저히 했다. 왕권 역시 시련을 통해 강화되었다. 반면 거란이 얻은 것이라고는 피폐해진 국정뿐이었다.

강감찬은 체격도 작고 얼굴도 못생긴 데다 평상시에는 때 묻고 해진 옷을 입고 있어 보통 사람과 다를 바 없었다. 성품 또한 청백하고 검소해 재산을 불리는 데는 전혀 관심이 없었다. 그런 그가 요직에 있는 동안 풍년이 계속되었고 백성의 생활은 편해졌다.

고려 최고의
명문 사학을 만들다

문종의 치세 37년은 '고려의 황금기'라 불린다. 이 문종의 시대를
이끈 해동공자 최충은 구재 학당을 설립해 고려에 유학 열풍을 일으킨다.

최충崔冲(984~1068)은 1005년(목종 8) 과거에 응시하여 갑과
에 장원으로 급제한 뒤 한림학사, 예부시랑, 내사시랑, 판서북로병
마사를 거쳐 문종 대(1046~1083) 최고 관직인 문하시중(재상)에 올랐
다. 최충이 주로 활동하던 시기는 입관 초기 '강조의 정변' 말고는
별다른 정치적 격변이 없었다. 해주를 본관으로 하는 최충의 가문
은 그리 좋은 편이 아니었다. 아버지 최온은 지방 향리로 문장이 유
명했지만 중앙에까지 이름을 떨친 인사는 아니었다. 기록에 따르
면 "풍채가 훌륭하고 컸으며, 천성과 지조는 굳고 곧았다. 젊어서부
터 학문을 좋아하고, 글을 잘 지었다."(『고려사』 권95, 최충 열전) 최충은
호족 세력도 문벌 가문도 아니면서 순전히 그 자신의 능력으로 출
세한 인물이다.

하지만 최충이 역사에 중요한 인물로 기록된 까닭은 72세까
지의 관직 이력 때문만이 아니었다. 최충은 은퇴한 뒤 학교를 열
어 1068년(문종 22) 85세의 나이로 생을 마감하기 전까지 후학 양

성에 힘써 유학 교육을 크게 부흥시켰다. '문헌공도', '해동공자'라는 최충을 상징하는 두 단어는 모두 은퇴 후 활동에서 비롯된 것이다. 여기에 더해 최충의 두 아들 최유선, 최유길도 각각 중서령과 상서령이라는 고위직에 올랐고, 최유길의 아들 최사추는 숙종 대(1095~1105)와 예종 대(1105~1122)에 문하시중에까지 올라 크게 활약했다. 최충으로부터 시작해 가문은 명문가로 자리 잡게 되는데, 이 역시도 최충이 고려시대 내내 높이 평가받는 데 일조한다.

출세욕이 있는 젊은이들이 다투어 입학하다

최충이 사학을 설립한 시기는 문반 현직자를 우대하는 관료 귀족 사회로 자리를 잡아가던 때였다. 광종 때 실시된 과거제가 문종 때 와서는 더욱 체계적으로 정립되었고, 문무 공신이나 호족보다 현직 문신이 우대받았다. 비록 외척의 힘이 강하고 선대에 고위직에 오른 가문의 자손은 과거에 급제하지 않아도 음직으로 벼슬에 오를 수 있었으나 그들의 출세에는 한계가 있었고 사회적 대접도 좋지 않았다.

문종 때 와서는 학문을 더욱 장려하는 분위기가 조성되었다. 최충은 이러한 시대적 요구에 맞춰 학교를 개설했다. 1055년(문종 9) 당대 최고 유학자 최충이 학교를 열자 학생들로 문전성시를 이루었다. 학생들이 거리에 넘칠 정도로 몰려들자 최충은 송악산 자하동에 9개 서재로 이뤄진 '구재 학당'을 마련했다. 학생들은 수학 능력에 따라 구재 학당, 즉 낙성재樂聖齋, 대중재大中齋, 성명재誠明齋, 경업재敬業齋, 조도재造道齋, 솔성재率性齋, 진덕재進德齋, 대화재大和齋, 대빙

개성 최충구재유허비 · 국립중앙박물관

최충은 최초의 사립학교인 '구재 학당'을 설립했다. 문종 때 최충의 문헌공도를 시작으로 사학 12도가 설립되었는데, 창설자들은 대개 지공거 출신이었다.

재待聘齋에서 수업을 받았다. 가령 초학자는 먼저 낙성재에 들어가 육예六藝를 익히고 다음 재로 진학해 대빙재에서 수학하고 졸업하는 식이었다.

무릇 과거에 응시하려는 자제는 반드시 먼저 학도로 들어가 공부했다. 매년 여름에는 귀법사歸法寺 승방을 빌려 여름 공부를 했는데, 생도 가운데 급제하고 학문은 우수하나 아직 관직에 나가지 않은 사람들을 택하어 교도敎導로 삼아 9경經과 3사史를 가르치게 했다. 어쩌다 선배가 내방하면 초에 금을 그어놓고 시를 지었으며, 그 석차를 게시하고 이름을 불러 들어오게 하여 조촐한 잔치를 베풀었다.(『고려사』 권95, 최충 열전)

구재 학당의 학생들은 처음에는 최시중 공도로 불리다 최충이 '문헌'이란 시호를 얻자 문헌공도文憲公徒라 불렸다. 문헌공도는 고려 사회에 큰 반향을 불러일으켜 명문대가의 자제부터 시골 선비까지 앞다투어 찾아와 입학하려 했다. 그 결과 개경에는 문헌공도 외에도 11개 사학이 설치되어 이를 12도라 불렀다. 그중 최충의 문헌공도가 가장 융성한 것은 당연했다. 당시 과거를 주관하던 지공거는 합격한 급제자를 문하에 두어 일종의 파벌을 형성했는데, 이 사학 12도의 운영자 대부분이 지공거를 역임한 이들이었다.

구재 학당이 성공할 수 있었던 데는 최충의 화려한 스펙도 한몫했다. 그는 문하시중(조선시대 영의정에 해당하는 최고 관직)에다 지공거를 여러 차례 역임했다.

세계와 통한 국제무역항 벽란도

개방적인 국가였던 고려는
활발한 무역 활동을 통해 번영을 구가했다.

　　고려는 해상 세력이 밀집한 개성을 중심으로 건국되었다. 따라서 고려의 대외 교류는 상당히 활발했다. 특히 문종 때부터는 대외무역이 활발해졌다. 수도 개경의 벽란도碧瀾渡는 송, 여진, 일본, 거란, 토번(티베트) 등에서 온 상인들로 들끓었다. 게다가 송에 왔던 대식국大食國(사라센제국) 상인까지 가세한 국제적 무역항이었다. 가장 빈번하고도 많은 교류가 있었던 나라는 송이었다. 송의 배가 우리 영역인 흑산 열도에 들어서면 이들을 영접하기 위한 관리들이 현장에 나가 상황을 점검했다. 또 야간에는 송 상선이 통과하는 지역에 봉화를 올려 예성강 하구로 인도했다. 당시 예성강 주변은 빈번하게 드나드는 송 상선 때문에 대단히 번화했다. 송 사신을 위한 전용 숙소인 순천관을 비롯해 외국 상인들을 위한 오빈관 등 10개나 되는 객관이 있었다.

　　송에서도 고려에서 오는 사신과 상인을 극진하게 대접했다. 고려 사신과 상인이 통과하는 길에 고려관을 지어 숙식과 편의를 제

개성전도(1872) · 서울대학교 규장각한국학연구원

벽란도(예성항)에 도착한 송 사신들이 개경에서 머물렀던 곳이 왕부 궁실 동북쪽에 있는 순천관이다. 개경에는 다양한 객관이 운영되었는데 송 사신 외에도 거란이나 여진 사신을 접객하던 객관들도 있었다. 순천관은 원래 별궁이었던 대명궁을 문종 말년에 고쳐서 중국 사신의 숙소로 삼은 것이다. 1126년 이후 대명궁으로 복구했다가 성균관(현재 고려박물관)이 되었다.

공했다. 송에서는 고려 일행이 오가는 과정에서 접대 부담이 커지자 고려와의 대외무역을 금지하자는 여론이 일기까지 했다. 송의 유명한 문인 소동파(소식蘇軾, 1037~1101)가 대표적인 통교 반대론자였다. 소식은 "우리는 조그마한 이익이 없는데도 고려는 큰 이익을 얻고 있다. 만일 우리 편에서 대접을 조금 후하게 하면 탐욕스러운 마음이 일어나 조공을 번거롭게 하여 반드시 무궁한 후환이 될 것"이며 다음의 5가지 폐단이 일어날 것이라고 주장했다.

첫째, 사신과 상인을 접대하느라 민폐도 생기고 물자의 낭비가 많다. 둘째, 보내고 받는 물건이 너무 값비싼 것이다. 셋째, 송에서 보내는 물건이 고려인의 손을 거쳐 적국인 거란에 유입될 것이다. 넷째, 고려 사신과 상인이 가는 곳마다 송의 국토 지도를 작성해 가므로 국가 기밀이 누설된다. 다섯째, 고려는 거란과 동맹국이다.

소식만이 아니라 심괄이란 송의 관리도 고려 사신과 상인이 송의 국토 지도를 작성하다가 송 관리에게 압수당한 사실을 지적하기도 했다. 그러나 고려 상인이 이런 의심을 받은 것은 복건성 지방의 송 상인 중에 고려와의 무역을 가장하여 해로를 통해 거란과 은銀, 사絲, 전물錢物 등을 싣고 오다가 발각되는 일이 있었기 때문이라고 말하는 학자도 있다.

소식 등의 주장에도 불구하고 고려와 송의 교류는 활발했다. 송은 고려가 왜 그들과 거래를 하려는지 잘 알았다. 고려는 송과의 외교와 무역을 통해 국제적 안전을 보장받는 동시에 송의 수준 높은 문물을 도입하려 했다. 송 역시 손해 볼 것은 크게 없었다. 고려와의 교류를 통해 거란을 견제하여 안전판을 마련하려 했다.

송부터 대식국까지 고려의 다양한 교역망

고려가 송에서 들여온 물자는 1078년(문종 33) 6월에 한 차례 들여온 것만 104종에 이를 정도로 막대했다. 주된 수입품은 옷과 띠, 칠갑, 금은기, 금박, 차, 향료, 약재, 옹기, 서적, 서화, 악기, 화폐 등이었다. 특히 불경과 사서, 역경, 의학서, 둔갑서, 음양서, 법률서 등의 서적은 고려 문화를 일으키는 데 큰 역할을 했다. 이 중『금자장경』,『대장경』등은 현종에서 문종 연간에 완성된 고판 고려대장경(1011~1251)을 만드는 데 주요한 자료가 되었다. 고려가 송에 수출한 물품은 관영 기관에 소속된 숙련공이 만든 '명품'이었다. 비단, 칠기, 장도, 먹, 금은기, 문석, 종이 등이 주된 수출품이었다. 이 중 종이와 붓, 부채는 송에서 매우 인기 있는 상품이었다.

1012년(현종 3)부터 1083년(문종 37)까지 71년간 67회에 걸쳐 송 상인 1600명이 고려에 왔다. 이 중 많을 때는 한번에 230명이나 왔다. 특히 문종 때만 43회, 1400명이나 왔으니 교류는 1년에 최소 한 번 이상 이뤄졌을 만큼 빈번했다.

매년 개경과 서경에서 각 한 차례씩 열리는 팔관회는 외국과의 교역에 중요한 계기가 되었다. 팔관회를 통해 외국 사신과 상인은 국왕에게 사헌賜獻(개인 자격으로 바치는 것)이나 조공 형식으로 특산물을 바쳤고 국왕은 이들에게 상품 등을 하사하며 후하게 대접했다.

경자 팔관회를 열고 왕이 신봉루에서 백관에게 술과 음식을 하사했으며, 저녁에 법왕사에 행차했다. 다음 날 대회에서 또 술과 음식을 하사하고 음악 공연을 관람했으며, 동경과 서경, 동로와 북로의 병마사, 4도호四都護, 8목牧이 각각 표문을 올려 축하했다. 송 상인, 동번東蕃, 서번西蕃, 탐라국이 또한 토산물을 바쳤으므로 의례를 관람할 수 있는 자리를 하사했는데 후에는 이것이 상례가 되었다.(『고려사』권6, 정종 즉위년 11월)

송 외에도 동서번의 여진족, 탐라국의 상인과 사절단도 참여한 것으로 보이는데, 고려의 다양한 교역망을 짐작하게 한다. 대외무역 활동이 활발했던 고려 상인들은 육로와 해로를 모두 이용했다. 서북쪽의 육로를 통해 1005년(목종 8) 보주(평안북도 의주)에는 고려와 거란 사이에 각장榷場이 개설되기도 했는데, 나중에 호시互市라 칭했다. 거란이나 여진과의 거래는 다분히 외교적이었다. 고려는 이들과의 거래에서 가져올 물건이 별로 없고 이익이 없어 거래에 소극적이었다. 여진이 고려에 가지고 온 물품은 말과 낙타, 양, 담비가죽, 족제비털 등의 특산물이었다. 여진은 고려에서 금은 세공품, 그릇, 도자기, 비단, 모시 등을 가져갔다. 거란은 수레, 활, 화살, 말, 양 등을 고려에 주었고 가져간 것은 여진과 비슷했다.

고려는 동남 해로를 통해 일본과도 교역했다. 일본인들이 가져 온 물품은 수은, 유황, 구리, 진주, 안장, 칼, 거울, 책상, 향로, 구리, 유황, 물소뿔, 후추, 갑옷 등의 공예품과 특산물이었다. 이들이 고려에서 가지고 간 것은 옷감, 도자기, 인삼, 쌀, 콩, 마포 등이었다. 이외에도 고려는 송의 상품을 되파는 중개무역을 했다. 일본인은 고려가 중국에서 수입한 비단과 책을 사서 갔다.

서남 해로를 통한 송과의 무역은 활발했다. 남송 말기에 이르러서 고려 상선은 특혜를 받는다. 송의 명주 지방에 입국하는 외국 상선은 물품량의 15분의 1을 입국세로 받았는데, 고려 상선은 19분의 1만 받았다. 당시 명주가 고려와의 무역에서 중심지였던 만큼 출입이 빈번한 고려 상선에 특혜를 준 것이다. 명주항을 통해 인도 등 서방으로 고려 물품이 전해지기도 했다.

대식국 상인들의 활동도 기록을 통해 확인되고 있어 고려의 교역 범위가 아라비아에까지 미치고 있음을 알 수 있다. 대식국 상인은 3차례 고려를 찾아와 특산물을 바쳤다.

> 11월 병인 대식국의 객상 보나합保那盍 등이 와서 수은, 용치龍齒, 점성향占城香, 몰약沒藥, 대소목大蘇木 등의 물품을 바쳤다. 유사에게 명하기를 객관에서 우대하며 대접하게 했고, 돌아갈 때는 황금과 명주를 넉넉하게 하사했다.(『고려사』 권6, 정종 6년 11월)

고려 상인들은 정부의 감시에도 불구하고 끈질기게 밀무역을 계속했다. 이득을 향한 상인들의 움직임을 막을 수 없었다. 국제무역항 벽란도는 상선과 외국인으로 붐볐다. 조선에 비해 훨씬 더 개방적이었던 고려는 무역을 통해 수준 높은 문화를 향유했고, 고급 문물과 기술 수입으로 문화를 발전시킬 수 있었다.

> 벽란도에서 개경까지 가게가 늘어서 있어 비를 맞지 않고도 갈 수 있었다 한다. 개경이 이렇게 번성할 수 있었던 까닭은 국제항 벽란도를 끼고 있었기 때문이다.

고려판 수양대군,
계림공의 쿠데타

나이 어린 왕을 대신해 외척 세력이 발호하자
숙종은 쿠데타를 일으켜 왕위에 올랐다.

　　나이 어린 임금과 야심만만한 숙부. 미약한 왕을 보좌하
면서 실권을 휘두르는 외척과 이들을 견제하면서 호시탐탐 권력을
노리는 숙부를 둘러싼 세력. 왕위 계승전의 구도다. 조선시대 단종
은 야심만만한 숙부 수양대군에게 왕위를 빼앗기고 목숨까지 잃었
다. 단종을 따르던 김종서와 황보인 등 실권을 휘두르던 중신은 계
유정난(1453)으로 죽음을 면치 못했다. 반면 수양대군의 이 쿠데타
를 기획하고 집행한 한명회, 정인지 등은 승승장구 출세를 했다.

　　고려 왕실 내 쿠데타는 몇 번이나 거듭 일어났다. 정종定宗의 석
연찮은 즉위 과정이나 강조의 정변(1009)으로 왕위에 오른 현종이
그 예다. 숙종의 즉위 과정에도 쿠데타가 있었다. 그러나 앞의 쿠
데타들과 다른 점이 있다면 그가 직접 주도했다는 것이다. 물론 정
종 역시 즉위 과정에서 나름의 역할을 했지만 왕식렴을 비롯한 서
경 세력의 입김이 너무도 강했다. 게다가 정종은 945년 즉위 후
4년 만에 사망해 왕권을 제대로 행사할 수조차 없었다. 반면 숙종

은 10년이라는 재위 기간(1095~1105) 내내 왕권 강화를 위해 부단히 노력했다. 이는 조선시대 세조의 치세와 비교할 수 있을 것이다.

적통 대결

1094년 선종이 죽은 뒤 그의 아들 욱(헌종)이 즉위했다. 당시 헌종은 열한 살이었다. 게다가 몸까지 허약했다. 어린 임금을 대신해 어머니 사숙태후가 섭정했다. 태후가 섭정하면 당의 측천무후나 고려 목종 때의 천추태후, 조선 명종 때의 문정왕후처럼 기질이 강한 여인이 아니고서는 정치는 외척이 주도하기 마련이다. 하지만 이때 외척의 힘이 압도적이지 않으면 왕권을 넘보는 종친 세력이 생기는 것은 당연했다.

헌종의 즉위와 함께 외척 세력과 종친 세력 사이에 알력이 심해 이미 파란을 예고하고 있었다. 헌종의 어머니 사숙태후는 선종의 둘째 왕비로 명문세족 인주(경원) 이씨 이자연李子淵(1003~1061)의 셋째 아들 이석의 딸이었다. 이자연은 문종에게 자신의 세 딸을 왕비로 들인 이래 순종과 선종에게 손녀딸 넷을 왕비로 들인 당대 최고의 외척이었다. 이 외척 세력의 중심에 이자의李資義가 있었다. 이자의는 이자연의 손자로 선종의 셋째 후비인 원신궁주의 친오빠이자 사숙태후와는 사촌남매간이었다.

중추원사 이자의는 원신궁주의 오빠로서 탐욕스럽게 재산을 거두고 는 무뢰배와 날렵하고 용감한 병사들을 모아 말타기와 활쏘기를 일삼으면서 늘 말하기를 "지금의 주상에게 병이 있으니, 하루를 보존하기가 어럽다. 종친 가운데 넘보는 자가 있으니, 너희들은 힘써 한산후 윤을 받들어 왕위가 다른 사람에게 돌아가지 않도록 하라"라고 했다.(『고려사절요』 권6, 헌종 1년 7월)

이 기록에 따르면 이자의는 경제적 기반을 확보해 사병을 키우고 있었다. 이자의는 미약한 왕권을 강화하기 위한 대책 마련에 애썼다.

한산후 윤은 선종과 원신궁주 사이에서 낳은 둘째 왕자로 헌종의 이복동생이었다. 이자의는 한산후를 헌종의 적통으로 생각했다. 형제간에 왕위를 계승해왔던 고려 왕실의 관례에 비춰보면 무리한 생각은 아니다. 하지만 이는 선종의 동생 계림공(숙종) 입장에서 보면 위험천만한 생각이었다. 게다가 이자의가 지목한 '종친 가운데 넘보는 자'란 다름 아닌 계림공이었다. 두 세력의 적통 대결은 불가피했다.

이자의의 난인가, 계림공의 난인가

어려서부터 총명하고 지혜로웠으며, 자라서는 효성스럽고 공손하며 근면하고 검소했으며 성격이 굳세고 과단성이 있었다. 5경經과 자서子書 및 사서史書 중 열람하지 않은 것이 없었다. 문종이 그를 사랑하여 일찍부터 말하기를 "나중에 왕실을 부흥시킬 사람은 바로 너구나!"라고 했다. 1065년(문종 19) 2월 계림후로 책봉되었고, 1077년(문종 31) 3월 계림공에 봉해졌다.(『고려사』 권11, 숙종 총서)

인주 이씨와 왕실의 혼인 관계

- **11대 문종** (재위 1046~1083)
  - 인예순덕태후 (이자연의 딸)
  - 인경현비 (이자연의 딸)
  - 인절현비 (이자연의 딸)
- **12대 순종** (재위 1083)
  - 장경궁주 (이호의 딸)
- **13대 선종** (재위 1083~1094)
  - 사숙태후 (이석의 딸)
  - 정신현비 (이예의 딸)
  - 원신궁주 (이정의 딸)
- **14대 헌종** (재위 1094~1095)
- **15대 숙종** (재위 1095~1105)
- **16대 예종** (재위 1105~1122)
  - 문경태후 (이자겸의 딸)
- **17대 인종** (재위 1122~1146)
  - 폐비 (이자겸의 딸)
  - 폐비 (이자겸의 딸)

  계림공은 문종의 3남이다. 기록에 따르면 다른 형제보다도 왕으로서의 자질이 뛰어났던 것으로 보인다. 그런데 왕이 되지 못했다. 큰형 순종에 이어 작은형 선종이 왕위에 올랐다. 그리고 선종은 열한 살난 조카에게 왕위를 넘기고 죽었다. 기록에서 보듯 왕실의 기대를 한 몸에 받고 있던 계림공 입장에서는 억울할 수밖에 없었다. 당연한 수순처럼 계림공은 병약한 조카를 대신해 왕위에 오를 야심을 가졌다. 외척의 힘이 강하다 하더라도 인주 이씨 전체가 이자의와 같은 생각을 하는 것은 아니었다. 계림공 역시 인주 이씨 가문의 태두인 이자연의 맏딸 인예순덕태후의 아들이었다. 인주 이씨 계열의 많은 외척에게 최소한 동조나 묵인을 기대할 수 있었다.

  『고려사』와 같은 사서에서는 이자의가 병사들을 궁중에 모아 반란을 일으키려 했다며 먼저 행동을 개시한 것처럼 기록하고 있다. 그러나 이는 승자의 왜곡일 가능성이 크다. 『고려사』가 전하는 1095년(헌종 1) 7월의 상황은 다음과 같다.

당시 숙종이 계림공으로 명복궁에 있었는데, 그것을 알아차리고 평장사 소태보邵台輔에게 이르기를 "국가의 안위가 재상들에게 달렸소. 지금 사태가 위급하니 공이 반란을 막을 궁리를 해야 합니다"라고 했다. 그러자 소태보가 상장군 왕국모王國髦로 하여금 군사를 거느리고 궐에 들어가서 시위하게 했다.(『고려사』 권127, 이자의 열전)

이렇게 반란을 진압한 결과 이자의와 그의 아들 이작 그리고 이자의의 당파인 장중, 최충 등 17명이 주살당했고, 그 외 당파 50명은 변방으로 귀양 보내졌다. 그런데 이자의의 반란을 진압하는 과정에서 계림공 진영의 피해는 한 명도 기록된 바가 없다. 이는 아마도 계림공이 이끄는 반정 세력이 헌종을 호위하는 측근 세력을 급습한 결과일 것이다. 반란군 중에 고작 17명만 죽었다는 것 역시 그 추측을 뒷받침해준다. 반란의 규모치고는 작기 때문이다. 이자의를 베어 죽인 하급 무관이 그 공을 인정받아 정8품 하급 무관직인 산원散員에 오른 것도 그 증거다.

반대 세력 제거에 성공한 계림공은 같은 해 8월 중서령이 되어 전권을 장악했고, 10월 헌종에게서 양위를 받아 왕위에 오른다. 이후 쿠데타 세력의 일반적 집권 과정과 동일한 길을 걷는다. 숙종은 왕위에 오른 뒤 자신에게 협력했던 무장 세력을 대폭 승진시키는 인사를 단행했다. 황중보를 상서좌복야로, 황유현을 공부상서로, 최적을 형부상서로 발탁했다. 또 흥미로운 것은 숙종이 왕자 시절 측근이었던 무명 인사들을 등용한 것이다. 고려의 왕자들은 부_府를 설치한 바 있는데, 허경처럼 자신의 부에서 속관_{屬官}으로 있던 인물을 추밀원승선으로 인사 발령을 냈다. 또한 상업이나 수공업에 종사하던 이들까지 등용하기도 했다. 이런 인사에 관료들은 불만을 토로했지만 아무도 문제를 제기하지는 못했다고 한다. 숙종은 왕자 시절부터 야심 차게 집권을 준비했던 것이다.

헌종은 모후 사숙태후와 후궁으로 물러앉았지만 1097년 14세라는 어린 나이로 세상을 떠난다. 사서에 병명은 소갈증이라 기록되어 있다.

화폐 주조도 신수도 건설도 왕권 강화를 위해

문벌 귀족의 전횡으로 취약해진 왕권을 강화하기 위해
숙종은 신수도 건설을 추진했다.

1095년 재위에 오른 숙종에게는 미약해진 고려 왕실의 권위를 회복하는 일이 우선 과제였다. 권신의 힘이 왕실보다 더 강했다. 왕자 시절 그가 받았던 식읍이 1000호인 데 반해 문종 대(1046~1083) 대신 이자연의 식읍은 3000호였다. 게다가 이자연의 세 딸이 문종의 비가 되면서 인주 이씨의 세는 더 막강해졌다.

집권 초 숙종의 왕권은 취약했다. 숙종이 이자연의 손자 이자의를 제압하고 왕위에 올랐음에도 유력 외척 집안에서 후계 문제를 공공연하게 거론할 정도였으며, 소태보나 왕국모 등과 같은 반정 공신의 전횡을 용인할 수밖에 없는 상황이었다. 이런 상황에서 숙종은 가장 먼저 외척의 발호를 막는 데 힘썼다. 문종 이후 순종, 선종 대(1083~1094)까지 7명의 왕비를 낸 인주 인씨 계열의 인사를 중앙 정계에서 축출했다. 그전까지 이자연의 아들과 손자들이 중앙 정계에서 재상을 비롯한 요직을 두루 차지하고 있었다. 그러던 것이 숙종 즉위 이후 인주 이씨 계열로 중앙에 남은 사람은 이자연의 조카인 이오뿐이었다.

외척의 발호를 막기 위해서인지 숙종은 왕비도 계림공 시절에 혼인했던 정주 유씨 유홍의 딸인 명의왕태후만 두었다. 다른 왕들이 왕비를 여럿 두었던 것과 구별된다. 정주 유씨로서 숙종 대(1095~1105)에 정계에서 활동한 이는 없었다. 외척의 발호로 왕권이 위축되었던 전대의 경험을 되풀이하지 않고자 했을 것이다.

태자 책봉에 공을 들이고 남경을 건설하다

숙종은 태자의 지위를 강화하려는 조치도 취했다. 1098년(숙종 3) 첨사부를 비롯한 체계적 조직을 갖추는 등 태자를 보필하는 동궁관을 개편했다. 첨사부 소속 관원으로 소태보, 황유현 등 숙종의 즉위에 공이 있는 고관과 윤관, 김상기 등 측근을 배치했다. 문종이 태자이던 순종을 위해 동궁시위공자 30명을 선발한 것과 비교되는 조치다. 이런 준비를 거쳐 숙종은 왕자 우(예종)를 태자에 책봉했다. 책봉 후에는 첨사부 소속 관원의 품계를 2등급씩 올렸다. 모두 왕권 강화의 연장 선상에서 나온 것이다.

숙종 대에 건설된 제3수도 남경도 왕권 강화책의 결과다. 1099년 김위제가 올린 남경 천도 상소를 계기로 남경 건설과 경영이 본격화되었다. 김위제는 『도선비기道詵密記』와 『도선답산가道詵踏山歌』 등을 인용하며 고려의 수도는 중경(송악), 남경(한양), 서경(평양) 3곳이며, 이 3곳을 해마다 넉 달씩 나눠서 지내야 한다고 주장했다. 또 개국 후 160년이 지난 뒤에는 남경에 도읍해야 한다고 되어 있으므로 남경에 도성을 새로 건설해야 한다고 했다. 숙종은 김위제의 주장을 적극적으로 수용했다. 일견 허황하게 보이는 지리 도참설에 근거한 주장에 반대하는 신료들도 있었으나 소수였다. 재상 이하 관료들의 적극적인 지지를 바탕으로 1101년 남경개창도감을 설치하고 궁궐 등을 짓기 시작했다. 남경 궁궐은 1104년(숙종 9)에 완성되었지만 이듬해 숙종의 죽음으로 천도는 실행하지 못했다. 이후 남경 궁궐은 별궁 역할을 한다.

일부 학자들은 숙종의 새 수도 건설이라는 대형 프로젝트를 서경 세력을 억누르고 왕권을 강화하기 위한 적절한 조치였다고 보기도 한다. 숙종은 개경에 강하게 뿌리내린 인주 이씨를 비롯한 문벌 귀족을 억누르기 위해 서경 세력을 이용했다. 하지만 서경 세력이 왕권을 위협할 정도로 강성해지자 남경 경영이란 국가적 프로젝트를 통해 국왕 친위 세력인 대각국사 의천, 최사추, 윤관 등을 성장시키려 한 것이다.

경제력 강화는 곧 왕권 강화

숙종의 동생 대각국사 의천은 송에서 화폐의 유용함을 보고 온 뒤 화폐의 생산과 유통에 관한 상소를 올렸다. 의천은 화폐의 유용함에 대해 다음과 같은 4가지의 장점을 설명했다.

첫째, 화폐를 쓰면 교환과 운반에 편리합니다. 둘째 쌀과 베의 교환과 유통 과정에서 발생하는 비리를 막을 수 있습니다. 셋째, 관리의 봉록으로 주는 쌀을 운반하느라 백성이 고통당하고 운반 과정에서 탐관오리가 부당이득을 볼 수 있는데, 화폐를 쓰면 그런 폐해를 없앨 수 있습니다.

삼한통보 · 한국은행화폐박물관

삼한통보를 주조한 기록은 문헌에 보이지 않지만 1102년에 해동통보 등의 화
폐를 주조한 사실로 보아 삼한통보도 숙종 대에 주조한 것으로 추정된다. 숙
종은 왕권을 강화하기 위해 화폐 사용을 적극적으로 추진했다.

넷째, 쌀을 저축할 수 있어 흉년에 대비할 수 있습니다.(『대각국사문집』 권
12, 주전론鑄錢論)

1097년(숙종 2) 숙종은 즉각 다음과 같은 교서를 내려 화폐를 주
조해 유통할 것을 알린다.

예로부터 우리나라는 풍속이 소박하고 간소했는데, 문종 때 이르러
문물과 예악이 이처럼 융성하게 되었다. 짐은 선왕의 업적을 계승하여
장차 민간에 큰 이익을 일으키고자 주전하는 주전관鑄錢官을 세우고 백
성들에게 두루 유통하려 한다.(『고려사』 권79, 식화 2 화폐)

1102년(숙종 7)에는 해동통보海東通寶를 주조하고 1만 5000관을 문무 양반과 군인들에게 나눠주어 사용하게 했다. 그리고 1104년에는 지방에 쌀을 방출하여 주점과 음식점을 열게 한 뒤 백성들도 돈만 있으면 물건을 사고팔 수 있게 해 돈의 이용법을 알리게 했다.

숙종은 또한 상업의 활성화에도 관심을 두었다. 1102년 9월 서경에 와서는 다음과 같은 정책을 제시하기도 했다.

> 사민四民이 각각 그 생업에 오로지 종사하게 되면 진실로 나라의 근본이 되는데, 지금 듣건대 서경의 습속이 상업에 종사하지 않아서 백성이 그 이익을 잃고 있다 하니, 유수관留守官은 그 아뢴 대로 화천별감 2명을 임명하고 날마다 시장의 가게를 감독하게 하여 상인들이 모두 힘써 무역의 이익을 얻게 하라.(『고려사』 권79, 식화 2 화폐)

숙종의 이런 경제 활성화 정책은 성공을 거둬 국가 수입을 늘릴 수 있었고, 그 결과 쌀과 베의 비축이 늘어났다.

그렇다면 숙종은 왜 이렇게 경제에 관심을 기울였을까? 그것은 경제력 강화가 왕권 강화와 직결됨을 숙종이 인식했기 때문이다. 화폐의 유통 과정을 통제하면 중앙집권력은 강해질 수밖에 없었고 국가 재정의 확보는 왕권 행사를 유리하게 했다. 왕권을 강화하기 위한 군사력 배양이나 남경의 새 수도 건설 등에는 재원이 필요했다.

특히 여진의 성장에 따라 국경이 다시 불안정해졌다. 1104년 고려로 항복해오는 여진인을 쫓아 정주定州의 장성 부근에까지 여진군이 출현하는 상황이 벌어졌고 군사적 충돌이 시작되었다. 이에 별무반을 창설했고 그 규모는 17만에 달했다. 막대한 군자금이 필요했다. 피복과 무기는 군사들이 스스로 준비했으나 군량은 국가에서 대야 했다. 숙종은 여진 정벌을 추진하면서 이완된 고려 사회를 통제하고 실추된 왕권을 강화하고자 했다.

1102년 송충이가 너무 많아져 상제에게 친히 제사를 지내고 산신과 해신에게 제사를 지냈다. 제사와 함께 군사 500명을 송악산에 풀어 송충이와 전쟁을 벌였다.

성과 속을 넘나든
왕자 승려 의천

의천은 해동천태종을 창시하는 종교적 업적과 함께
숙종의 왕권 강화를 위한 화폐 주조와 남경 건설 추진에도 앞장섰다.

1085년(선종 2) 4월 도망치다시피 개경을 빠져나온 승려가 있었다. 그는 정주貞州 (경기도 개풍)에 도착해 미리 내통해둔 송 상인 임영의 배에 몸을 싣고 밀항을 감행했다. 단 2명의 제자만 동반한 채 송 변경을 향했다. 이렇듯 송으로 가는 험한 길을 택했던 승려는 문종의 넷째 아들이자 당시 왕위에 있던 선종의 동생인 의천義天 (1055~1101)이다. 밀항의 목적은 단 하나, 송의 앞선 불도를 깨치고자 하는 것이었다.

문종이 하루는 여러 아들에게 일러 말하기를 "누가 승려가 되어 복전福田을 지어 이로움을 더할 수 있겠는가?"라고 하자, 왕후(의천)가 일어나서 말하기를 "제가 세상을 벗어날 뜻이 있으니 오직 임금께서 명하실 바입니다"라고 했다. 왕이 말하기를 "좋다"라고 하자 드디어 스승을 좇아 출가하여 영통사에 살았다. 왕후는 성품이 총명하고 지혜롭고 배움을 좋아하여, 먼저 『화엄경』을 업으로 삼고 곧 오교五教에 통달하게 되었다.

또한 유학도 섭렵하여 정통하게 알지 못하는 것이 없었으니, 우세승통(祐世僧統)이라고 불렀다.(『고려사』 권90, 왕후 열전)

의천은 고려에서의 공부에 만족하지 못하고 송의 선진 불교를 연구하고자 했다. 그래서 몇 번이나 송으로 들어가 불법을 구하려 했다. 그러나 문종도 선종도 허락하지 않았다. 험한 뱃길에 안전이 걱정되기도 했고, 요와 송 사이에서 줄다리기 외교를 하는 고려의 왕자가 송으로 가는 것은 외교의 안전 추를 한쪽으로 기울어지게 하는 일이었다.

그래도 의천의 결심은 흔들리지 않았고 결국 밀항을 감행했다. 송에서 의천은 천태종의 고승 정원법사(淨源法師)를 비롯해 화엄종, 선종, 율종 계열의 고승 50여 명에게서 선진 불교를 익혔고, 숱한 불교 서적을 구해 1086년 돌아왔다. 의천은 불교만이 아니라 당시 흥성하던 송의 정치·경제 제도에 관한 식견도 넓힐 수 있었다.

해동천태종을 창시하다

의천은 천태종(天台宗)을 독창적으로 해석하고 정립해 해동천태종을 창시했다. 당시 고려 불교는 선종(禪宗)과 교종(敎宗)을 중심으로 대립하고 있었다. 의천이 보기에 이와 같은 대립은 현실 정치적 대립으로 이어질 요소로 보였다. 의천은 이런 대립 구도하에서 천태 사상을 중심으로 선종과 교종의 화합을 이루고자 했다.

의천이 사망하고 20여 년 뒤의 일이지만 의천의 노력에도 불구하고 1126년(인종 4) 이자겸의 난 때는 법상종 세력이 반란 세력과

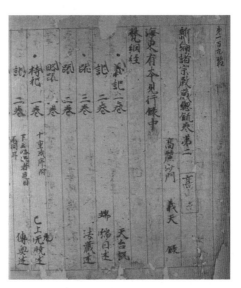

『**신편제종교장총록**新編諸宗教藏總錄』· 일본 교토

의천이 고려와 중국의 불교 관계 저술을 수집해 엮은 목록집이다.
이 목록집에 따라 '교장'을 만들었다.

결탁해 왕실에 정면으로 도전을 하기도 했다. 이자겸의 아들 의장
을 비롯한 법상종 계열의 승려 300여 명이 정변에 참여했다. 이는
당시의 대립이 얼마나 심각했는지를 보여준다.

1089년(선종 6) 의천은 천태종 중심의 사찰 국청사國淸寺를 창건했
다. 그러나 화재와 선종의 사망으로 국청사 공사가 중단되었다가
1097년(숙종 2)에 완공된다. 이어 1101년(숙종 6) 천태종 승려를 대
상으로 승과가 시행되어 천태종은 국가가 공인한 교단으로서 막강
한 영향력을 발휘하게 된다. 그리고 이때부터 교종의 화엄종과 법
상종, 선종의 천태종과 조계종의 체제가 성립된다.

학승의 면모가 강했던 의천은 불교 서적의 수집과 정리에도 몰

두했다. 송에서 돌아온 직후 흥왕사에 교장도감教藏都監을 설치하여 요와 송에서 구입한 서적 4000여 권을 간행했다. 의천은『대장경』 가운데서 불경만을 모아놓은 장경만이 아니라 불교 관계 저술까지 집대성한『속장경』간행의 계기를 마련했다. 이런 대규모의 불교 관계 서적의 집대성은 요와 송에서도 없었던 일이었다.

의천은 1101년 47세를 일기로 개경 총지사에서 입적했다. 숙종은 그에게 대각大覺이라는 시호를 내렸다. 그러자 중서문하성에서 "대각이라는 것은 부처라는 말인데, 부처의 이름을 외람되게 쓰는 것은 안 될 일"(『고려사』 권90, 왕후 열전)이라며 반대했지만 숙종은 이를 일축했다. 동생에 대한 애정이었을 것이다. 또한 3일간 왕과 대신이 모두 상복을 입고 조회를 중지했다. 출가한 이의 장례 때는 상복을 입지 않으나 명망이 송과 요에 떨칠 정도였고 국사國師로 추증되었으니 예를 갖추자는 건의가 있어 모두 흰 옷을 입었다. 현실 참여가 많았던 의천은 죽음에 이르러서도 속세의 대우를 받았다.

대각국사 의천보다 한 살 위의 형인 계림공(숙종)은 왕자 시절 의천이 송으로 유학할 수 있게 인예순덕태후를 설득했으나 허락을 얻지 못했다. 이런 형제애가 바탕이 되어 의천이 숙종의 왕권 강화책을 적극적으로 도왔을 가능성이 크다.

윤관의
여진 정벌의 실상

윤관의 여진 정벌은 준비가 부족한 상태에서 이루어진 무리수였지만
'9성 구축'이란 역사적 경험은 고려 말과 조선 초
북방 영토 확장의 근거가 되었디.

역사를 자세히 들여다보면 우리가 무심결에 사실로 인정해버리는 허구의 이미지가 있다. 윤관尹瓘(?~1111)의 여진 정벌과 동북 9성 축성이 그것이다. 윤관 하면 여진 정벌의 대명사로 통하는 인물이다. 하지만 역사의 기록을 자세히 뜯어보면 윤관이 정벌군의 총사령관으로서 뚜렷한 족적을 남긴 바는 없다. 몇 번의 승리가 있었을 뿐, 대개는 패배를 거듭했다. 또한 윤관의 업적으로 남은 동북 9성도 성을 쌓은 지 1년 만에 고스란히 되돌려줘야 했으므로 사실은 전략적 대실수였다. 그런데 어찌 된 이유에서인지 윤관은 북방 개척의 대장군으로 각인되어 있다.

왜일까? 아마도 침략만 받아 수성에 골몰했던 우리 민족의 역사에 대한 감정적 반발 때문일지 모르겠다. 여진 정벌은 최소한 능동적 정복 전쟁이었으므로 총사령관이었던 윤관의 이름을 호의적으로 기억할 것이다. 그러나 사태의 전개 과정을 잘 좇다 보면 그것이 얼마나 허황한 정복 전쟁이었는지 알 수 있다. 역사의 진실은 쓰더

라도 제대로 봐야 한다. 그래야만 현재의 문제를 풀어나가는 반면교사의 역할을 할 수 있다.

사태의 시발점

고려와 여진족은 사이가 좋았다. 고려의 북방 경계에 살던 여진족은 여러 부족으로 나뉘어 있어 위협적인 세력이 아니었다. 개중에 국경 지역을 침략하거나 난을 일으키는 무리가 있으면 이를 정벌하는 정도였다. 종종 고려에 귀화하거나 투항해오는 여진인들이 있어 부곡_{部曲}에 살게 하기도 하고, 우두머리에게 작은 벼슬도 주어 고려의 영향력 아래 있게 했다.

12세기 초가 되자 사정은 완연히 달라졌다. 영가_{盈歌}(금 목종), 오아속_{烏雅束} 등 여진족의 영웅이 나타나 북만주에 자리 잡고 있던 완안부를 중심으로 세력을 확장해나갔다. 완안부 추장 영가는 여진족을 규합해 오늘날의 간도 지방을 통일한 다음 남하하여 갈라전_{曷懶甸}(고려 때 여진족이 거주하던 지역)에까지 그 세력을 뻗쳤다. 그러던 완안부가 고려의 정주 관문 밖에까지 주둔하는 사태가 벌어졌다. 천리장성의 코앞까지 도달한 여진 세력이 언제 고려를 침략해올지 모르는 상황이었다. 그러나 여진의 목표는 고려가 아니었다. 그들은 자신들을 멸시하고 착취해온 거란과 일전을 준비하고 있었다. 그래서 고려와는 충돌을 피하며 대화와 타협책을 쓰고자 했다.

고려 조정은 여진을 너무 얕보고 있었다. 임언과 이일숙 등은 여진에 강경책을 주장했다. 이런 주장에 이영 같은 이는 전쟁 의사가 없는 여진을 상대로 무리한 전쟁을 피하자는 반대론을 폈다. 그러나 숙종은 정벌론에 손을 들어주었고, 1104년(숙종 9) 임간을 총지휘관인 동북면행영병마사로 임명해 정주성으로 출정시켰다. 임간은 서둘러 정주성 밖에서 여진과 전투를 벌였지만 참패했다. 적을 얕본 채 전투 준비도 제대로 하지 않고 공격을 서둘렀기 때문이었다.

이후 숙종은 임간 대신 윤관을 총지휘관인 동북면행영병마사도통으로 임명해 전선을 맡게 했다. 그러나 윤관 역시 병력의 반을 잃는 참패를 당하고 결국 강화를 맺고 돌아온다. 숙종은 윤관에게 패배의 원인을 분석하게 했다.

> 신이 적의 기세를 보건대 예측하기 어려울 정도로 군세니, 마땅히 군사를 쉬게 하고 군관을 길러서 후일을 기다려야 할 것입니다. 또 신이 싸움에서 진 것은 적은 기병인데 우리는 보병이라 대적할 수가 없었습니다.(『고려사』 권96, 윤관 열전)

이런 보고에 따라 숙종은 여진 정벌을 목적으로 하는 특수부대 별무반의 편성을 지시했다. 별무반은 말을 가진 자는 기병인 신기군神騎軍으로, 승려는 승병僧兵으로 구성된 항마군降魔軍으로 편성되었고, 말이 없는 자들은 보병인 신보군神步軍이나 기타 도탕跳盪(돌격대), 경궁梗弓(활 부대), 정노精弩(쇠뇌 발사 부대), 발화군發火軍(적진에 불을 지르는 군사) 등의 특수군으로 편성되었다. 특히 기병이 강한 여진과 싸우기 위해 신기군을 강화하는 데 초점을 맞췄다. 신기군은 말을 가진 산관(계급만 있고 보직이 없는 관리)과 상인, 노비를 모두 동원했다.

하지만 숙종은 전력을 기울인 별무반의 여진 정벌을 보지 못했

척경입비도拓境立碑圖(조선시대) · 고려대학교박물관

1107년 윤관과 오연총이 9성을 개척하고 선춘령에 '고려지경高麗之境'이라 새긴 비석
을 세우는 장면을 그린 것이다.

다. 이듬해인 1105년 죽음을 맞이했기 때문이다. 여진 정벌은 아
들 예종의 몫이 되었다. 예종은 1107년(예종 2) 윤10월 윤관을 총사
령관으로, 오연총吳延寵(1055~1116)을 부사령관으로 한 17만 대군에
게 여진 정벌을 명했다. 대병력을 이끈 윤관의 부대는 여진의 소극
적 대응에 힘입어 두만강 유역의 여진을 물리쳤다. 윤관은 정벌을
마친 이 지역의 웅주, 영주, 복주, 길주, 함주, 공험진, 평융진, 의주,
통태진에 9성을 쌓고 군사 행정 기구를 두었다. 9성에는 남도(대동

강 이남 지역)의 고려민을 이주시켜 살게 했다. 이때 이주민의 규모가 7만 5000호에 달했다. 이런 윤관의 정책에 저항도 있었다.

> 병마부사 박경작이 병 때문에 정주에 머물면서 윤관에게 서신을 부 쳐 말하기를 "무공은 이미 떨쳤으니 마땅히 군대를 거두어 만전을 도모 해야 하는데, 다시 오랑캐의 경계에 깊이 들어가 성지를 줄지어 짓는 것 은, 지금은 비록 쉽게 이룰 수 있겠지만 후에는 아마 지키기 어려울 것 이다"라고 했다.(『고려사절요』 권7, 예종 3년 3월)

적지 깊은 데 성을 쌓아봤자 방어가 어렵고, 방어가 쉽지 않은 적지 한가운데 백성을 방치해서는 안 된다는 의견이었다. 이런 우 려는 얼마 뒤 현실로 나타났다.

여진의 반격과 9성 반환

고려의 공격에 충격을 받은 여진의 추장들은 긴급회의를 열었 다. 추장들 대부분은 고려와의 싸움에 대병력을 동원하면 거란이 침입해 들어올 것이라며 전쟁을 보류하길 원했다. 그러나 아골타 阿骨打(금 태조)는 다른 주장을 폈다. 지금 고려에 기세를 빼앗기면 갈 라전 지역만이 아니라 다른 지역도 온전치 못할 것이라고 주장했 다. 이에 따라 완안부를 중심으로 고려군과 여진군의 군사적 격 돌이 지속했다. 그러나 예종과 윤관의 대응은 너무도 안이했다. 1108년 4월 9일 여진이 웅주성을 포위해 진을 치고 있는 상황에서 윤관과 오연총은 개선을 명목으로 개경으로 돌아왔다. 전투가 벌어지고 있는 상황에서 총사령관이 부월斧鉞(군 지휘권을 상징하는 도끼)을 임금에게 반납하고 잔치를 벌였다.

웅주성이 함락 직전이란 소식을 듣고서야 오연총이 웅주로 파견되어 가까스로 구해낼 수 있었다. 그러나 전쟁 상황은 악화일로였다. 같은 해 8월에 신기군 박회절 등이 길주에서 여진과 싸우다 전사했고 다음해인 1109년(예종 4) 1월에는 왕사근, 하경택 등이 함주에서 전사했다. 결국 5월에는 공험진에서 오연총 부대가 여진군의 기습을 받아 괴멸당하기에 이르렀다. 오연총은 참패한 실상을 보고하고 처벌을 기다렸다. 그런데도 예종은 윤관과 오연총으로 하여금 부대를 정비한 뒤 길주성에서의 한판 승부를 준비하게 했다. 6월 12일 완안부 여진과의 일전을 준비했던 윤관과 군은 뜻밖의 소식을 들었다. 여진 태사 오아속烏雅束이 강화를 맺자고 제안해왔다. 여진으로서는 고려와 군이 적대 관계를 맺을 필요가 없었다. 주적은 거란이었고 전쟁이 길어지면 거란이 언제 침략해올지 알 수 없는 일이었다. 여진이 승기를 쥐고 있던 만큼 협상에서도 그들이 유리했다.

생각지도 못하게 지난해에 대규모로 군사를 일으켜 쳐들어와 우리의 늙은이와 어린아이들을 죽이고 9성을 설치하여 유랑민들이 돌아가 의지할 곳이 없어졌습니다. 이에 태사가 우리를 보내어 옛 땅을 청하게 되었습니다. 만약 9성을 되돌려주어 우리의 생업을 편안하게 해주시면, 우리는 하늘에 맹세하여 자손 대대에 이르기까지 공물을 정성껏 바칠 것이며 감히 기와 조각 하나라도 국경에 던지지 않겠습니다.(『고려사』 권13,

말은 공손하지만 9성 축성을 전쟁의 명분으로 삼았던 고려로서
는 받아들이기 힘든 조건이었다. 그러나 고려 역시 전쟁을 더는 수
행하기는 힘들었다. 결국 9성을 내어주는 협상은 이뤄졌다. 전선에
서 철수한 여진 정벌군에 대해 조정과 백성의 여론은 비난 일색이
었다. 2년여에 걸쳐 윤관 등에 대해 패전의 책임을 물어야 한다는
주장이 비등했다. 백성들도 마찬가지였다. 그러나 공동의 책임이
있던 예종은 끝내 재신들의 주장을 무시하고 윤관과 오연총을 중
용했다. 물론 그들이 왕의 측근 세력이었고, 처벌을 원했던 재신들
은 왕의 권력을 견제하고 있었던 역학 관계도 중요한 것이었다.

고려 말 명과의 영토 분쟁에서 윤관의 9성 축성이라는 역사적
사실은 우리 측 주장을 펴는 데 유리한 논거로 제시되었다. 즉 명이
철령 이북 땅에 대한 영유권을 주장하자 고려는 철령 이북 땅이 예
부터 고려의 땅이었고, 윤관이 여진 정벌을 단행하여 성을 쌓아 표
시했다고 분명히 밝혔다. 윤관의 여진 정벌은 당장 실리는 없었지
만 고려 말, 조선 초에 우리 영토를 압록강에서 두만강에 걸쳐 확장
하는 계기가 되기도 했다.

척준경은 무뢰배와 교류한 깡패였다. 집안이 빈한해 학문을 닦지 못해 숙종이 계림공
이었을 때 종자로 있다가 무관의 길을 걸었다. 이후 윤관과 함께 여진 정벌에 공을 세
워 문하시중에까지 올랐다.

권력의 전횡이 부른
권세가의 몰락

국왕에 버금가는 권력을 행사했던 이자겸은
그 권력을 영속시키기 위해 난을 일으켰으나 실패했다.

참소를 믿고 이득을 즐기며 논밭과 제택第宅을 치장하여 논과 밭이 연달아 있고 집 제도가 사치스러웠고, 사방에서 선물하여 썩는 고기가 늘 수만 근이었는데, 여타의 것도 모두 이와 같았다. 나라 사람들이 이 때문에 비루하게 여겼으니 애석한 노릇이다.(『고려도경』 권8, 인물)

1123년(인종 1) 송 사신의 수행원으로 고려에 왔던 서긍이 쓴 『고려도경高麗圖經』에 기록된 이자겸李資謙(?~1126)에 관한 내용이다. 서긍은 이 책에서 이자겸을 필두로 윤언식尹彦植, 김부식金富軾, 김인규金仁揆, 이지미李之美(이자겸의 아들) 등 고려의 주요 인물 5명을 소개하고 있다. 이자겸은 그 순서상 첫 번째일 정도로 고려에서 확고부동한 일인자였음을 쉽게 짐작할 수 있다.

이자겸이 이런 위치에 올라설 수 있었던 까닭은 다른 무엇보다 인주 이씨라는 막강한 족벌이 뒤에 있었기 때문이다. 이자겸 집안은 문벌 귀족 사회인 고려에서 왕실과 혼인 관계로 맺어진 이른

바 로열패밀리였다. 인주 이씨 집안이 흥성하게 된 계기는 문종 대(1046~1083) 거신巨臣인 이자연의 조부 이허겸李許謙 때부터였다. 이허겸은 딸을 현종 대(1009~1031) 외척 권세가인 김은부에게 시집 보냈다. 그리고 김은부의 딸이자 이허겸의 외손녀인 원성태후(덕종과 정종의 어머니)와 원혜태후(문종 어머니)가 모두 현종의 비가 되었다. 이허겸은 현종비의 외조부로서 당대 권세가인 안산 김씨와 사돈 관계를 맺어 벼슬길을 활짝 열어놨다. 그 뒤 이허겸의 손자인 이자연은 딸 셋을 모두 문종의 비로 보내면서 문종, 순종, 선종, 헌종, 숙종, 예종, 인종 대 약 80년간 최고 권세를 누렸다. 이자겸은 이자연의 아들 이호李顥의 아들이다. 이자겸은 이런 가문의 힘으로 음서를 통해 합문지후라는 자리에 제수되어 벼슬길에 올랐다.

출세 가도를 달리다

이자겸에게도 불운은 있었다. 누이동생인 순종 비 장경궁주가 순종이 요절한 뒤 궁중의 종과 통정한 일이 발각되어 궁주의 자리에서 쫓겨날 때 이에 연좌되어 관직이 삭탈되었다. 그러나 이자겸의 둘째 딸이 1108년(예종 3) 예종 비(문경왕태후)가 되어 궁에 들어가고 이듬해 인종을 낳아 정비로 지위를 굳히면서 전환점을 맞이한다. 이를 기점으로 참지정사와 상서좌복야를 거쳐 중서문하성 정2품 관직인 평장사에 올랐다. 집안의 딸이 부정을 저질렀음에도 다시 왕실과 통혼한 것은 왕실도 함부로 할 수 없을 정도로 인주 이씨 집안이 막강했음을 증명해준다.

이자겸이 무소불위의 권력을 휘두르게 된 시점은 1122년 인종이 즉위하면서부터였다. 예종의 뒤를 누가 이을 것인지가 당시 초미의 쟁점이었는데, 이자겸은 자신의 손자이자 사위인 열네 살 왕해를 왕위에 올렸다. 이 공으로 이자겸은 수태사중서령이라는 최고 관직에 올랐다. 이제 더 오를 곳이 없었다. 이자겸은 그 권력을 지키기 위해 지위에 위협이 될 만한 인사를 중상모략하여 제거했다. 인종의 숙부인 대방공 왕보와 예종 대(1105~1122) 총신 한안인韓安仁(?~1122)을 비롯해 최홍재, 문공미 등 50여 명을 죽이거나 유배 보냈다.

이자겸은 또 인종에게 다른 성씨의 왕비가 들어 권력이 분산될까 두려워 자신의 셋째 딸과 넷째 딸을 잇달아 인종의 비로 들였다. 이자겸의 둘째 딸이 문경왕태후이므로 인종은 이모들과 결혼한 셈이다. 게다가 이자겸은 아들 여섯을 모두 조정의 요직에 앉혀 권력의 기반을 다졌다.

이자겸이 셋째 딸을 왕에게 납비納妃했다. 이자겸은 다른 성을 비로 삼으면 곧 권세와 총애가 나누어지는 일이 있을까 두려워하여 이를 억지로 청했다. 왕은 부득이 이를 따랐다. 이날 소나기가 내리고 큰바람이 불어 나무가 뽑혔다.(『고려사절요』 권9, 인종 2년 8월)

이자겸의 아들 이지미는 비서감 추밀원부사로, 이공의는 상서형부시랑으로, 이지언은 상서공부낭중 겸 어사잡단으로, 이지보는 상서호부낭중 지다방사로, 이지윤은 전중내급사로, 이지원은 합문지후로, 아들인 승려 의장은 수좌로 임명되었다.(『고려사』 권127, 이자겸 열전)

탄탄한 권력의 자리에 앉은 이자겸은 왕에 버금가는 권세를 누리기 시작했다. 자신의 의전 등급을 왕태자와 마찬가지로 했다. 왕자들이나 둘 수 있었던 부府를 설치했으며 자신의 생일을 인수절人壽節이라 하여 전국에서 축하문을 올리게 했다.

더 이상 전횡을 두고 볼 수는 없다

인종은 이자겸의 전횡을 더는 참을 수 없었다. 특히 이자겸이 인종에게 집으로 와서 자신을 지군국사知軍國事로 임명하는 예식을 해달라고 하고 그 날짜까지 지정하자 그에 대한 증오는 깊어졌다. 1126년(인종 4) 2월 드디어 인종의 기색을 눈치챈 내시 김찬과 안보린이 지녹연과 모의하여 이자겸 제거에 나섰다. 그러나 이들의 거사는 실패로 끝났다. 사실 이들이 거사에 나선 것은 대의에 공감해서가 아니었다. 이자겸의 아들 이지원의 장인인 척준경拓俊京(?~1144)이 아우 척준신과 함께 위세를 부리는 데 분개하여 나선 거사였다. 이들은 사감에 눈멀어 치밀하지 못했다. 권세가를 제거하는 데 성공하려면 핵심 인물을 가장 먼저 신속하게 처단하는 것이 순서다. 그런데 이들은 곁가지인 척준신과 그의 아들, 내시 등을 죽이고 그 시체를 궁성 밖으로 버리는 것부터 시작했다. 이 소식을 궁중에 있던 측근에게 전해 들은 이자겸은 당황해 어찌할 바를 몰랐다. 하지만 대거란 전쟁에서 산전수전을 다 겪은 용장 척준경은 병력을 동원해 주모자들을 일거에 제거했다. 이자겸의 아들이자 승려인 의장 역시 현화사 승려 300명을 동원해 궁중을 포위했다. 궁중은 이들에 의해 불탔다.

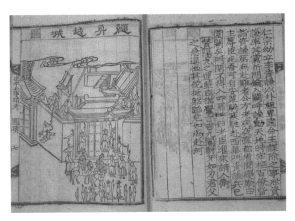

『홍충평공사적고洪忠平公事蹟考』(조선시대) 중 이자겸의 난·국립중앙도서관
고려 인종 때 신하 홍관洪灌의 업적을 기록한 책 중 이자겸의 난을 묘사한 부분이다.

이 사건을 계기로 이자겸의 난이 발생했다. 인종은 이자겸에게 왕위를 넘긴다는 조서를 써주기까지 했다. 비록 주위의 반대로 이자겸이 왕위까지 받지는 않았지만 위세는 전보다 더해졌다. 처지가 궁색해진 인종은 국사도 처결하지 못하고 활동에도 제약을 받았다. 인종은 사방에서 감시의 눈길을 받았다. 이런 인종에게 기회가 왔다. 이자겸과 척준경의 사이가 벌어진 것이다. 발단은 사소했다.

이자겸의 아들 이지언의 종이 척준경의 종에게 욕하며 말하기를 "너의 주인은 자리에 대고 활을 쏘고 궁궐을 불태웠으니 그 죄는 죽어 마땅하다. 너 또한 관노로 적몰되어야 마땅한데 어찌 나에게 모욕을 주느냐?"라고 했다. 척준경이 이 말을 듣고 대로하여 이자겸의 집으로 달려가 의복과 관을 풀어 헤치고 말하기를 "내 죄가 크니 해당 관청에 나가 스스로 변호하겠소"라고 하고 뒤돌아보지 않고 뛰쳐나갔다. 사람들이 말렸으나 이에 자기 집으로 돌아가 드러누워버렸다.(『고려사』권127, 이자겸 열전)

물론 이 사건만이 아니라 이자겸에 대한 다른 불만이 있었을 것이다. 인종은 이런 척준경을 회유해 이자겸을 제거하는 데 나서게 했다. 하지만 인종에게 이자겸은 외조부이자 장인이었다. 인척을 죄 없이 죽일 수는 없는 일이었다. 또 권력의 전횡이 죽일 죄까지는 아니었다. 역사에는 다음과 같이 기록되어 있다.

이자겸은 십팔자十八子(한자 '李'의 파자)가 왕이 된다는 도참설을 믿고 반역을 도모하려고 떡 속에 독을 넣어 왕에게 올렸다. 왕비가 몰래 왕에게 일러주자 떡을 까마귀에게 던져주니 까마귀가 죽었다. 또 독약을 보내어 왕비가 왕에게 바치게 했으나 왕비가 사발을 들다 거짓으로 넘어진 척하고 독약 사발을 엎질러버렸는데 왕비는 곧 이자겸의 넷째 딸이었다. 척준경이 이미 이자겸과 틈이 생기자 최사전이 그 틈을 타 설득하니 척준경은 결심하고 아뢰기를 "원하건대 충성을 다하겠습니다"라고 했다.(『고려사』권127, 이자겸 열전)

이는 명분 때문에 만들어진 이야기일 가능성이 크다. 이자겸은 자신이 왕이 될 수 없다는 것을 충분히 알고 있는 인물이었다. 위험하지 않은 명목상의 이인자로서 최고 권력을 농단하는 것이 자신이 누릴 수 있는 최선의 권력임을 알고 있었다. 그래서 인종이 선위하겠다고 했는데도 받아들이지 않았다.

1126년 5월 척준경은 인종이 거사를 촉구하는 친서를 주자 바로 행동에 뛰어들었다. 척준경은 거사의 순서를 알고 있었다. 장교 7명과 아전과 관노 20명을 이끌고 재빨리 연경궁으로 진입했다. 아무도 눈치채지 못하게 순식간에 움직였으므로 무장할 틈도 없었다. 말뚝을 뽑아 무기로 삼을 정도였다. 그리고 측근인 정유황에게 100여 명을 인솔해 군기감에 들어가 무장하고 연경궁으로 들어오게 했다. 척준경은 인종을 데리고 군기감에 들어가 병력을 지휘했다. 왕을 모시고 군 지휘권을 확보한 척준경에게 아무도 저항할 수 없었다. 즉시 이자겸과 그 일파가 체포되었다. 장군 강호와 고진수 등 이자겸의 수족들은 사형에 처했다. 이자겸 일파 30여 명과 사노, 관노 90여 명은 귀양 보내졌다. 이자겸은 얼마 후 유배지인 영광에서 병사했다. 이와 같은 과정을 볼 때 이자겸의 난은 반란이었다기보다는 그의 전횡에 대한 인종의 친위 쿠데타적 성격을 띤 정쟁이라 할 수 있다.

1142년 8월 길을 지나던 인종은 쌍둥이를 데리고 있던 한 부인이 배알하자 그 자리에서 바로 그 부인에게 베 20필을 하사했다. 쌍둥이가 귀하던 때이기도 하고 인구 증가를 장려하기 위한 것이었다.

허망하게 끝난
반란

묘청 일파는 서경 천도를 주장하며 황제국 선포와 금 정벌을 앞세웠지만
정치 전략의 미숙과 보수 세력의 반대에 부딪혀 뜻을 펴보지도 못한 채
실패했다.

　　이자겸의 난으로 인종은 심각한 위협을 느꼈다. 왕권보다
더한 문벌 관료 세력의 비대화로 인종은 목숨까지 잃을 뻔했다. 임
금의 권위는 땅에 떨어졌다. 함부로 궁중에 불을 지르고 권신의 측
근은 인종에게 활을 쏘기까지 했다. 이자겸의 난이 끝난 후 개경
의 궁궐은 화재로 타버려 인종의 마음을 어둡게 했다. 정지상鄭知常
(?~1135) 등 신진 세력의 도움으로 척준경을 제거했지만 불안감은
여전했다.

　　대외적 불안 요소도 있었다. 여진은 거란을 멸망시킨 데 이어 송
까지 격파해 중원의 새로운 강자로 떠올랐다. 세력을 키운 여진은
금을 건국하고 강성한 힘을 바탕으로 고려에 속국이 될 것을 강요
했다. 과거 고려를 부모의 나라로 섬겼던 여진이 군신 관계를 요구
하자 고려인들은 분노에 떨었다. 당시 실력자였던 이자겸은 현실
적 필요에 의해 금의 속국이 될 것을 주도했지만 이제는 사정이 달
라졌다.

이런 상황에서 개경에 기반을 둔 구신이 아닌 서경의 신흥 세력이 부상했다. 서경 출신이자 빼어난 시인으로 알려진 정지상은 1127년(인종 5) 이자겸 제거에 공을 세운 권신 척준경을 과감히 탄핵해 귀양 보내는 데 성공했다. 이로써 정지상은 인종의 최측근으로 부상했다. 정지상은 서경 출신 승려 묘청妙淸(?~1135)의 사상을 신봉했다. 묘청은 정지상의 지지를 받으며 서경으로 수도를 옮길 것을 강력히 주장했다.

> 신 등이 보건대 서경 임원역의 지세는 음양가들이 말하는 대화세大華勢에 해당합니다. 만약 궁궐을 세워 그곳으로 이어하신다면 가히 천하를 아우르게 되니 금金이 예물을 가지고 스스로 항복하여 올 것이며 36국이 모두 신하가 될 것입니다.

지덕地德이 다한 개경을 버리고 서경으로 수도를 옮기면 금의 항복을 받아낼 수 있고 동북아시아의 중심 국가가 될 수 있다는 게 묘청의 주장이었다.

천도는 추진되었지만

정지상의 추천으로 묘청을 만난 인종은 서경 천도 주장에 솔깃했다. 문벌 관료가 득실거리고 몸서리치는 반란을 겪은 개경을 벗어나 새로운 기운을 맛보고 싶었다. 그리고 개경과 더불어 고려의 2대 도시인 서경의 인재풀을 가동해 친위 세력을 구축해보고 싶었다. 결국 서경 천도는 추진되었고, 1128년에는 풍수지리상 나무에서 꽃이 피는 형국大華勢인 임원역에 대화궁을 짓기 시작했다.

묘청과 정지상 등은 황제 칭호와 독자적 연호를 사용해 나라의 자긍심을 높일 것도 권유했다. 그리고 유제劉齊(금의 지원을 받아 한족에 의해 세워진 대제국大齊國의 왕)와 금을 협공할 것을 주장하기도 했다. 그러나 이런 주장은 개경 세력의 완강한 반대에 부딪혀 실현되지 못했다. 고려와 금의 국력을 비교해볼 때 전쟁은 불가능했다.

인종은 묘청과 정지상 등 서경 세력이 주장한 내용을 일부 받아들였다. 서경에 자주 행차하여 대화궁을 쌓기도 하고 팔성당이란 일종의 만신전을 임원궁 내에 쌓기도 했다. 그러던 중 묘청의 말에 대한 신뢰성이 의심되는 일이 발생했다. 1132년(인종 10) 2월 왕이 묘청 일파와 함께 서경으로 가던 중 큰 폭풍우를 만나 인종과 시종, 병사들이 고초를 겪었다. 게다가 밤에는 진눈깨비까지 내려 사람과 말, 낙타가 추위로 많이 죽었다. 이에 처지가 난처해진 묘청이 무리수를 쓰기 시작했다. 기름이 들어간 떡을 대동강에 던져 떠오른 기름으로 수면을 오색으로 빛나게 했다. 묘청은 이를 용이 침을 토한 것이라며 이는 천년에 한 번도 보기 힘든 상서로운 기운이라고 주장했다. 그리고 이런 하늘의 뜻이 있을 때를 놓치지 말고 금을 공격하자고 했다. 묘청의 이 같은 주장에 정지상과 서경인 50여 명이 동조했다.

신중했던 인종은 문공인과 이준양 등을 보내 '용의 침'을 자세히 살펴보게 했다. 조사 결과 대동강에 뜬 '용의 침'은 기름떡을 가지고 농간한 것임이 탄로 났다. 묘청과 정지상 등의 정치적 위신이 크게 실추되었다. 조정에서는 묘청 일파에 대한 숙청 요구가 잇따랐다. 그러나 인종은 숙청을 용인하지 않았다. 오히려 얼마간은 서경의 대화궁에 행차할 것을 요청하는 묘청의 건의를 절반쯤 받아들여 옷만이라도 보내게 했다.

묘청의 반란 아닌 반란

하지만 묘청 일파의 입지는 점점 좁아지기만 했다. 풍수지리상 명당이라는 대화궁이 여러 번 벼락을 맞아 불타는가 하면, 극심한 가뭄으로 많은 사람이 굶어 죽었다. 또 대동강에서 뱃놀이하던 인종이 풍랑을 만나 큰 위험을 당하기도 했다. 게다가 결정적으로 개경의 대표적 권신인 김부식이 서경 천도를 반대하는 상소를 올리자 인종이 이를 받아들여 서경 천도 중지 명령을 내렸다. 묘청 일파는 인종을 서경으로 납치해 서경 천도를 강행하려 했지만 개경 관료들의 견제로 성공하지 못했다.

묘청 일파는 정치적 생존은 물론 자신들의 목숨까지도 위험해지자 1135년(인종 13) 정월 서경에서 성급하게 난을 일으켰다. 서경의 최고 행정 책임자였던 분사시랑 조광과 군사 책임자인 분사병부상서 유참, 재정 책임자인 분사대부경 윤첨 등을 끌어들여 반란을 일으키고 새로운 나라를 세웠다. 국호는 대위국大爲國, 연호는 천개天開로 했다. 묘청 일파가 인종에게 권유했던 칭제건원稱帝建元을 실현했다. 그러나 나라라고 하기에는 너무나 어설펐다. 서경 관료 중 동조하지 않는 자는 구속하고, 개경 출신 중 서경에 와 있는 사람은 모두 가두었다.

김부식이 관군의 총사령관이 되어 묘청의 반란을 진압하기 위해

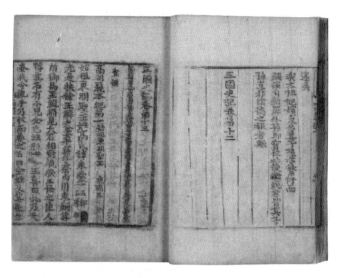

『삼국사기』· 경주 옥산서원

『삼국사기』는 1145년 김부식 등이 왕명을 받아 삼국시대의 역사를 정리한 사서다. 삼국시대 이래로 국내에 전하던 자료뿐만 아니라 중국의 여러 정사에 수록된 한반도 관련 기사까지 폭넓게 수록해 사료로서 내실에 충실했다는 평을 받고 있다.

나섰다. 서경으로 출정하는 길에 정적인 정지상, 백수한, 김안 등을 죽였다. 죄목은 반란에 연루되었다는 것이었지만 사실이 아니었다. 그들은 묘청의 반란이 일어난 사실조차 모르고 있었다. 직접 연루되었다는 정황도 없이 죽인 것이다. 이는 이후 김부식의 명망을 떨어뜨리는 요인이 된다. 김부식이 개경의 정부군을 이끌고 진압하러 오자 반란 세력 내에서 분열이 일어났다. 반란을 주도한 인물 중하나였던 조광이 묘청과 유참 등의 목을 베고 항복할 의사를 전해왔다. 그러나 개경 정부군은 투항조차 받아들이지 않았다. 어쩔 수없이 정부군과 대치한 서경의 반란 세력은 해를 넘겨 1136년 2월관군의 총공격으로 진압되었다.

묘청의 난은 어설픈 반란이었다. 새로운 정치 질서를 건설하고자 하는 욕구를 생산적으로 소화하지 못한 채 묘청의 난 이후 고려는 무신 집권기로 넘어가고, 사회의 발전적 동력은 소진되었다.

죽은 정지상이 귀신이 되어 화장실에서 김부식의 음낭을 잡아당겨 김부식이 죽게 되었다는 일화가 있다. 이런 일화가 있을 정도로 김부식은 민중에게 미움을 받았다.

고려에는
고려장이 없었다

고려장高麗葬은 여러 형태의 이야기로 전해지는데 내용은 대동소이하다. 일흔이 된 아버지를 아들이 풍습대로 지게에 지고 산중에 버리고 돌아오려 했다. 그때 함께 갔던 손자가 할아버지를 지고 간 지게를 다시 가져오려 했다. 이상하게 생각한 아버지가 그 이유를 묻자 아들은 "다음에 아버지가 일흔이 되면 지고 갈 때 쓰려는 것입니다" 하고 대답했다. 이에 깊이 뉘우친 아들이 늙은 아버지를 다시 집으로 모시고 왔다. 그 후로 아들은 늙은 아버지를 지성으로 공양했다. 이 이야기가 전해져 고려장이란 풍습이 없어졌다.

고려시대 효자 성송국成松國의 효행을 적은
『성시중 효행록成侍中孝行錄』 중
천리부시도千里負屍圖

사실 말이 고려장이지 『고려사』나 『고려사절요』 등 관련 사료에는 고려장이란 단어는 단 한 번도 나오지 않는다. 오히려 고려는 효를 장려하는 사회였다. 『고려사』 형법에 따르면 조부모나 부모가 있는데 아들과 손자가 호적과 재산을 달리하며 공양을 하지 않을 때는 도형 2년에 처했다. 열전에도 효성과 우애로서 역사책에 기록된 자가 10여 명이나 된다고 하여 이들 효자와 효녀를 따로 묶어 소개할 정도였다.

전해지는 고려장에 관한 이야기는 불경 『잡보장경雜寶藏經』의 '기로국棄老國 설화'나 중국의 「효자전」과 비슷하다. 또 이와 유사한 이야기가 유럽이나 중동에서도 발견된다고 한다.

왕권 강화의 키워드,
근친혼

　　고려 왕실의 혼인은 독특했다. 남매간이나 삼촌과 조카 사이에 혼인이 이루어졌다. 일례로 광종은 아버지의 딸과 결혼한 뒤 다시 이복형인 혜종의 딸과도 결혼했다. 광종에게는 태조 왕건과 형 혜종이 모두 장인이 된 셈이다. 혜종은 왕규의 딸과 결혼했는데, 아버지 태조 역시 왕규의 두 딸과 결혼했다. 부자 사이면서 동서 사이가 된 것이다. 혜종의 동생 정종 역시 박영규의 두 딸과 결혼했는데, 태조도 박영규의 딸과 결혼해 후비로 두었다. 아버지 태조와 역시 동서 사이가 되었다.

　　흔히 족내혼族內婚이라 불리는 근친 사이의 혼인은 지금에 와서는 상상하기 힘든 혼인 형태로 고려 건국기에도 흔한 일은 아니었다.

　　태조께서는 옛것을 본받아 풍속을 교화하려는 뜻이 있었지만, 지방 풍습에 익숙하여 아들을 자기 딸에게 장가보내면서 타성으로 숨겼다. 그 자손들도 가법家法으로 삼아서 괴이하게 여기지 않았으니 안타까운 일이다.(『고려사』 권88, 후비 열전 서문)

고려 왕실은 근친혼을 장려했으나 왕족 외에는 법으로 금지했다. 이러한 근친혼은 7대 목종 대(997~1009)까지 왕실의 유일한 혼인 형태였다. 현종 대(1009~1031)에 이르러서는 다른 성의 왕비도 들였지만 근친인 왕비가 제1비가 되었다. 고려 왕실에서 근친혼이 지배적 혼인 형태였던 것은 왕권이 불안했기 때문이다. 지방 호족 세력 간의 연합으로 건국된 고려에서 초기 국왕은 다른 호족보다 우위에 있는 세력일 뿐이었다. 결국 고려 왕실은 근친 간의 결혼을 통해 취약한 권력 기반을 강화하려 했다.

고려청자에는
사람 뼈가 들어갔을까?

고려청자의 명성은 세계적이다. 남송의 태평노인太平老人이 썼다고 전해지는 『수중금袖中錦』에는 "고려의 비색자기秘色磁器는 천하에서 제일간다. 그러나 우리 나라 자기는 결백하게 만드는 데는 장점이 있어도 그림을 수놓아서 만드는 일에는 능란하지 못하다"라고 기록되어 있다. 서긍은 『고려도경』에서 고려는 청도기靑陶器를 소중히 여긴다고

청자 풀꽃무늬 표주박모양 주자와 승반
· 국립중앙박물관

했는데 그것이 곧 고려청자다. 서긍은 도기의 빛깔이 푸른 것을 고려인은 비취색이라 한다 했다. 그런데 이 고려청자의 비색을 과학기술이 첨단을 달린다는 지금도 재현해내지 못하고 있다. 1982년 강진에서는 대학의 요업공업과 교수들이 청자 조각을 과학적으로 분석해 만든 유약과 강진의 도공들이 개발한 자연 유

약 중 어느 것이 고려청자의 비색을 더 잘 재현하는가 하는 실험을 한 적이 있다. 결과는 강진의 도공이 만든 자연 유약의 승리였다. 그러나 강진의 도공도 고려청자의 비색을 완전히 재현하는 데는 실패했다. 아직도 재현에 성공한 사례는 없다. 재료인 흙의 배합 비율, 가마의 온도, 초벌구이 후에 바르는 유약의 성분 배합률 등이 절묘하게 맞아야만 고려청자의 비색이 나올 수 있는데 그 기술은 여전히 신비에 싸여 있다.

최고로 아름다운 청자를 만들기 위해 노력을 다하다 절망에 빠져 가마에 몸을 던진 도공의 이야기가 있다. 그런데 도공이 몸을 던진 가마에서 나온 청자는 유례없이 아름다웠다는 것이다. 이 전설대로 강진의 고려청자에는 인燐(P)이 함유되어 있다. 비색의 비밀은 인에 있을 것이라고 믿는 학자도 있지만, 인이 비색의 결정적 원인인지는 아직 검증되지 않고 있다.

고려 정치의 보이지 않는 손, 여인

981년 경종은 죽음을 앞두고 유조를 발표했다. 이 유조에는 다음과 같은 내용이 있다.

> 내가 매번 『예경禮經』을 볼 때마다 "남자는 부인의 손에서 죽지 않는다"라고 한 데 이르러서는 일찍이 글을 보며 탄식하고 하늘을 우러르지 않은 적이 없었기에, 오늘에 이르러 좌우의 궁녀를 물러가게 했다.(『고려사』 권2, 경종 6년 7월)

뜬금없이 여자를 언급하는 경종의 유조를 단서로 일부 연구자들은 경종이 왕실 여인들의 강력한 영향력 속에서 자랐고, 즉위 이후에도 외가 쪽 간섭을 받았을 것으로 추측하고 있다. 비록 고려시대 해당 사료가 빈약해 왕실 여인들의 역할이나 왕과의 애정 관계가 구체적으로 적시된 자료는 없지만, 그렇다고 판단할 만한 자료가 없는 것은 아니다.

고려는 왕실부터가 모계제적 성향이 상당히 강했다. 그래서 태어난 왕손은 어릴 때 외가에서 성장했다. 경종이나 대종 왕욱이 외가에서 성장해 왕씨면서도 외가 쪽 세력의 영향을 강하게 받았고, 많은 경우 외가의 이해관계를 대변하는 것도 고려 왕실이 모계 중심이었음을 보여준다. 왕손 중 일부 왕자는 어머니 집안의 출신 지역 이름을 따라서 진주군이니, 경춘원군이니 하는 식으로 불렸다.

특히 성종의 비이자 광종의 딸인 문덕왕후는 이미 태조의 손자인 홍덕원군과 결혼해서 딸까지 낳았던 여인이었다. 또한 순비 허씨는 평양공 왕현에게 시집을 가 3남 4녀를 낳은 과부였지만 충선왕에게 개가해 정비의 자리에 오르기도 했다. 과부들이 왕후로 다시 들어갈 정도로 당시 혼인 풍속은 조선시대와 비교할 수 없을 만큼 개방적이었다.

고려 미술의 천재,
이영

인종 대(1122~1146) 화가 이영李寧은 중국 역사상 미술이 가장 발달했다는 송에서도 인정받은 산수화의 대가였다. 이영은 소년 시절 왕실의 화원이었던 내전숭반內殿崇班 이준이에게서 배웠다. 이준이는 화가 특유의 자부심이 있어서 남을 칭찬하는 일이 없는 사람이었다. 어느 날 인종은 이준이에게 이영이 그린 산수화를 보였다. 물론 누가 그렸다는 말은 하지 않았다. 그림을 본 이준이는 감탄해마지않으며 "이 그림이 만약 타국에 있었다면 신은 반드시 천금을 주고서라도 구입할 것입니다"(『고려사』 권122, 이영 열전)라고 했다.

한번은 송 상인이 인종에게 그림을 바쳤는데 인종은 송의 진귀한 작품인 줄 알고 기뻐하며 이영에게 그 그림을 보였다. 그런데 그 그림은 이영이 그린 것이었다. 이영은 뛰어난 자질로 인종의 총애를 받았고 사신의 수행원으로 송에 가기도 했다.

송 황제 휘종은 그림의 대가였다. 휘종은 이영에게 당시 송의 대가인 왕가훈, 진덕지 등을 가르치게 했다. 또한 휘종은 이영에게 고려와 송의 교류 창구인 예성강을 그리게 했다. 이영이 〈예성강도禮成江圖〉를 그려 올리자 휘종은 "근자에 고려 화공이 사신을 따라서 오는 사람은 많으나 묘수는 이영뿐이다"라고 하며 감탄했다.

고려에서 그림은 국왕에서 화원에 이르기까지 상하를 막론하고 즐기는 예술이었다. 명종, 충선왕, 공민왕 등 그림으로 유명한 왕이 많았다. 도화원 화원으로 고유방, 박자운, 이존부 등도 유명하지만 최고의 화가로는 이영을 꼽는다. 그러나 〈예성강도〉와 〈천수사남문도 天壽寺南門圖〉는 물론 전하는 작품이 한 점도 없어 안타깝다.

한국사   세계사

무신정변 ——— 1170년 ●
                              1170년

조위총 봉기 ——— 1174년 ●

망이·망소이의 난 ——— 1176년 ●

경대승, 도방 설치 ——— 1179년 ●

이의민 집권 ——— 1183년 ●

                              1190년
                          ● 1192년 ——— 일본, 가마쿠라막부 수립
김사미·효심이 난 ——— 1193년 ●

최충헌 집권 ——— 1196년 ●
만적의 난 ——— 1198년 ●

경주 지역 신라 부흥 운동 ——— 1202년 ●

                          ● 1206년 ——— 칭기즈칸, 몽골 통일

                              1210년

                          ● 1215년 ——— 영국, 대헌장 제정
거란족 침입 ——— 1216년 ●
고구려 부흥 운동 ——— 1217년 ●

몽골과 통교 ——— 1219년 ●

몽골 사신 저고여 피살 ——— 1225년 ●

                              1230년

제2장

무신
집권기

시나리오가 있었던
무신의 난

문신 귀족들에게 천대와 차별을 받아온 무신들은
소장파가 중심이 되어 치밀하게 정변을 준비했다.

인종의 뒤를 이어 즉위한 의종은 고려사에서도 보기 드
물게 환락에 취한 임금이었다. 의종은 25년이라는 긴 재위 기간
(1146~1170)을 대부분 술과 놀이로 보냈다. 즉위 초 얼마간은 김부
식과 임원후 등 재신과 대간의 충언에 귀 기울이는 듯했지만 얼마
지나지 않아 노는 데 빠져들었다. 『고려사』나 『고려사절요』의 의종
조 기록에는 임금이 개경 주위의 사찰과 정원 등으로 놀러 다녔다
는 기록으로 빼곡하다.

말년에 이르러서는 궁궐 밖으로 미행하는 일이 잦아졌다.
1164년(의종 18)에는 의종이 술에 취해 혼자 귀법사로 들어간 일도
있었다. 시종 관원들조차 임금의 행방을 알지 못할 정도였다. 의종
은 그날 한밤중이 되어서야 돌아왔다. 또 이듬해 3월에는 보현원으
로 놀러 갔는데 비가 심하게 내리고 기온까지 떨어져 호위하던 군
졸 9명이 얼어 죽은 일까지 발생했다. 의종은 알코올중독자와 같은
모습을 보이기도 했는데 무신의 난, 즉 무신정변이 발생한 1170년

(의종 24) 9월 정중부 등이 왕을 수행한 내시 10여 명과 환관 10여 명을 죽일 때도 술을 마시면서 태연자약했다고 한다. 이 살육의 현장에서 의종은 악사들의 음악을 들으면서 술에 취해 잠이 들었다.

의종이 왜 이토록 환락에 빠졌는지에 대한 이유는 분명히 밝혀져 있지 않다. 다만 『고려사절요』에 따르면 "성품이 노는 것과 잔치를 좋아했고 여러 소인배를 허물없이 가까이하여 화를 당했다"(『고려사절요』 권11, 의종 총서)라고 기록되어 있을 뿐이다.

측근 세력 강화

수찬관으로 『명종실록』 편찬에 참여한 유승단劉升旦(1168~1232)은 "의종이 처음 정치를 할 때 규모를 고루 갖춰 볼 만한 것이 있었다. 진실로 충성스럽고 바른 사람을 얻어 왕을 보좌하게 했다면 반드시 선정하여 후세에 칭찬을 들었을 것이다"(『고려사절요』 권11, 의종 24년 8월) 했다. 사실 즉위 초 의종은 인종 때 약화한 왕권을 안정시키기 위해 큰 노력을 기울였다.

서경 세력을 진압한 김부식 등의 거대 공신 세력은 이미 왕권보다 우위에 있었다. 20세의 나이에 즉위한 의종 역시 세력 관계의 추가 문벌 관료에게 기울어 있다는 사실을 잘 알고 있었다. 의종은 실권을 쥔 문신들에 대항하기 위해 내시와 환관을 육성하고 이들을 통해 정국을 운영하는 방식으로 국정을 장악하려 했다. 내각을 직접 통제할 힘이 없던 왕이 측근 세력을 키워서 행정부를 견제하는 구도였다. 고려시대 내시는 조선시대처럼 환관이 아니라 왕을 측근에서 모시는 유능한 문신 관료로 승지와 같은 위상이었다. 내시들은 왕의 총애를 받았는데, 이 중에는 김부식의 아들 김돈중金敦中(?~1170)도 있었다.

의종은 전통적으로 숭문천무崇文賤武 정책에 따라 홀대당해온 무신 세력에도 관심을 기울였다. 이의민 같은 천민 출신의 군인이 수박手搏을 잘한다 하여 의종의 총애를 받기도 했다. 의종은 격구擊毬를 좋아했다. 자신이 직접 격구를 즐기며 뛰어난 재능을 보이기도 했다. 정중부도 격구를 잘해 의종의 총애를 받았다. 수박이나 격구 실력이 벼슬과 직결된 것을 보면 이는 단순한 놀이가 아니라 무인들의 무예 연마 수단이었음을 알 수 있다. 의종은 또 궁술과 말타기에 능숙한 자를 직접 선발했는데, 이들이 활을 쏘며 훈련하는 모습을 온종일 지켜보기도 했다. 이렇듯 의종이 무예를 즐기자 이는 자연스레 왕의 호위를 담당하는 무신들에 대한 관심으로 이어졌다. 왕 가까이에서 실제 호위를 담당하던 견룡군과 시위군은 좋은 대우를 받았다.

의종이 친위 부대를 구축하고 강화하자 곧바로 문신의 견제를 받았다. 이들은 왕이 수박과 격구를 지나치게 즐긴다고 비판했다. 대간들은 왕의 측근 세력인 환관과 내시를 집중적으로 공격했다. 이때부터 의종은 여러 성분의 측근들과 어울리며 놀러 다니기를 즐겼다. 만수정이나 보현원 같은 정원에서 벌어진 잔치에는 시문을 농락하는 소리가 울려 퍼졌다. 그러나 하급 무인들은 이들을 호위하느라 밥을 굶고 추위에 떠는 일이 잦아졌다. 왕의 호위를 담당하며 한때 관심을 받던 이들이라 상실감은 훨씬 더 컸다.

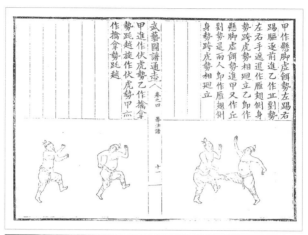

『무예도보통지武藝圖譜通志』중 권법拳法(조선시대, 위)과 고구려 고분 벽화 수박도(아래)

수박은 무인의 필수 무술이었다. 그런데 고려 후기에 와서는 무예라기보다는 일종의 스포츠가 되면서 수박희를 두고 도박을 하는 일까지 생겼다. 조정에서는 수박희로 도박하는 자에게 벌로 곤장 100대를 때렸다. 수박은 단순한 유희적 차원이 아닌 무인의 무예 수련 차원에서 권장되었는데, 조선시대 권법이 이를 계승한 것으로 여겨진다. 권법은 무예를 배우는 첫걸음으로서 조선시대 중기 이후 무과 보병의 시험 과목 중에 들어 있었다.

하급 무인들의 반란 계획

일견 무신정변(1170)은 보현원에서 있었던 우발적 사건처럼 보인다. 그러나 무신정변은 사실 오래전부터 준비되어온 것이었다. 『고려사』에 의하면 무신정변이 처음 거론된 것은 6년 전이었다.

> 1164년에 왕이 인지재로 옮겨갔을 때 법천사 승려 각예가 달령원까지 나와 어가를 맞이했다. 왕이 여기에서 여러 학사와 끊임없이 시를 주고받으니 정중부 이하 여러 장수가 지치고 피곤하여 이를 분하게 여기고 그들을 원망했다. 이리하여 비로소 반역을 꾀할 마음이 생겼다.(『고려사』 권128, 정중부 열전)

『고려사』의 기록이 소략한 것을 생각한다면 무신들이 '반역을 꾀할 마음'이 생겼을뿐더러 실제적인 반란 계획을 세워나가기 시작한 것으로 봐야 한다. 그렇다면 누가 반란을 주도했을까? 정중부였을까? 세밀히 살펴보면 반란의 주동자는 이의방李義方(?~1174)과 이고李高(?~1171)였다. 하급 무인인 이 둘은 애초 반란을 계획하면서 얼굴마담 역할을 할 고위직 무인을 찾았다. 정8품 산원에 불과한 이들이 전면에 나서면 군부 전체가 지지할 가능성은 지극히 낮았기 때문이다.

시기가 언제인지는 정확히 나와 있지는 않지만 『고려사』에 따르면 이의방과 이고가 애초에 정중부에 앞서 찾아간 인물은 대장군 우학유였다. 그러나 우학유는 문신을 제거하기는 쉽지만 화 또한 쉽게 당할 것이라며 반란을 반대했다. 우학유가 거절하자 이의방과 이고가 다음으로 찾아간 인물이 대장군 정중부였다. 정중부에게 반란 제의가 온 것은 보현원에서의 문신 살육이 있었던 1170년(의종 24) 8월이 아닌 4월 화평재 행차 때였다.

화평재에 행차했다. 당시 왕은 걸핏하면 놀러 다니면서 매번 경치가 아름다운 곳에 이르면 번번이 행차를 멈추고 총애하는 문신들과 더불어 술을 마시고 시를 읊으면서 돌아갈 줄을 모르니 호위하는 장수와 군사들이 피곤하여 성을 내었다. 대장군 정중부가 나가서 소변을 보는데 견룡행수 산원 이의방과 이고가 따라와 정중부에게 몰래 말하기를 "오늘날 문관들은 득의양양하여 취하도록 마시고 배부르도록 먹고 있는데 무관들은 모두 굶주리고 피로하니 이것을 어찌 참을 수 있습니까"라고 했다.(『고려사절요』 권11, 의종 24년 4월)

정중부는 우학유와는 달리 "그렇다!" 하며 쾌히 승낙했다. 사서에는 정중부가 26년 전인 1144년(인종 22)에 김부식의 아들 김돈중이 자신의 수염을 태운 일에 원한을 품어 승낙했다고 기록되어 있다. 기록이 사실이라면 정중부는 한순간의 모욕을 26년 동안이나 가슴에 품고 있었던 무서운 사람이다. 그러나 이런 사감이 전부는 아니었을 것이다. 우학유와는 달리 정중부는 야망이 더 컸을 것이다. 당시 무신들 사이에는 문신에 대한 불만이 팽배해 있었다. 우학유 역시 이의방과 이고의 제안에 부친의 말을 빌려 "무관이 문관에게 멸시를 당한 지 오래이니 어찌 분하지 않겠느냐"(『고려사』 권100, 우학유 열전)라고 하며 그 분노에 공감을 표했지만 앞에 나서지는 못했다. 정중부는 정변에 자신의 운명을 던졌다. 그리고 그 시발점은 이의방과 이고가 오래전 반란의 시나리오를 짠 데서 비롯되었다.

김돈중의 실수로 의종 옆에 화살이 떨어진 일이 있었다. 이때 의종이 너무 놀라 범인을 찾았는데 김돈중이 모른 체했다. 의종이 범인을 고발한 자에게는 큰 상금을 준다고 하자 무수한 무고 사건이 일어나 많은 사람이 죽었다. 이를 '김돈중의 유시流矢 사건'이라고 한다.

문신의 씨를
말려라

무신정변을 주동한 세력이 지닌 문신을 향한 증오는 깊었다.
그들은 무신정변을 일으키면서 수많은 문신을 살상하고
주요 관직을 무인들이 차지하게 했다.

반란에 참여를 결심한 정중부가 사태를 주도했다. 1170년
(의종 24) 8월 정변이 일어나기 전날에도 의종은 연복정을 거쳐 흥
왕사로 옮겨 연회를 즐겼다. 의종이 연복정에서 흥왕사로 행차하
자 정중부는 이의방과 이고에게 작전 지시를 내렸다. "지금이 거사
할 때다. 그러나 왕이 만약 연복정에서 궁으로 돌아가거든 그만 참
기로 하자. 만약 또 보현원으로 옮겨간다면 이 기회를 놓치지 말고
거사를 실행에 옮겨야 한다."(『고려사』 권128, 정중부 열전)

놀기 좋아하는 의종은 아무것도 모른 채 결국 8월 30일 흥왕사
에서 보현원으로 발길을 돌렸다. 의종은 보현원에 이르기 전 오문
五門에서 또 술판을 벌였다. 그리고 술자리가 무르익자 의종은 갑자
기 무관들을 불러 오병수박희五兵手搏戱(5인이 한 조로 펼치는 무술 시합)를
하도록 명했다. 무신들의 불만을 모르지는 않았던 의종은 시합의
결과에 따라 상을 내려 이들을 달래고자 했다. 그런데 이런 왕의 자
그만 배려조차 시기하는 문관이 있었다. 대장군 이소응李紹膺이 연

로한 탓에 시합을 벌이다 힘에 밀려 달아나자, 시기하는 마음을 품고 있던 문신 한뢰韓賴가 갑자기 그의 뺨을 쳐 뜰 아래로 떨어뜨렸다. 이를 본 의종과 신하들이 박장대소했고 왕의 측근 문신인 임종식과 이복기는 이소응을 꾸짖고 욕했다.

거사를 계획하고 있던 정중부 일당에게는 더할 나위 없는 명분이 주어지는 순간이었다. 정중부, 김광미, 양숙 등 거사를 모의했던 중진 장군들이 안색을 바꾸며 서로 눈짓했다. 정중부는 "소응이 비록 무부이지만 벼슬이 3품인데 어째서 이렇게 심한 모욕을 주느냐!"(『고려사절요』 권11, 의종 24년 8월)라고 하며 한뢰를 크게 꾸짖었다. 의종은 그제야 정중부의 손을 잡고 말렸다. 이고가 칼을 빼 들며 정중부에게 눈짓을 보냈지만 정중부는 칼을 거두라며 말렸다.

황혼이 깃들어 일행이 보현원에 이르자 이고와 이의방이 보현원에 먼저 들어가서 왕의 명령이라 속이고는 순검을 모아두었다. 왕이 문에 들어가고 모든 신하가 물러 나올 때 임종식과 이복기를 문 앞에서 죽였다. 문제의 발단이 되었던 한뢰는 사태를 짐작하고는 왕의 옷에 매달렸으나 곧바로 살해당했다. 그리고 살육전이 시작되었다. 처음 거사할 때 정중부, 이의방 등은 이렇게 약속했다. "우리는 옷의 오른쪽 어깨 부분을 찢어 어깨를 드러내고 복두는 벗기로 하는 것을 표시로 하고, 그렇지 않은 자는 모두 죽이자." 이런 약속을 했기에 문신들은 물론이고 복두를 벗지 않은 무신들도 죽임을 당했다. 수십 명의 호종 문관과 대소 신료와 환관들이 살해당해 시체가 산더미처럼 쌓였다. 이때 의종은 무신들을 무마한답시고 여러 장병에게 검을 하사했다. 그러나 이 때문에 무신들이 한층 더 자신만만해져 사태는 걷잡을 수 없이 커졌다.

무인 천하가 시작되다

그런데 문제가 생겼다. 무신들은 정중부의 원수이자 의종의 총신인 김돈중이 몰래 빠져나갔다는 사실을 알게 되었다. 이들은 김돈중이 개경으로 가 태자를 받들고 성문을 굳게 방어하면 모든 게 허사가 되리라 판단했다. 정중부 일파는 김돈중의 집으로 사람을 보내 염탐하게 했고 아무런 인기척이 없자 승리를 확신했다.

반란군은 일부 병력으로 의종을 지키게 한 뒤 이고, 이의방, 이소응 등을 필두로 개경에 입성해 왕궁으로 난입했다. 궁은 곧 지옥으로 변했다. 별감 김수장, 추밀원부사 양순정, 사천감 음중인 등 숙직하고 있던 모든 관료는 살해당했다. 태자궁에도 난입해 행군별감 김거실, 원외랑 이인보 등도 죽였다.

왕궁을 점령한 반란군은 다시 대로로 나와 병사들에게 이렇게 외쳤다. "문신의 관을 쓴 자는 비록 서리胥吏라 하더라도 모조리 죽여 씨를 남기지 마라." 그러자 사졸들이 일제히 봉기해 판리부사 허홍재, 동지추밀원사 서순, 상서우승 김돈시 등 대소 관료 50여 명을 찾아내 죽였다. 의종은 정중부에게 난을 그치게 할 방도를 마련하라고 했는데, 정중부는 "예예"라며 답만 할 뿐이었다. 의종은 어쩔 수 없이 이고와 이의방을 중랑장으로 삼고 나머지 무신 중 상장군은 수사공복야守司空僕射로, 대장군은 상장군으로 진급시켰다. 반란을 인정한 셈이었다.

정중부 등이 왕을 대동하고 환궁했을 때 환관인 왕광취 등이 반란군을 제압하려 했으나 한숙 등에 의해 계획이 누설되어 죽임을 당했다. 의종의 입지는 더욱더 좁아져 군기감으로 유폐된 뒤 거제현으로 추방되었다. 태자 역시 영은관으로 옮겨졌다가 진도현으로 추방당했다. 태자의 어린 아들은 피살되었다.

의종은 왕위에 있으면서도 개경의 3곳에 사저를 짓고 이를 관북택館北宅, 천동택泉洞宅, 곽정동택藿井洞宅이라고 이름 붙이고는 재산을 축적해 거금을 쌓아놓았다. 이 사저들을 정중부와 이고, 이의방이 모두 나누어 차지했다. 그럼 보현원에서의 참살을 겨우 피한 김돈중은 어떻게 되었을까?

보현원의 변란에 김돈중도 왕의 행차를 따라갔는데, 길에서 변란의 소식을 듣고 거짓으로 취한 척하며 말에서 떨어져 감악산으로 도망쳐 들어갔다. 정중부가 묵은 원한을 갚고자 하여 매우 급하게 현상금을 걸었다. 김돈중이 몰래 종자에게 개경 집의 안부를 살피게 했는데, 종자가 큰 포상을 탐내어 고발하여 사천 강변에서 살해당했다.(『고려사』 권98, 김부식 열전)

저항 세력을 완전히 진압하고 논공행상까지 이루어지자 정변은 마무리되었다. 반란군은 1170년 새로운 임금으로 의종의 동생인 익양공 호皓를 옹립했다. 그가 19대 왕 명종이다. 명종이 즉위하면서 정중부가 참지정사에 발탁되는 등 무신들이 조정의 고위직을 대거 차지했고 문신은 요직에서 거의 배제되었다. 200여 년을 지속한 문신 중심의 정치 체제가 일거에 무너지는 순간이었다. 이로부터 약 1270년(원종 11)에 이르기까지 꼬박 100년간 무신정권 시대가 이어진다. 이제 고려는 딴 세상이 되었다.

서희, 강감찬, 윤관 등 고려를 전란에서 구한 많은 장군은 대부분 문관이었다. 무신들은 군의 최고위직에 오를 수 없었고 문신이 군사 지휘권을 가졌다.

무신정권 수립의 실세는 하급 무인들

하급 무인들은 무신정변에 성공한 후 정국을 이끌었다.
무신정변을 주도한 인물 중 이고와 채원은
또 한 번의 반란을 기도하다 제거되었다.

명종이 즉위하면서 반란 세력의 관직은 수직 상승했다. 정중부, 양숙 등 대장군 출신은 종2품 참지정사에 올랐다. 이전에 무신으로서는 오를 수 없었던 벼슬이다. 정8품의 산원이었던 이고와 이의방은 일약 종3품 대장군의 자리에 올랐다. 정중부가 대장군이라는 벼슬에 오르는 데 20여 년이 걸린 것을 생각하면 무관 고위직에 한번에 올라서는 파격적인 인사였다. 그러나 이런 명목상의 품계는 별로 중요하지 않았다. 정변을 주도한 세력인 만큼 이의방 등의 소장파는 관직의 서열과 관계없이 고려 정계를 좌지우지하는 위치에 서게 되었다. 그들의 권력은 얼굴마담이었던 정중부도 두려워할 만큼 막강했다. 군부의 고위 장군이었던 정중부나 양숙, 이소응 등과 달리 지킬 기득권이 별로 없었던 소장파는 반란에도 몸을 사리지 않고 온몸을 던졌고 집권한 이후에도 강경 일변도였다. 소장 세력의 반란에 대한 태도는 다음과 같은 정중부와 이의방의 대화에서 확연히 드러난다.

이떤 사람이 정중부와 이의방에게 "김돈중이 이번 일을 미리 알고 도망갔다"라고 말했다. 정중부 등이 놀라서 말하기를 "만약 김돈중이 성에 들어가 태자를 받들고 성문을 닫고 굳게 방어하면서, 반란 두목을 체포하라고 아뢴다면 사태가 매우 위태로워질 것인데 어쩌면 좋겠는가?"라고 했다. 이의방이 말하기를 "만약 그렇게 된다면 나는 남녘으로 가서 바다에 몸을 던지거나 아니면 북녘으로 가서 거란족에게 투신하여 피하겠다"라고 했다.(『고려사』 권128, 정중부 열전)

문관들에게 천시당하며 사느니 목숨을 버리겠다는 게 이의방의 생각이었던 것 같다. 결연하게 정변에 전부를 걸었던 이의방, 이고, 채원 등의 소장파가 정국을 주도했다.

반목의 시간

이고와 채원은 환궁한 의종을 살해하려 했지만 양숙이 말려 그만두기도 했다. 이들이 지휘하던 순검군은 왕실의 재산이 쌓여 있는 내탕에 들어가 진귀한 보물을 도둑질했다. 또 이들이 살해된 문신의 집을 모조리 철거하려 하니 이때도 온건과 중진인 진준이 강력히 반대했다. "우리가 미워하고 원망한 이는 이복기와 한뢰 등 4, 5명에 불과한데, 지금 무고한 이들까지 죽인 것만으로도 이미 심하다. 만약 그 집을 모두 철거해버린다면 그 처자는 장차 어디에 얹혀 살란 말인가!"(『고려사절요』 권11, 의종 24년 9월) 그러나 이 같은 온건한 주장은 무시되었다. 그 뒤로 무인들은 원한이 있으면 상대의 집을 번번이 허물어버렸다. 명종이 즉위한 지 얼마 되지 않아서는 무신들이 살아남은 문신들을 전부 중방重房(무신 집권기 정치의 중심 기관)으로 부른 일이 있었다. 이때도 이고는 이 문신들을 모조리 죽이려고 했다. 그러나 중진인 정중부가 이를 제지해 문신들이 살아남을 수 있었다.

이런 강경 드라이브를 펴며 정국을 주도하던 소장파의 단결은 얼마 되지 않아 깨졌다. 반란 세력 중 문신에게 가장 큰 적개심을 보이며 많은 이를 죽인 이고가 또다시 권력을 독점하기 위해 반란을 모의했다. 이고는 출신지조차 밝혀지지 않을 정도로 가문의 배경이 미비했다. 이고는 자신과 정중부, 이의방이 분점한 권력을 독점해 고려 사회 자체를 뒤엎고자 했다.

이고는 은밀히 무뢰배들과 법운사 승려 수혜, 개국사 승려 현소 등과 결탁해 밤낮으로 모여 술을 마시며 반란을 공언했다. "대사만 성공하면 너희들은 모두 높은 자리에 오를 것이다."(『고려사절요』 권 12, 명종 1년 1월) 이런 공언과 함께 이고는 예비 조정까지 설치했다. 일종의 비선 조직인 셈이다. 그러나 이런 꿈도 한때일 뿐이었다. 태자의 가관식 때 반란을 일으키려 했던 이고의 계획은 김대용의 밀고로 실패로 돌아가고 말았다. 이고의 사령이 교위 김대용의 아들 이었는데, 그 음모를 듣고 김대용에게 보고했던 것이다. 김대용은 개인적 친분이 있던 내사장군 채원에게 말했고, 채원은 순검군을 동원해 이고 일당을 철퇴로 때려죽였다. 그뿐만 아니었다. 이고의 모친과 일가붙이도 전부 잡아 죽였다. 다만 이고의 부친만은 귀양에 그쳤다. 이고의 부친은 평소 불초한 아들을 자식으로 생각지 않았고 이 사실을 정중부와 이의방 등이 잘 알고 있었기 때문이다.

그로부터 3개월이 지나 이번에는 채원이 조정의 신하를 모조리 죽일 음모를 꾸몄다. 이 음모 역시 탄로 나 채원의 문객과 무뢰배들이 죽임을 당했다.

칼로 흥한 자, 칼로 스러지나…

이제 이의방이 권력을 장악했다. 이의방의 시대였다. 정중부조차 이고와 채원이 주살되자 아예 벼슬을 내놓고 집 밖으로 나오질 않았다. 그러나 정중부를 배제하고서는 무신정권을 유지하고 운영하기 어려웠다. 군부의 고위 인사들은 정중부를 지지하고 있었다. 이런 정중부를 회유하기 위해 이의방 형제는 그의 집으로 찾아가 복귀를 권했다. 그리고 부자의 결의를 맺자고 청했다. 정중부는 안전을 보장받자 이의방과의 관계를 새로이 하고 정계로 복귀해 무신정권을 공동으로 운영했다. 그러나 일인자의 자리는 여전히 이의방의 것이었다.

이의방은 이제 거리낄 게 없었다. 부하 장군들과 함께 중방에 기녀를 데려다 북치고 노래하며 놀아도 이의방을 말릴 사람은 아무도 없었다. 떠들며 노는 소리는 임금의 내전에까지 들렸다. 이의방은 딸을 태자비(강종 비 사평왕후 이씨)로까지 들였고 자신의 벼슬은 정3품 좌승선까지 올랐다. 물론 이런 벼슬은 명목일 뿐이고 그의 권력은 문하시중은 물론 임금을 넘어섰다.

이의방이 권력을 독점하기 시작하자 시위와 반란이 끊이지 않았다. 1173년(명종 3) 8월에는 동북면병마사 간의대부 김보당이 군사를 일으켜 무신정권에 반발했다. 김보당의 난은 발발 2개월 만에

명종 대 무신정권 교체 과정

1170년

이고·이의방

1174년

정중부

1179년

경대승

1183년

이의민

1196년

이의방에 의해 진압되었다. 그러나 김보당의 난으로 위기의식을 느낀 이의방은 문신을 대거 살해하여 고려 조정을 공포 분위기로 몰아넣었고, 정중부는 이의민을 보내 유배 중이던 의종을 살해하게 했다.

억압은 공포를 불러일으키지만 반감을 증폭시키기 마련이다. 1174년 귀법사 승려 100여 명이 이의방 정권에 반기를 들며 도성 북문으로 침입했다. 이에 이의방이 군사를 인솔하여 승려들을 물리쳤다. 그러자 다음 날 중광사, 홍호사, 귀법사, 홍화사 승려 2000여 명이 도성 동문에 집결해 시가전을 벌였다. 이때도 이의방이 승려 수백 명의 목을 베었지만 관군의 피해 역시 적지 않았다. 이의방은 이후 군에 명하여 성문을 지키게 하고 승려들의 출입을 금지했다. 또 이의방은 관군에 명하여 중광사, 홍호사, 귀법사 등을 부수었다. 이런 무리수에 그의 형 이준의가 반발하기도 했다.

이준의가 꾸짖으며 이의방에게 말하기를 "너에게는 3가지 큰 잘못이 있다. 첫째 임금을 내쫓고 시해하고서 그 집과 애첩을 차지한 것, 둘째 태후의 여동생을 위협하여 강간한 것, 셋째 정사를 마음대로 한 것이다"라고 했다. 이의방이 크게 화를 내면서 칼을 빼 들고 형을 죽이려고 했다. 문극겸이 이를 저지하면서 말하기를 "동생이 형을 죽이는 것은 잘못

중에서 가장 큰 것입니다. 어찌 다른 사람들의 얼굴을 볼 수 있겠습니까? 만약 제 말을 듣지 않으려 한다면 먼저 저를 죽이십시오"라고 했다. 이의방은 평소 문극겸과 친했고 그의 동생 이린이 문극겸의 사위였기에 그 말을 따랐다. 이준의가 서문으로 달아나니 이의방이 스스로 칼을 빼들어 그의 가슴을 찌르고 쓰러졌다.(『고려사』 권128, 이의방 열전)

승병의 반기와 내부 분쟁으로 기반이 흔들린 이의방에게 결정타가 날아왔다. 1174년 서경유수 조위총이 정중부와 이의방의 무신정권 타도를 외치며 난을 일으켰다. 절령 이북의 40여 성이 조위총에 호응하며 고려군은 개경군과 서경군으로 나뉘게 되었다. 이의방이 직접 진압에 나섰지만 조위총의 서경군을 함락하지 못하고 패배한 채 개경으로 회군했다. 회군한 이의방은 정계를 또다시 농단했지만 이제 그의 편은 많지 않았다. 서경군을 치기 위해 다시 군사를 이끌고 나가던 이의민은 개경문 밖에 잠복해 있던 정중부의 아들 정균의 칼에 맞고 쓰러져 생을 마감했다. 이의방이 쓰러지자 이준의를 비롯해 고득원, 유윤원 등의 측근들도 함께 제거되었다. 태자비였던 이의방의 딸 역시 반역자의 딸로 낙인찍혀 왕궁에서 쫓겨났다. 무신정권 시대를 열었던 이의방의 집권 기간은 불과 4년에 불과했다.

> 조위총의 반란은 반무신정권을 향한 문신 세력의 반격 같기도 하다. 그러나 개경 무신 집권자와 무신 귀족의 탐학과 수탈에 대한 반발로 서북면 농민들이 일으킨 사건이며 민중 봉기적 성격이 강했다.

온건파가 장악한
약체 무신정권

이의방을 제거한 정중부가 무신정권의 일인자가 되었다.
정중부는 이의방과 달리 무신 집단의 합의에 의존하는 정치를 폈다.

정중부鄭仲夫(1106~1179)는 해주 사람으로 눈동자가 모지고 이마가 넓어 용모가 우람하고 남자다웠다. 게다가 얼굴이 백옥 같고 수염이 아름다운 7척의 위풍당당한 미남이었다. 이런 용모 때문에 주州의 군적에 올라 개경으로 왔을 때 재상 최홍재가 직접 선발하여 공학금군에 편입시켰다고 한다. 궁궐을 지키는 금군이니 왕실의 경호실 요원으로 뽑혔던 셈이다.

인종 때 처음으로 견룡대정이 되었고 의종 초에는 교위를 거쳐 대장군에 올랐다. 의종은 그를 총애하여 고관만 드나들 수 있는 수창궁 북문을 무시로 이용할 수 있게 했다. 이에 1147년(의종 1) 어사대에서 처벌하라는 요청도 있었으나 의종이 응하지 않을 정도였다. 그러나 대장군까지 순조로웠던 승진이 65세가 되도록 상장군 진급이 이뤄지지 못하자 정중부는 불만을 품었다. 무신에 대한 천대와 승진 좌절, 이것이 정중부가 이고와 이의방의 반란 계획에 동조하는 원인이 되었다.

무신정변 이후 정중부는 문관의 품계를 받고 참지정사에 제수되었다. 이고나 이의방보다 벼슬의 품계는 높았지만 실권은 많지 않았다. 정변 직후 세상은 이고와 이의방의 손에 있었다. 그러나 이인자의 지위에서 은인자중하던 정중부에게 곧 기회가 찾아왔다. 이고와 채원은 무신정변 직후 이듬해인 1171년(명종 1) 또 다른 정변을 계획하다 발각되어 이의방에게 제거되었고, 이의방 역시 무리한 문신 제거와 공포정치로 1174년에 이르러서는 극도의 반감을 사고 결국 정중부의 아들 정균에게 살해되었다. 드디어 정중부 세상이 되었다.

노장들의 온건책

정중부는 65세의 나이로 무신정변에 참여한 노장이었다. 정중부가 최고 권력자의 자리에 올랐을 때는 69세였다. 정중부와 함께 정권의 상층부를 이룬 양숙, 경진, 기탁성 등은 이의방의 무력에 눌려 지내던 상급 무인들로 무신정변 이전에 상장군과 대장군 등 고위직을 지낸 노장들이었다. 그만큼 구체제에 익숙했다. 1174년 정중부가 문하시중에 올라 국정의 전면에 나서고부터는 이의방 때와는 달리 변화의 속도가 급격히 느려졌고 하급 무인들의 벼락출세는 찾아볼 수 없게 되었다.

정중부는 무신정변 이전의 관행에 매여 있었다. 정중부는 집권 이듬해인 1175년(명종 5)에 70세가 되었다. 고려의 관행상 70세면 정년퇴직할 나이였다. 이를 벼슬을 사임하고 물러간다고 하여 치사致仕라 했다. 최고위직에 오른 지 1년 만에 그 자리에서 내려오기

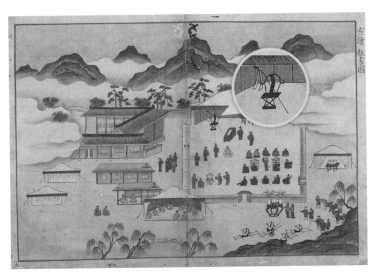

선독교서도宣讀敎書圖 · 경기도박물관

영중추부사 이경석李景奭이 1668년 궤장을 하사받는 연회를 그린 『사궤장연회도첩賜几杖宴會圖帖』 중 왕의 교
서가 낭독되고 있는 절차를 그린 것이다. 70세가 넘는 신하에게 공경의 뜻으로 나라에서 의자几와 지팡이杖
등을 주는 풍습이 있었다. 벼슬이 정승까지 올랐어도 70세까지 수를 누린다는 것은 드문 일이었기 때문이다.

는 싫었을 것이다. 낭중 벼슬에 있던 장충의가 정중부의 마음을 헤
아려 이런 힌트를 준다. "왕이 재상에게 궤장几杖(임금이 나라에 공을 많
이 세운 70세 이상의 늙은 대신에게 하사하던 의자와 지팡이)을 내리면 비록
70살이 되어도 치사하지 않습니다."(『고려사』권128, 정중부 열전) 한마
디로 꼼수다. 정중부가 이런 꼼수를 받아들여 왕에게 궤장을 얻어
낸 것은 물론이다. 이런 점에서 정중부는 구체제 논리에 익숙했다
고 볼 수 있다. 이의방이나 이고라면 무시했을 절차였다.

정중부가 이끄는 중방에서는 무관의 벼슬길을 제한하는 조치를
취하기도 했다. 중방에서 장군 홍중방이 "동계와 북계 양계의 주진
판관州鎭判官에 무관을 임명하는 것을 허락하지 마십시오"(『고려사절

요』 권12, 명종 7년 4월)라고 청하자 이견의 여지 없이 받아들였다. 무신정변 이전에는 주와 진의 판관은 문관만 임명되었던 자리다. 그런데 이의방 정권이 들어서며 중간급의 무관도 주진판관으로 나갈 수 있었다. 무관이 문관직에 나가는 것이나 무신이 문신직을 겸하는 것을 제한하는 조치는 구체제를 크게 벗어나지 않으려는 고위급 무인들의 성향을 잘 드러내준다. 그들은 이미 문신직으로 전환해 있었다.

확보된 무신의 권리를 제한하려는 상층부 무인의 이런 조치에 하급 무인들은 강력히 반발했다. 이 논의를 주도한 홍중방이 거리로 나오자 무관 김돈의 등 6명이 길을 막고 욕을 해댔다. 홍중방을 능멸한 김돈의 등은 얼굴에 홈을 내고 먹물로 죄명을 찍어 넣어 귀양에 처했다. 그러나 하급 무인들의 대대적인 참여 속에 이뤄진 무신정권이었던 만큼 그들의 반발을 무조건 막을 수는 없었다. 곳곳에 포진해 있는 중간급 이하 무인들의 실력은 무시 못 할 힘이었다. 정중부 정권 통제력은 그다지 크지 못했다. "지금 중방에서 일을 행하면 장군방에서 저지하고 장군방에서 의견을 내면 낭장방郎將房에서 저지한다. 서로 모순이 되니 정령政令이 발표되어도 민民이 따르지 못하게 되었다"(『고려사』 권101, 송저 열전)라는 말이 나올 정도였다. 정중부 정권은 그야말로 중구난방이었던 약체 정권이었다.

권력의 부패로 제거당해

하급 무인에 대한 통제력 저하에도 집권자 정중부는 아들 정균과 함께 권력을 휘둘러 백성을 갈취했다. 논과 밭은 경계를 모를 정

도였고 정중부 일가와 수하들은 갖은 횡포를 부렸다. 특히 아들 정
균과 사위 송유인의 부정과 탈법은 만인의 공분을 불러일으켰다.

광덕리에 인종의 비 공예태후의 별궁이 있었는데 화재로 소실된
후 거처하지 않았다. 1178년(명종 8) 정균이 이를 알고 그곳을 태후
에게 무상으로 얻어서 집을 짓는 공사를 거창하게 벌였다. 당시 명
종은 수창궁에 거처하며 70세 태후의 병을 간호하고 있었다. 정균
의 사저 공사장과 수창궁과의 거리는 불과 100보도 되지 않았다.
공사장의 엄청난 소음이 온종일 들려왔다. 보통의 노인 환자라 하
더라도 불편함을 호소할 터인데 명종과 태후는 정균이 두려워 공
사를 멈추라는 말을 차마 할 수 없었다. 게다가 정균은 본처를 버리
고 상서 김태영의 딸을 겁탈해 혼인했음에도 공주까지 욕심을 내
또다시 혼인하려 했다. 이런 전횡에 명종은 전전긍긍했다.

사위인 송유인의 오만과 횡포도 정중부나 정균에 못지않았다.
1178년 임금이 팔관회 때 재상들에게 보내는 화주花酒가 자신에게
는 늦게 도착했다 하여 분노하고 받지 않을 정도였다. 이에 왕이 승
선을 보내 간곡히 송유인을 달래 화를 풀게 했다고 한다. 송유인은
재물 욕심도 많았다.

옛 제도에 재상이 왕의 명을 받아 금에 갈 때는 수행원의 수가 정해
져 장사로 이익을 보려는 사람은 사신에게 은 몇 근斤을 주어야만 따라
갈 수 있었다. 내시낭중 최정이 생일회사사가 되어 금으로 가는데, 송유
인이 자신의 종을 한 명을 데리고 가달라고 부탁했다. 이때 최정이 이미
뇌물을 받고 데려가려는 사람들의 숫자가 차서 더 데리고 갈 수 없었다.

물론 이 일로 송유인에게는 손끝 하나 댈 수 없었다. 송유인은 교활하기 이를 데 없는 인물이었다. 게다가 송유인은 왕의 허락을 받아 수덕궁에 기거했는데, 부귀와 사치가 왕실을 능가할 정도였다. 그는 특히 무신정권에서나마 최고의 문신으로 인정받았던 문극겸과 한문준을 터무니없는 이유로 탄핵하여 문신들의 반발을 사기도 했다.

정중부 정권은 이렇듯 주변 친인척의 전횡으로 민심을 잃은 데다 하급 무인들의 욕구를 가로막아 위기에 몰렸다. 무인의 지지조차 받지 못하는 정중부 정권의 운명은 더 이상 연장이 불가능했다. 결국 1179년 정중부와 정균은 청년 장군 경대승의 칼에 운명을 다할 수밖에 없었다.

정중부의 사위 송유인은 무관으로 문관들과도 친했다. 무신정변 이후 홀로 고립되자 화가 미칠 것을 염려해 자신의 본처를 섬으로 보내고 실력자 정중부의 딸과 혼인해 권력을 손에 넣은 인물이다.

무신정권을 부정하는
무신의 집권

경대승은 구체제로 복귀하기 위해 정중부를 제거했다.
하지만 구체제로 복귀할 기반이 없었던 경대승은 도방에 의존해야 했다.

경대승慶大升(1154~1183)은 청주 출생으로 무신정변 이후 중서시랑평장사를 지낸 경진慶珍의 아들이었다. 어렸을 때부터 힘이 출중했고 큰 뜻을 품은 인물이었다. 경대승에게는 무엇보다 대망을 실현하기에 충분한 가문의 배경이 있었다. 아버지 경진은 무신정변 이전에도 대장군을 지냈을 것으로 추정되며, 무신정변에는 참여하지 않았지만 군부에서의 위치를 배려해 정중부 집권 후 지문하성사에 임명되었다. 기록에 따르면 경진은 정2품 중서시랑평장사까지 올랐다고 한다. 경대승의 동생은 이소응의 사위였다. 이소응은 의종 앞에서 오병수박희를 하다 문신 한뢰에게 뺨을 맞아 정변을 촉발했던 대장군이다. 경대승의 누이 역시 중서시랑평장사에 오른 김준의 부인이었다. 한마디로 청주 경씨는 무반 가문 중 최고의 명문가였다.

이런 가문을 배경으로 경대승은 1168년(의종 22) 15세의 나이로 정9품의 무관직인 교위에 올랐다. 음서로 관직에 오른 것이다. 그리고 견룡행수를 거쳐 1178년(명종 8)에 정4품 장군직에 올랐다. 관직에 오른 지 10년 만의 일이었다. 정중부가 20여 년의 세월을 기다려 장군직에 오른 것과 완연히 대비되는 이례적인 승진이었다.

경대승의 정치적 성향은 아버지와는 달랐다. 아버지 경진은 탐욕스러워 타인의 토지를 불법적으로 강탈하여 많은 재산을 모았다. 그러나 경대승은 아버지가 죽자 강탈한 토지 문서를 군대에 바치고 논 한 뙈기도 남기지 않아 많은 이가 탄복했다. 아버지 경진이 무신정변을 계기로 재상의 자리에까지 올랐지만 경대승은 무신정변을 부정했다. 기록에 따르면 "항상 무인들의 불법한 일에 분개했는데, 복고에 뜻이 있어 문관들이 의지하며 중하게 여겼다."("고려사절요』 권12, 명종 13년 7월, 경대승 졸기) 즉 경대승은 무신정변 이전의 왕과 문신 중심의 정치 체제를 지향했다.

짧고 치밀했던 거사의 밤

경대승은 정중부의 전횡에 분개하면서 제거할 날을 기다렸다. 그러나 거사에 나서기에는 정중부 세력의 힘이 너무 컸다. 때를 기다리자 기회는 왔다. 정중부의 아들 정균이 무리하게 명종의 딸 수안궁주와 혼인하려고 하자 왕의 심기가 불편해졌고 조정 대신들은 반발했다. 게다가 정중부의 또 다른 한쪽 팔인 송유인 역시 문관과 무관들 모두에게 신임을 받고 있던 문극겸과 한문준을 탄핵하여 좌천시킨 일로 인심을 잃어 조정 관료들의 불만을 샀다.

1179년(명종 9) 9월 경대승은 거사를 결심했다. 우선 견룡군 소속 허승과 대정 김광립·김준익과 뜻을 맞춰 거사 계획을 세웠다. 경

『**고려사**』 **열전 경대승 부분** · 국사편찬위원회

이의방, 정중부, 이의민을 비롯해 최씨 무신정권 집권자들과 마지막 집권자 김준, 임연 등이 모두 『고려사』 반역 열전에 올라 있는 것과 달리 경대승은 일반 열전에 전기가 실려 있다. 정중부 일파를 제거하고 약 4년간 집권하면서 다른 무신 집권자들과는 다른 행보를 보였기 때문이다.

대승은 사적으로 거느린 결사대 30명을 규합했다. 거사일 밤, 허승은 궁궐에 들어와 있던 정균을 살해하고 휘파람을 불었다. 신호에 맞춰 경대승은 결사대를 인솔하여 왕궁으로 진입해 대장군 이경백, 지유 문공려 등 숙직하는 인사들을 모두 제거했다. 그리고 놀란 명종을 안심시킨 뒤 왕명으로 정중부와 송유인, 송군수(송유인의 아들)를 체포하는 데 금군을 출동시킬 것을 청했다. 왕명을 받아 출동한 금군은 도망가던 정중부 일파를 민가에서 체포한 뒤 모조리 죽였다. 거사는 치밀하게 준비한 만큼 한순간에 끝났다.

명종은 경대승에게 정균의 자리였던 승선 자리를 주려 했지만 거절했다. 승선은 예전에 문신이 받았던 직위였으므로 구체제 복고를 거사의 명분으로 삼은 경대승이 받을 수 없는 자리였다. 대신 경대승은 막후 실력자로 남길 원했고 실제로 이후 조정에 막강한 영향력을 행사했다. 경대승은 집권하면서 잠재적 반대 세력이 될 만한 인사인 이부시랑 오광척과 정중부와 가까웠던 장군 김광영, 지유 석화, 중랑장 송득수·기세정 등을 모조리 죽였다. 이제 정중부 일파는 거의 제거된 듯했다. 조정의 문무 관료들이 대궐로 들어와 경대승에게 축하 인사를 하기에 바빴다. 그러자 경대승은 "임금을 죽인 자가 아직도 남아 있는데 무슨 축하인가?"(『고려사』 권100, 경대승 열전)라고 냉담하게 말했다. 이는 전왕 의종을 살해한 이의민을 두고 한 말이었으나 듣기에 따라서 무신정변에 참여한 무인 전부를 가리키는 말이기도 했다. 이의민은 이 말을 듣고 위험을 느껴 고향 경주로 내려가기까지 했다. 다른 무인들 역시 숨죽일 수밖에 없었다. 개경의 정세는 삼엄하기 이를 데 없었다.

도덕적 실력자의 측근은 불량배 일색

무관들 일부가 공공연히 말하기를 "정 시중이 앞장서 대의를 부르짖고 문관들을 억눌러 여러 해 쌓였던 우리들의 분을 씻어주어 무관의 위세를 펼쳤으니 그 공이 막대하다. 지금 경대승이 하루아침에 4명의 공을 죽였으니 누가 그를 토벌할 것인가?"라고 했다.(『고려사』 권100, 경대승 열전)

경대승은 막상 권력을 잡았지만 누가 언제 자신의 목을 겨눌지 몰랐다. 그는 공포에 사로잡혀 있었다. 그래서 무예가 출중한 결사대 백 수십여 명을 모집해 이를 도방都房이라 부르며 자신의 집 안에 두고 불의의 사태에 대비했다. 도방 정치가 시작되고도 경대승은 몸을 사렸다. 긴 베개와 큰 이불을 만들어 여러 명이 한꺼번에 자며 숙직을 서게 했다. 경대승 자신도 가끔은 도방의 장사들과 한 이불을 덮고 자며 성의를 보였다. 그렇게 사저에 머무르다 국가에 큰일이 있으면 직접 나가 결정권을 행사했다.

그러나 집 안에 도당을 설치해도 불안감은 가시지 않았다. 도방의 부하를 저잣거리로 보내 유언비어를 탐문하고 불온한 자는 즉시 잡아다 심문하며 대형 옥사를 연이어 만들었다. 그야말로 공포정치였다.

> 당시 개경에 도적들이 많이 일어났는데 스스로 경대승의 도방이라 일컬었다. 유사有司에서 체포하여 옥에 가두면 경대승이 그때마다 석방했다. 이로 말미암아 도적들이 약탈을 공공연하게 자행하면서 아무 거리낌이 없었다. 경대승의 문객이 길에서 어떤 양가의 자제를 죽이자 유사에서 체포하여 죄를 다스리려고 했지만 경대승이 힘써 구해 피할 수 있었다.(『고려사』 권100, 경대승 열전)

엄격한 도덕률을 내세우는 경대승이 정작 자신의 안위를 위해서는 파렴치한 범법자를 구제해주니 아이러니가 아닐 수 없다.

권력의 비정함이랄까. 자신과 함께 정중부 제거에 앞장섰던 허승과 김광립도 경대승의 손에 제거되었다. 그들이 정중부 세력을 제거했다는 공을 믿고 방약무인한 행동을 하며 불량배를 은밀히 양성했다는 죄목이었다. 물론 이는 외적 명분이었다. 허승과 김광립이 태자를 지척에서 모시며 후대를 기약하는 데 경대승은 위협을 느꼈다. 권력 유지에 경쟁자는 가장 위험한 존재였다.

1181년(명종 11)에는 전 대정 한신충, 채인정, 박돈순 등이 반란을 모의한 일이 있었다. 영사동정 대공기의 밀고로 불거진 이 사건으로 한신충, 채인정 등이 귀양을 가게 되었다. 반란을 모의하고도 사형이 아닌 귀양으로 처리된 것은 단순 무고 사건일 가능성이 컸다. 경대승 치하의 도방 정치는 행하는 자나 당하는 자나 공포의 도가니에 빠져 있었다.

명종은 경대승을 꺼리면서도 감히 표현하지 못하고 오히려 금은보화와 귀한 음식과 옷을 내려주며 환심을 사려 했다. 경대승의 말이라면 안 들어주는 게 없었다. 그러나 숨 막히는 공포정치에 경대승이 가장 먼저 질식되었다. 신변이 위협받고 있다는 긴장의 연속이 경대승을 죽음에 이르게 했다. 1183년 경대승은 정중부가 칼을 들고 호통치며 달려드는 꿈을 꾸고 갑자기 병을 얻어 죽었다. 그의 나이 서른이었고 집권 4년 만이었다.

도방은 경대승이 조직한 사병 집단으로 망나니, 도둑까지 포함된 협객 무리였다. 이들은 정변의 무력적 기반이자 경대승 정권을 지지하는 친위대로 활동했다.

천인 출신 장사 이의민의 장기 집권

경대승이 죽은 후 이의민은 명종의 암묵적 지지를 받아
최고 권력자 자리에 올랐다.

1170년 무신정변 이후 1196년(명종 26) 최충헌이 정권을 잡기까지 4명의 집권자가 있었다. 이의민李義旼(?~1196)은 이 4명의 실력자 중 가장 미천한 신분 출신이었다. 아버지 이선李善은 소금과 체締를 파는 장사꾼이었고 어머니는 연일현 옥령사 노비였다. 고려 사회에서 가장 하층이라 할 수 있는 계층에 속했던 것이다. 천민에서 재상으로 수직 상승했던 이의민의 일생은 한 편의 드라마였다.

이의민이 어렸을 때 이선은 이의민이 푸른 옷을 입고 황룡사 구층목탑에 올라가는 꿈을 꿔 아들이 반드시 큰 귀인이 되리라고 생각했다. 그러나 꿈은 꿈일 뿐이었다. 청년 이의민은 두 형과 함께 힘자랑하며 고을 구석구석을 돌아다니는 무뢰배로서 마을 사람들의 골칫거리였다. 안렴사 김자양이 이의민 형제를 잡다 고문했는데, 두 형은 죽고 이의민만 살아남았다. 김자양은 이의민의 비범함을 알아보고 경군京軍으로 뽑았다. 힘이 셌던 3형제 중에서도 이의민은 키가 8척(약 2미터)에 힘이 호랑이 같았기 때문이다.

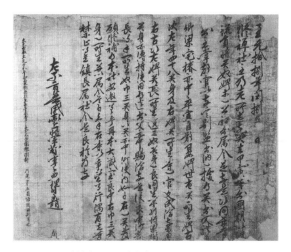

수선사修禪社 노비 문서(1281) · 송광사성보박물관

수선사 주지였던 원오국사 천영(1215~1286)이 아버지인 양택춘에게 받은 노비와
그 자식을 수선사에 바쳤고, 이를 나라에서 공인한다고 기록되어 있다. 이 노비
문서는 승려가 노비를 소유하기도 했던 당시 고려의 사회상을 보여준다.

군인이 되면서 이의민의 운은 풀리기 시작했다. 힘이 장사였던
이의민은 수박에 능해 의종의 눈에 띄었고 총애를 받았다. 기록에
따르면 "의종이 그를 총애하여 대정隊正에서 별장別將으로 승진시켰
다."(『고려사』 권128, 이의민 열전) 무신정변 때는 적극적으로 가담해 가
장 많은 사람을 죽였고 그 공으로 중랑장이 되었다가 곧이어 장군
으로 승진했다. 그리고 1173년(명종 3) 김보당의 난 때는 의종을 시
해했다. 김보당이 수하인 장순석과 유인준을 남로병마사로 임명하
고 거제로 유배된 의종을 받들어 계림(경주)으로 데려가게 하자 이
의민이 이들을 소탕하기 위해 쫓아 내려갔다. 이때 이의민은 단지
힘만 앞세워 장순석 병력을 제압한 게 아니었다. 계림 지역 주민들
이 이의민을 두려워하며 장순석 등을 몰아내려 했고 이의민은 이

들을 이용해 장순석 등을 몰락시켰다. 반란군을 제압한 뒤 이의민은 "의종을 곤원사 북쪽 연못가로 불러내어 술을 여러 잔 올렸다. 그때 이의민이 의종의 등뼈를 꺾어버렸는데, 손을 놀리자 소리가 나니 크게 웃었다" 한다. 의종 시해를 계기로 이의민의 잔인한 이미지는 더욱 증폭되었다. 이의민은 의종 시해의 공을 공공연히 내세워 대장군으로 승진했다.

이듬해에는 조위총이 서경에서 거병하자 정동대장군 지병마사로 출전해 눈에 화살을 맞고도 반군을 진압하는 공을 세웠다. 당시 반군은 이의민의 군대가 온다는 말만 들어도 도망갔다고 하니 그의 전투 능력은 발군이었다. 이의민은 조위총의 난을 진압한 공으로 무관 최고 지위인 상장군에 올랐다. 그는 순전히 자신의 군공으로 무관 최고위직에 올랐던 것이다.

정적 경대승과 시련

그러나 이의민의 출세 가도는 경대승의 집권으로 잠시 주춤했다. 경대승이 공공연히 이의민을 적시해 위협했기 때문이다. 이의민은 위험을 느껴 자신의 집에 병력을 모아두고 만일의 사태에 대비했다. 도방에서 자신을 노린다는 소문을 들은 이의민은 마을에 큰 문을 세우고 경계를 더욱 철저히 했다. 이렇듯 몸을 사리던 이의민에게 위기가 닥쳤다. 1181년(명종 11) 이의민이 형부상서 상장군으로 북방에 나가 있었을 때 경대승이 자신의 측근 허승을 제거하는 사건이 벌어졌다. 그런데 이 소식이 이의민에게는 경대승이 죽었다고 잘못 전해졌다.

어떤 사람이 잘못 전하기를 "나라에서 경대승을 죽였다" 했다. 이의민은 이를 듣고 크게 기뻐하며 "내가 경대승을 죽이고자 했으나 실행에 옮기지 못했는데 누가 모의를 했을까? 나보다 먼저 손을 썼구나"라고 했다. 경대승이 이를 듣고 앙심을 품었다. 이의민이 돌아와서 두렵고 불안하여 병을 핑계로 고향으로 내려갔다.(『고려사』권128, 이의민 열전)

이때 명종은 거듭 이의민에게 상경을 권했고, 경대승 역시 이의민을 마음대로 처단하지 못했다. 왜 그랬을까? 우선 『고려사』에 따르면 명종은 "이의민이 난을 일으킬까 두려워서 공부상서를 제수하고 중사를 보내 설득했다." 그러나 김당택은 명종은 오히려 경대승에게 위협을 느꼈다고 지적하고 있다. 경대승이 '사직을 지킨다'는 이유로 정중부를 제거했는데, 명종은 이를 경대승이 자신을 부정한다고 인식했다. 형 의종을 제거한 무신정변이 아니었으면 명종은 즉위하지 못했을 것이기 때문이다. 『고려사』에서도 분명히 명종은 경대승을 꺼렸다고 적고 있다. 명종은 경대승 대신 무신정변을 주도한 이의민이 오히려 자신의 보위를 지켜주기에 적절한 인물이라고 보았다.

경대승이 이의민을 제거하지 못한 것은 취약한 기반 때문이었다. 이의민으로 대표되는 무인 세력을 경대승으로서는 전면 부정할 수 없었다. 경대승은 중방을 무시하지 못했고 무인 세력이 두려워 사저에서만 머물렀다. 게다가 경주의 이의민 세력도 함부로 무시할 수 없었다. 훗날 이의민을 제거한 최충헌조차 가장 먼저 이의민의 족인族人 제거에 착수할 정도였다.

고려 최고 권력을 손에 넣은 노비의 아들

명종의 거듭된 복귀 요청에 이의민은 상경했다. 복귀한 이의민에게 명종은 병부상서에 수사공좌복야의 벼슬을 더해주었다. 노비의 아들 이의민은 경대승이 급사하자 고려 최고의 실력자로 부상했다. 이후 이의민 정권은 13년간 이어진다. 이의방, 정중부, 경대승이 각각 대략 4~5년이었던 데 비하면 장기 집권이었다.

이의민이 집권하면서 무신정권에 대항하는 세력이 소멸하여간 게 비교적 장기간 집권할 수 있었던 요인이 되었다. 하지만 더 큰 요인은 이의민이 무인들을 고루 등용한 데 있었다. 이의민은 경대승의 족형으로서 친경대승 세력이었던 손석도 등용했다. 또한 무신정변 때 행동파로서 공을 세웠던 상당수의 천민 출신의 무인들을 재상급 고위직에 등용해 그들의 지지를 얻었다.

무인 일색으로 꾸려진 이의민 정권은 이전의 정권과는 사뭇 다른 모습을 보여줬다.

하루는 이의민이 두경승과 함께 중서에 앉아 으스대며 말하기를 "어떤 사람이 자신의 용맹함을 자랑하기에 내가 그 사람을 이렇게 때려눕혔소" 하면서 주먹으로 기둥을 치니 서까래가 흔들렸다. 두경승이 말하기를 "언제 적 일이오. 나는 맨주먹으로 치니 사람들이 모두 달아나버렸소"라고 하면서 벽을 치니 벽에 구멍이 뚫렸다. (…) 어떤 사람들은 시를 지어서 조롱하여 일컫기를 "나는 이의민과 두경승이 두렵네. 그 당당한 모습이야말로 진짜 재상답구나! 중서성에 서너 해만 있으면 만고에 제일가는 권풍拳風을 날리겠구나!" 했다.(『고려사』 권128, 이의민 열전)

조정에서 재상들이 힘자랑하는 세상이 되었다. 사뭇 코미디와 같은 정권의 실상은 사관의 직제 중 하나인 정2품 동수국사^{同修國}_史에 글을 몰랐던 상장군 최세보가 임명되는 데 이르러 절정에 달했다.

이의민 정권 역시 친인척 횡포와 반정 주도 세력 중심의 인사 정책으로 치명적 위기를 맞았다. 특히 이의민의 아들 중 이지영과 이지광은 어찌나 횡포를 부렸는지 세상은 그들 형제를 쌍도자^{雙刀子}(쌍칼 형제)라 불렀을 정도였다. 이들은 주민의 재산을 강탈하는 것은 물론 부녀자 납치·강간과 수뢰, 상급 관리 폭행, 임금의 첩 강간 등을 일삼아 인심을 잃었다. 그리고 이러한 일가족의 행패는 결국 이의민의 파멸로 이어진다.

1196년(명종 26) 이의민은 상장군 최원호의 아들인 최충헌 형제에 의해 제거되었다. 사건의 발단은 이의민의 아들 이지영이 최충헌의 동생 최충수의 비둘기를 빼앗아 불거진 분쟁이었다. 이 때문에 최충수가 분개하여 형과 함께 이의민 일족 제거에 나서 성공했다는 것이 『고려사』의 기록이다. 그러나 이는 피상적 기록일 뿐이고 이의민 정권의 실질적 몰락은 지배 능력을 상실한 과격파 무인 세력에 반발한 온건 무인 세력에 의해 비롯된 것이었다.

이의민은 처가 종과 간통하자 종을 죽이고 처는 쫓아냈다. 그 뒤 이의민은 양갓집 처녀들의 얼굴이 고우면 끌어들여 결혼했다가 싫증 나면 버렸다고 한다.

최충헌, 60년 최씨 정권의 시작을 알리다

최충헌은 이의민을 살해하고 정권을 장악했다. 최충헌은 이전 무신정권과는 달리 독재 체제를 마련해 60년간 지속한 '최씨 정권 시대'를 열었다.

역사적 사건은 한낱 우연하고도 사소한 일이 발단이 되곤 한다. 그리고 그 우연의 배후에는 좀 더 근본적인 의도와 계획이 숨겨져 있는 경우가 많다. 최충헌崔忠獻(1149~1219)이 이의민을 제거한 일 역시 사소한 사건이 발단이 된 것으로 치장되어 있지만 그 이면에는 정치적 의도와 철저한 계획이 숨겨져 있었음을 보게 된다.

앞에서 언급했듯이 기록에 따르면 최충헌과 동생 최충수崔忠粹가 이의민을 제거하기로 마음먹게 된 계기는 한 마리 비둘기 때문이었다고 한다. 최충수가 집에서 기르던 비둘기를 이의민의 아들 이지영이 빼앗아가버렸다. 최충수는 바로 이지영의 집을 찾아가 비둘기를 돌려달라고 했으나 도리어 종에게 결박당하는 모욕을 당하고 돌아왔다. 이에 원한을 품은 최충수는 형 최충헌을 찾아가 "이의민과 그의 세 아들은 실로 나라의 도적들입니다. 제가 그들을 죽이려 하는데 어떻습니까?"(『고려사』 권129, 최충헌 열전)라고 했다. 최충헌은 잠시 머뭇거렸으나 동생의 뜻이 확고하자 비로소 동참을 결심했다. 이의민 제거 작전은 신속하게 실행되었다. 1196년(명종 26) 4월 최씨 형제는 생질인 대정 박진재, 족인 노석숭 등과 함께 미타산 별장에 있던 이의민을 칼로 베어 죽였다. 최충수가 먼저 이의민을 쳤으나 맞지 않자 최충헌이 결정적 일격을 가해 죽였다. 그러자 이의민의 종자 수십 명이 모두 떨면서 도망갔다.

이의민 제거에 성공한 최충헌 일파는 제일 먼저 정부 요직을 차지하고 있던 이의민의 잔당을 제거하는 데 나섰다. 개경으로 돌아온 최충헌은 이의민의 목을 거리에 내걸어 상황이 종료되었음을 알렸다. 그러고는 사전에 뜻을 모은 쿠데타 동조 세력들에게 연락해 군사를 일으켰다. 장군 백존유가 동조 세력 중 핵심 인물이었다. 최충헌은 우선 명종에게 이의민을 제거한 데 대한 사후 승인을 얻어냈다. 형식적 정당성을 부여받은 최충헌은 대장군 이경유, 최문청 등에게 이의민 잔당 소탕을 요청한 뒤 이들과 함께 군사를 소집하자 장사들이 모여들었다. 동조자를 확산하는 과정이었다. 이때 각 위衛의 장군과 병졸들이 합류하여 대규모 세를 이루었다. 각 위의 장졸들은 "무릎을 꿇고 머리를 조아리며 명령을 들었으며 최충헌을 감히 쳐다보지도 못했다."

시정 개혁책까지 올린 최충헌 형제

이제 최충헌이 대세를 장악했다. 최충헌은 무서운 인물이었다. 옆자리에서 함께 이의민의 잔당 소탕을 의논했던 이경유가 딴 꿈을 꾸고 있다는 짤막한 보고를 듣고는 술자리에서 바로 목을 베어버렸다. 최충헌 자신에게 잠재적으로 위험이 될 만한 인물이었던 손석, 권절평, 권윤, 최혁윤 등 수십 명의 대신과 왕의 측근들까지 살해하거나 유배 보냈다.

상장군 길인은 최충헌에 반대해 장군 유광, 박공습 등과 함께 금군, 환관, 노비 등으로 구성된 병력 1000명으로 수창궁에서 거병했지만 역부족이었다. 병력 1000명은 결사대 10명과 함께 들이닥친 최충헌에게 겁먹고 달아나기에 바빴다. 최충헌은 '음흉'하고 지략도 뛰어난 데다 용감하기까지 했다. 수창궁으로 달아난 길인 등은 결국 왕의 승인을 받고 궁으로 난입한 최충헌 부대에 몰살당했다.

최충헌은 쿠데타 막바지까지 반대 세력 정리에 온 힘을 기울였다. 최충헌은 무신 쿠데타를 일으켰던 그 어느 집권자보다 많은 사람을 죽이고 귀양보냈다. 이렇게 보면 최충헌은 비둘기 사건이 없었더라도 반기를 들었을 인물이었다. 그의 쿠데타 과정은 철저히 준비된 것이었다. 사전에 치밀한 계획이 없었다면 순식간에 세력을 형성한 뒤 대규모 숙청을 단행할 수는 없었을 것이었다. 그의 행보를 보면 박정희나 전두환이 일으켰던 쿠데타가 떠오른다.

최충헌 형제는 반대 세력을 일소한 뒤 10개조에 달하는 시정 개혁책을 밀봉해 명종에게 올렸다. 이른바 '봉사 10조'라 불리는 것이다. 최충헌 형제는 엄청난 규모의 숙청으로 흉흉해진 정세를 '봉사 10조'로 반전시키고자 했다. 앞선 집권자들이 하지 않은 일이었다. '봉사 10조'의 내용 역시 당시 시대적 문제를 잘 짚고 있었는데, 간략하게 정리하면 다음과 같다.

1. 새로 지은 궁궐로 옮길 것

2. 관원을 줄일 것

3. 농민에게 빼앗은 토지를 돌려줄 것

4. 지방에 유능한 수령을 파견할 것

5. 지방관의 진상을 금할 것

6. 승려의 고리대를 금할 것

7. 무능한 관리를 징벌할 것

8. 관리의 사치를 금할 것

9. 함부로 원당 건립을 금할 것

10. 신하의 간언을 용납할 것

'봉사 10조'에서 최충헌 형제가 지적한 문제점들은 실제로 백성들 사이에 원성이 높은 것이기도 했고 꼭 해결하고 넘어가야 할 것이었다.

'봉사 10조'를 발표하고 자신의 정치적 노선을 분명히 한 최충헌은 또 한 번의 숙청을 감행했다. 내시 이상돈과 군기소감 이분 등 50여 명이 권세를 등에 업고 중용됐다 하여 축출했다. 또 왕자로서 승려가 된 소군 홍기, 홍추, 홍규 등 6명을 궐내에 있으면 정사에 간여한다고 왕에게 아뢰어 사찰로 돌아가게 했다. 또한 왕이 총애하는 승려 운미와 존도를 내쫓았다. 이들은 대부분이 조정 관료와 백성의 원성을 듣는 자들이었으므로 이전의 정적 제거와는 달리 정치적 명분도 있었다.

냉혹한 권력자, 왕과 동생까지 제거하다

정적이 없어진 마당에 최충헌 형제는 내처 명종까지 왕위에서 내쫓고자 했다. 최충헌 형제는 각각 평량공 민敗(명종의 친동생)과 사공 진縝(현종의 6대손)을 다음 왕으로 삼고자 했다. 최충수가 진을 왕위에 올리려 한 것은 그의 여종을 총애했기 때문이다. 반면 최충헌이 민을 왕위에 올리려 한 것은 금에서 왕위 찬탈을 이유로 시비걸지 않을 것이라는 박진재의 의견을 따랐기 때문이다. 결과적으로 민이 왕위에 올랐으니 무신정권이 다분히 외세 의존적인 정권임을 알 수 있는 대목이다. 원의 침략에 끝까지 저항했던 삼별초를 들어 무신정권이 자주적인 대외관계를 지향했다고 주장하는 이들이 한 번쯤 살펴봐야 할 대목이 아닐 수 없다.

명종을 강제로 폐위하려 한 최충헌 형제는 1197년(명종 27) 9월 병력을 개경 시내에 집결시킨 뒤 성문을 닫아걸었다. 그러고는 두경승, 유득의, 주원적 등 12명의 고위 관료와 대선사 연담 등 10여 명의 승려, 홍기 등 소군 10여 명을 모두 귀양 보냈다. 조금이라도 반항할 기미가 있는 인사들을 모조리 숙청했다. 최충헌 형제는 명종을 창락궁에 위폐하고 태자를 강화도로 쫓아냈다. 그리하여 결국 민을 왕위에 올렸다. 그가 20대 신종이다. 신종이 즉위한 후에도 최충헌은 내시 민식 등 70명을 내쫓았다. 왕의 친위 세력이 형성되는 것을 방지하기 위해서였다.

이렇게 새로운 임금까지 즉위시키자 최충수는 슬며시 욕심이 생겼다. 자신의 딸을 태자비로 들이려 했다. 그런데 태자(희종)에게는 이미 비가 있었다. 최충수는 신종을 압박해 태자비인 창화백 왕우의 딸을 폐하여 궁 밖으로 쫓아내게 했다. 무리한 처사였다. 태자비는 말할 것 없고 왕후를 비롯해 궁에서 눈물을 흘리지 않는 사람이 없었다.

최충헌이 이 소식을 듣고서 술을 들고 최충수의 집으로 가서 조용히 함께 술을 마셨다. 한참 술잔이 돌아가자 최충헌이 말하기를 "자네가 딸을 동궁에게 바친다고 들었는데, 그런가?"라고 물었다. 최충수가 "그렇습니다"라고 답했다. 최충헌이 그를 타이르며 말하기를 "지금 우리 형제는 비록 세력은 나라를 무너뜨릴 만하지만 가계는 본래 미천한데, 만약 너의 딸을 동궁의 배필로 삼는다면 세상의 비난이 없겠는가? 하물며 부부 사이는 은혜와 의리가 기본이다. 태자와 비가 결혼한 지 여러 해인데 하루아침에 떼어놓는다면 인정상 어떠하겠는가? 옛사람들이 말하기를 '앞 수레가 넘어지면 뒤 수레는 이것을 경계로 삼는다' 했다. 지난날 이의방이 딸을 태자와 혼인하게 했다가 끝내 다른 사람 손에 죽었는데, 지금 그 전철을 밟아도 좋은가?"라고 타일렀다.(『고려사』 권129, 최충헌 열전)

최충수는 형의 말을 따르는 듯했다. 그러나 최충수는 욕심을 끝내 거두지 못하고 태자와의 혼사를 강행하고자 했다. 말리는 친모를 밀쳐서 땅에 쓰러뜨리기까지 했다. 결국 최충헌은 아우를 치기로 했다. 박진재, 노석숭 등 쿠데타의 동조자들과 함께 최충수 일파를 공격했고 세력이 부족했던 최충수는 한순간에 무너졌다. 명분도 승산도 없었기에 그의 병사 중 상당수는 이미 최충헌에게 투항하는 상황이었다.

최충수는 파평현 금강사로 도망갔지만 추격해온 최충헌의 군사에 잡혀 죽임을 당했다. 최충헌은 이 소식을 듣고 소리 내어 울며 "사로잡으라고 했는데 어찌 갑자기 죽였는가?"라며 애통해했다지만 승자의 여유가 담긴 눈물이었다.

권력은 형제 사이에도 목숨을 걸고 싸우게 했다. 최충헌은 권력 유지를 위해 쿠데타의 동지이기도 했던 동생을 죽였다. 냉정한 정치승부사 최충헌에게 정세를 읽지 못하고 무리한 욕심을 내는 동생은 같이할 수 없는 존재였다.

신종은 동생을 제거한 최충헌을 지주사지어사대사로 승진시켰다. 최고 무인 권력자가 정점에 오르면 화상이 공신각에 걸렸는데, 이번에는 최충헌의 차례였다. 최충헌이 명실상부한 최고 권력자의 자리에 오른 것이다. 최충헌은 명종, 신종, 희종, 강종, 고종 등 5대에 걸쳐 4명의 왕을 갈아치우며 24년간 정권을 잡았다. 이 중 명종과 희종 두 임금은 마음에 들지 않는다 하여 쫓아냈다. 최충헌의 권력은 이후 4대까지 세습되어 60년간 최씨 무신 집권기가 이어졌다. 최충헌이 집권 체제를 구축해 최씨 정권으로 고착시킨 덕분이었다.

최충헌의 친모인 유씨는 최충헌이 동생 최충수를 죽이자 절로 들어가 아들에게 참살된 사람들과 최충수의 극락왕생을 빌었다.

최충헌의
시스템 정치

최충헌은 무관뿐만 아니라 문관에 대한 인사권도 장악하고
별도의 권력 기구까지 설치해 강력한 독재정치를 폈다.

　　최충헌은 노회한 인물이었다. 24년 장기 집권의 첫 번째
비결은 권력의 생리를 꿰뚫어 이인자를 용납하지 않은 데 있었다.
또 하나의 비결은 자신의 권력을 유지하기 위한 시스템을 지속해
서 창출해냈던 것이었다.

　　최충헌은 처음 쿠데타를 모의했던 이경유를 거사 직후 살해했
고, 아우 최충수를 권력 유지를 위해 죽였다. 최충수를 제거한 다음
칼끝은 외조카이자 충직한 참모였던 박진재에게로 향했다. 박진재
가 최충헌의 전횡을 비판하자 1207년(희종 3) 다리 힘줄을 끊어 백
령진으로 귀양 보냈다. 박진재는 그곳에서 몇 달 만에 병을 얻어 사
망했다. 박진재가 최충헌의 독재를 비판하기도 했지만 최충헌의
문객 수인 3000명에 거의 맞먹는 수준의 문객들을 끌어모은 게 화
근이었다. 최충헌은 박진재의 문객 중 용맹한 자가 많은 것을 우려
했다. 최충헌은 심지어 자신의 세력에 버금가는 유력자가 배출되
는 것조차 꺼려 측근 문객들에게 벼슬을 주지 않았다. 하지만 자신

최충헌 살해 기도와 주요 반란

1198년	만적의 난
1199년	김준거의 난
1202년	경주 별초군의 난
1204년	지구수의 음모
1209년	청교역 서리의 음모
1211년	내시 왕준명의 음모
1217년	흥왕사 승려의 음모

의 문객들에게는 벼슬 인심이 후했다. 그 결과 최충헌의 문객 중에는 우수한 인력이 많이 포함되었다.

다른 무신 집권기 때도 그랬지만 최충헌의 집권기에도 반란이 빈번히 일어났다. 1198년(신종 1)에는 사노비 만적萬積이 공노비와 사노비를 모아 신분 해방 운동을 시도하다 발각되었다. 이듬해 3월에는 각각 황주목수와 상주목수로 좌천되어 내려가 있던 김준거, 김준광 형제가 반란을 일으키려 한 일이 있었다. 그러나 그 계획을 김준거의 장인 낭장 김순영이 최충헌에게 밀고해 실패로 돌아갔고 반란 세력은 모두 처형되었다. 모두 집권 초기의 일이었다. 그 밖에도 여러 차례 지역민의 반발이 있었다.

최충헌은 강압, 전횡하는 자신의 목을 겨누는 세력이 많음을 잘 알고 있었다. 이에 대비해 최충헌은 경대승의 죽음으로 사라진 도방을 더욱 확대해 사저에 재건했다. 문관, 무관, 군졸 중에서 힘이 센 자를 모두 불러서 6개 반으로 편성했다. 이들은 교대로 최충헌의 집에서 숙직하면서 최충헌을 호위했다. 최충헌이 외출할 때면 6개 반 전원이 나가 호위하는데, 마치 전쟁터로 나가는 군대와 같은 형세였다고 한다.

인사권 장악

　권력을 잡은 최충헌은 예전의 무신 집권자가 병부의 인사권만 휘두른 것과는 달리 문관에 대한 인사권까지 장악했다. 병부상서와 지리부사를 겸직해 아침에는 병부兵部로 가서 무관의 인사 집행을, 낮에는 이부吏部로 가서 문관에 대한 인사 업무를 보았다. 그것도 1202년(신종 5)부터는 이 모든 인사 업무를 자신의 집에서 보았다. 왕실의 권위는 더없이 초라해졌다. 이렇게 장악한 문관 인사권을 통해 최충헌은 많은 문신을 자신의 영향력 아래 두었다. 무신정변 이후 초야에 묻히거나 조정의 구석에서 숨죽이고 있던 문신들의 위상도 어느 정도는 회복되었다.

　최충헌은 무관직에 나서기 전 하급 행정 관료로서 문서 실무를 담당했던 경험이 있어 문장에 어느 정도 식견이 있었다. 당대 일류 문인을 불러 시회詩會를 열어 시를 잘 짓는 자에게는 상을 내려주었다. 또 문신 중에서도 재상이 많이 배출되었다. 고려시대 재상은 중서문하성(재부宰府)과 중추원(추부樞府)에 소속되었다. 여기에 소속된 재신과 추신이 재추회의를 열어 국가의 중대사를 논의했는데, 최충헌은 이 재추회의를 자신의 집에서 열어 그 위상을 강화했다. 자신의 영향력 아래 있는 문신들이 대다수인 재추회의가 국가 중대사에 대한 결정권을 갖게 한 것이다. 이는 기존에 상장군과 대장군의 합의기구인 중방이 가졌던 권한이다. 한마디로 최충헌은 중방을 무력화했다. 병력을 동원할 수 있는 고위 무인들을 견제하려는 방안이었다. 최충헌은 자신의 사저에서 국가 중대사를 논의하면서 권력을 세습할 수 있는 기반도 마련했다. 최충헌의 장기 독재는 이런 시스템을 갖췄기에 가능했다.

끊임없는 내우외환

최충헌이 구축한 이런 시스템과 권력 운용 방식으로 최충헌 정권은 여러 차례에 걸친 그에 대한 반란과 암살 시도를 무위로 돌렸다. 1204년(신종 7)에 급사동정 지구수의 집에 30여 명이 모여 최충헌 살해를 모의하다 발각되었다. 1209년(희종 5)에는 청교역 서리 3명이 최충헌을 죽이려다 귀법사 승려의 고발로 죽임을 당했다. 최충헌의 감시망이 제 역할을 톡톡히 했다.

1211년에는 내시낭중 왕준명과 추밀사 홍적 등이 중심이 되어 궁에서 최충헌을 죽이려 모의했다. 희종의 묵인이 있었다. 궁궐에서 희종을 만나고 나오던 최충헌과 호위병을 환관이 유인해낸 뒤 병장기를 든 10여 명이 덤벼들어 호위병을 일시에 공격해 죽였다. 최충헌 곁에는 호위병 수십 명뿐이었다. 최충헌은 희종에게 달려가 구해달라고 했지만 희종은 모른 척했다. 최충헌은 궁궐 지주방에 숨어 구사일생으로 살아남았다. 최충헌을 죽이려는 승려가 3차례나 찾았지만 그를 찾지 못했다. 그 사이 사태를 파악한 최충헌의 측근 상장군 김약진 등이 중방에서 달려가 주도자들을 체포함으로써 희종의 최충헌 제거 계획은 실패로 끝났다. 이 사건으로 희종은 폐위되었고 그 뒤를 이어 한남공 정貞이 즉위했다. 그가 강종이다. 강종은 명종의 태자로 명종이 폐위될 때 궁에서 쫓겨났던 인물이다. 강종은 즉위할 때 이미 환갑이 다 되어 1년 8개월간(1212~1213) 왕위에 있다가 병으로 세상을 떠났다.

최충헌의 장기 집권 시스템은 권력은 강화했지만 국방력은 약화했다. 최충헌은 권력 유지를 위해 국방력은 오히려 약화하는 게 좋다고 생각했다. 최충헌은 도방을 강화하기 위해 관군을 약화했다. 자신의 문객 중 관군이 되겠다는 사람은 즉시 귀양을 보냈다. 체격 좋고 힘 좋은 젊은이들을 도방의 병사로 뽑아 우대했다. 최충헌 가문의 사병이 열병하면 그 길이가 2, 3리에 달했다 한다. 그에 반해 관군은 용맹하고 쓸 만한 사람이 없었다.

최충헌은 변방에서 적의 침입을 급하게 알려오면 오히려 "어찌 사소한 일을 가지고 역마를 괴롭히고 조정을 놀라게 하냐"(『고려사』 권129, 최충헌 열전)며 호통쳤다. 그는 고려가 부유하고 병력이 강대하다고 착각했다. 사병과 관군을 구별하지 못하는 처사였다. 이런 권력자 밑에 있으니 변방의 장수들은 해이해져 "적이 성 2, 3개를 함락시킬 때까지 기다렸다 보고해야 한다"라고 했다.

그러다 1216년(고종 3) 몽골에 쫓긴 거란의 패잔병 수만 명이 북방 변경으로 침입해왔다. 그러나 약체인 군졸의 사기까지 떨어진 군대가 막아낼 리 만무했다. 거란군은 영덕을 함락했고 안주, 의주 등 북방을 공격하며 고려의 항복을 요구했다. 더욱이 그 당시 거란군의 길잡이 노릇을 한 것은 고려의 양수척楊水尺, 곧 유기장柳器匠들이었다. 이 천민들은 최충헌이 총애하는 기생 자운선에게 예속되어 끝없이 공납을 바쳐야 해 불만이 팽배해 있었다.

그런 데다 거란군이 개경에 육박해 들어오자 최충헌은 군인 수만 명으로 하여금 자신을 지키게 했고 성 밖의 민가를 헐어서 참호를 팠다. 자신의 안위만이 문제였다. 개경에 육박해 들어오던 거란군을 조충과 김취려 장군이 힘들게 물리쳤다. 1219년(고종 6) 3월 공을 세운 서북면원수 조충과 김취려 등이 개경으로 개선해오자 최충헌은 그들이 세력을 가질까 두려워 개선 의식인 영아례迎迓禮를 중단시키고 장수들에게 사사로운 잔치를 열어주었다. 그 예산도 국가 예산이 아닌 백관들에게 은을 추렴해 충당했다.

최충헌은 거란과의 전쟁 중에는 무관 인사 청탁을 하는 이들이 없어 뇌물을 받을 수 없게 되자 정기 무관 인사인 도목정都目政을 시행하지 않았다. 그러다 거란과의 전쟁에서 승리한 이후 인사 요청자가 많아지자 그제야 도목정을 시행했다. 그런데 군공을 세운 이는 승진시키지 않고 뇌물을 바친 자만 승진시켰다. 군사들의 불만이 없을 수 없었다.

군공을 논할 때 최충헌이 이를 담당했는데 공이 있는 사람에게 상이 내려지지 않으니 이를 많이 원망했다. 교위 손영 등 10명이 저자에서 술을 마시면서 한탄하기를 "요즈음 거란군과 싸워 공이 있어도 뇌물을 바치지 않으면 관직을 얻을 수 없구나"라고 했다. 자리에 같이 있던 사람이 최충헌에게 일러바치자 최충헌이 가병을 보내 그들을 체포하고 그들의 동료 100여 명을 보정문 밖에서 참수했다.(『고려사』 권129, 최충헌 열전)

> 문신 시어사 김주정이라는 자는 최충헌의 가병들이 훈련하는 틈에 끼어 황색 등거리를 입고 전투 연습을 하여 지식인들이 야비한 인물로 봤다.

권력자의 입맛대로
정치기구를 설치하다

무신정권의 권력 기구는 중방과 도방이었다. 최충헌이 집권한 뒤에는
중방의 기능을 무력화하고 교정도감과 정방를 설치했다.

　　무신정변으로 권력을 잡은 무신 권력자들의 최고 권력 기관은 중방이었다. 이의방 이후 정중부, 이의민 등 무신 권력자는 상장군, 대장군과 중방에 모여 회의하고 권력을 집행했다. 그런데 중방은 최충헌 정권 이후 개설된 교정도감이나 정방과는 달리 목종 대(997~1009)와 현종 대(1009~1031)부터 있었던 무신의 합의 기구다. 2군과 6위에는 상장군과 대장군이 각 1명씩 있었고 중방은 무신 16명이 모여 논의하는 기구였다. 중방은 오늘날 합참회의 같은 기구다. 고려는 무반의 직위 등급에 따라 회의 기관을 운영했는데, 중방 아래 순서대로 장군방, 낭장방, 산원방, 교위방을 설치했다. 정중부 정권처럼 권력이 비교적 약체였던 무신정권 아래에서는 장군방과 낭장방과 같은 하위직 군인들의 합의체가 중방과 다른 목소리를 내 정치에 혼선을 가져온 일도 있었다.

　　정변으로 정권을 잡은 무신 실력자는 중방에서 군사 문제는 물론이고 인사와 법 제정 등 국정 전반에 걸쳐 왕권을 능가하는 권력

을 휘둘렀다. 중방에는 정변을 주도한 인물만 있는 게 아니었다. 무신정변에 다소 소극적이었던 장군들도 중방에 있었다. 이들이 중방에 참여한 이유는 이의방, 정중부 등 정치적 기반이 취약한 무신 권력자들이 세를 위해 동참시켰기 때문이다. 고위직 장군들 역시 그동안 문신들에게 받은 모욕과 멸시를 설욕하고 정부 요직에 오르기 위해 무신 집권자들에게 협조하며 국정에 참여했다. 이들 고위직 무신들은 사안에 따라 협조하고 견제하면서 무신 간의 합의를 통해 정치를 운영했다.

경대승 집권기(1179~1183)에는 중방의 기능이 일시적으로 약화하기도 했다. 경대승이 무신 중심의 정치 체제를 문신 중심의 구체제로 돌리려 했기 때문이다. 경대승은 신변 보호를 위해 도방을 설치하고 이를 통해 정치했다. 경대승의 이른 죽음으로 이의민 집권기(1183~1196)가 시작되자 중방은 무소불위의 권력을 휘두르는 기구로 돌아왔다.

최충헌, 교정도감 설치로 독재 체제 구축하다

1196년(명종 26) 최충헌이 이의민을 죽이고 집권하면서 사정은 180도로 달라졌다. 최충헌은 이전 무신 집권자들과 달리 강력한 독재정치를 폈다. 최충헌이 문을 연 최씨 정권은 중방 대신 독자적 지배 기구를 마련해 정치를 좌우했다. 고위 무신들의 기관인 중방은 무력해지고 정치 일선에서 물러나 물러나야 했다. 이전 무신 집권기에 떵떵거렸던 무신들 다수가 최씨 정권 측근의 일부 무신을 제외하고는 이제 그다지 힘을 쓸 수 없었다. 대신 완전히 힘을 잃었던 문신들이 최씨 정권 체제 안에서 다시금 중용되면서 정치 일선에 나설 수 있게 되었다.

1209년(희종 5) 4월 청교역 서리 3인이 최충헌 부자의 암살을 기도하는 사건이 발생하자 최충헌은 영은관(금 사신을 접대하는 공간)에 교정도감敎定都監(교정별감)을 설치하고 그 일당을 수색했다. 그러나 범인은 잡히지 않았고 청교역의 하급 관원이 우복야 한기와 그의 세 아들을 무고해 이들을 포함 장군 9명이 참살당했다. 일종의 공안 정국이 조성된 것이었다. 최충헌은 범인을 완전히 색출하지는 못했지만 살벌한 공안 정국을 조성한 뒤 이 사건을 처리한 임시 기구인 교정도감을 최씨 무신정권의 권력 기구로 존속시켰다. 그 뒤 교정도감은 김준金俊과 임연林衍 부자에게까지 이어지는 최고 권력 기구로 자리 잡았다. 최충헌과 최우(『고려사』에는 '최우'와 '최이'가 동시에 등장하지만 이 책에서는 '최우'로 표기한다)처럼 권력 기반이 확고했던 무신 집권자는 굳이 교정도감의 우두머리인 교정별감 자리에 오를 필요가 없었다. 하지만 최항崔沆 이후 임유무林惟茂까지의 무신 집권자는 교정별감 자리를 이어받으며 최고 지위에 올랐다. 교정별감은 곧 최고 권력자를 상징하는 자리가 되었다.

『고려사』에서는 "최충헌이 권력을 마음대로 휘두르면서 무릇 시행하려는 것은 반드시 교정도감에서 나오게 했다"(『고려사』권77, 백관 2 제사도감각색)라거나 "과거에 최충헌이 교정도감을 설치하여 여러 가지 일을 담당하도록 했다"(『고려사』권129, 최충헌 열전)라고 할 만큼 교정도감은 중앙 행정과 지방 행정의 통제, 징세, 형옥, 규찰 등 국정 전반에 걸쳐 광범위하고도 강력한 권력을 행사했다. 1228년(고종 15)에는 교정도감이 지방관과 승려 사이의 갈등에 개입한 일도 있었다.

> 한 승려가 자혜원慈惠院을 지으려고 강음현(금천)에서 재목을 벌채했다. 감무 박봉시가 금지하고 관에서 그 재목을 수납했다. 그 승려가 대장군 대집성에게 청탁하여 서찰을 보내어 요청했다. 박봉시는 따르지 않았다. 대집성이 최우에게 요청하여 교정도감의 첩문을 보냈다. 또 따르지 않았다. 대집성이 부끄럽고 분하게 여겨 다시 최우에게 참소하여 박봉시를 먼 곳으로 유배했다.(『고려사절요』 권15, 고종 15년 8월)

정방을 통한 백관의 인사권 장악

최충헌은 일찍부터 문무관의 인사권을 장악했다. 예전에 문관의 인사는 이부에서, 무관의 인사는 병부에서 관장했다. 이부와 병부에서는 관리들의 재직 연수와 근태, 공과, 재주의 여부 등이 적힌 인사 기록표인 정안正案으로 인사관리를 했다. 정안에 의한 인사 방침을 정하면 중서성에서 이를 왕에게 상주하고 문하성에서 왕의 결재를 받아 인사를 행하는 것이 통상적으로 인사권을 집행하는 방식이었다. 그런데 최충헌이 진강부晉康府를 설치하고 정안을 가져오게 하여 인사 처리를 마음대로 했다. 그리고 이를 기반으로 1225년(고종 12) 최우가 정방政房을 설치하기에 이른다.

최우는 자신의 집에 정방을 두었다. 사료에서 확인되는 직책으로는 정색승선政色丞宣, 정색상서政色尙書, 정색소경政色少卿, 정색서제政色書題 등이 있었다. 최우는 집 대청에 앉아 백관이 올리는 정안을 받았다. 왕과 다를 바 없는 권력 행사였다. 최우는 정방을 설치한 뒤 문사文士를 뽑아 정방의 관헌으로 임명했는데 이들을 비칙치必闍赤라고 불렀다. 비칙치들이 백관의 인사에 대한 문서를 작성해 왕에게 올리면 왕은 여기에 서명만 할 뿐이었다. 인사를 좌지우지하게 된 최씨 정권의 집정자들은 뇌물과 청탁을 공공연하게 받으며 엄청난 부를 쌓았다.

무신정권의 변천과 권력 기구

연도	집권자	권력 기구
1170년	이의방	중방
	정중부	
	경대승	도방
	이의민	중방
1196년	최충헌	교정도감
1219년	최우	교정도감·정방
	최항	
	최의	
1258년	김준	
	임연	
1270년	임유무	

정방은 임유무가 제거되어 무신 정권이 몰락한 후에도 여전히 남아 있으나 1388년(창왕 즉위년) 상서사尙書司로 개편되면서 완전히 없어질 수 있었다. 정방은 이름만 지인방知印房, 차자방箚子房으로 바뀌면서 원 간섭기에도 왕권을 능가하는 인사권을 행사했다. 충선왕과 충혜왕, 공민왕 등 개혁을 시도한 임금들은 정방을 폐지했지만 왕위 교체와 원 간섭이 심할 때면 부활하는 등 정방의 생명력은 질겼다.

정방이 막강한 힘을 자랑할 당시 국왕이 인사 발령 문서를 내리면 인사 담당관들이 글자를 뭉갠 뒤 고쳐 썼다. 그래서 인사 문서가 마치 아이가 글씨 연습을 하는 흑책黑冊(두꺼운 종이에 먹칠을 하고 기름을 먹여서 만든 연습장)처럼 될 정도였다고 하니 그 폐단의 심각성을 알 수 있다. 이 밖에도 최씨 무신정권은 문인들을 자신의 고문역이자 숙위 세력으로 쓰기 위해 문객을 서방書房에서 근무하게 했다. 최씨 정권은 유능한 문인들을 등용해 자신의 정치적 기반으로 삼았다. 정방은 결원을 서방의 문사 중에서 뽑아 충원하기도 했다. 서방은 정방과 더불어 문사들을 회유하는 기능을 했다.

최충헌은 이전 무신 권력자와는 달리 권력을 독점했다. 좌우 측근에게 부탁하거나 뇌물을 바치고 아부하는 자들에게 모두 관직을 주었다. 심지어 무신 중에서 힘이 센 자들에게 수박희를 시켜 이긴 사람을 교위校尉나 대정隊正으로 임명하고 포상했다고 한다. 무신정변을 불러왔던 문신 권력자들이 한 짓과 다를 바 없었다.

무신 집권기
어느 문인 관료의 삶

최씨 정권은 이전 무신정권과는 달리 문신을 활용할 줄 알았다.
최씨 정권은 행정 실무 능력이 뛰어나고 문장력이 좋은 문신들을 중용했다.

무신 집권기는 그야말로 무인 시대였다. 문인은 대접받지 못한 시기였다. 무신정변 이전에는 역사와 경전에 통달하여 한 시대를 내다볼 줄 아는 통찰력을 지닌 인사를 중시했다. 그러나 무신이 정권을 쥐고 있는 상황에서 그런 거시적이고 예리한 시각은 오히려 정권 유지에 위협이 되었다. 그저 행정 실무 능력과 외교·행정 문서를 잘 꾸미는 문장력이 있으면 되었다. 철학도 경륜도 필요 없었다. 행정 기술 관료가 필요했다.

시대 상황과 무관한 문학적 능력이 뛰어난 문사는 비교적 좋은 대접을 받았다. 박정희·전두환 군사독재 시절에 실무형 행정 관료나 통치 이데올로기를 근사하게 만드는 학자들이 중용된 이유와 같은 맥락이다. 무신 집권기 실무적으로 유능한 문신이 중용될 수 있었던 것은 최충헌 정권 때부터였다. 이전의 무신 집권자들은 능력을 따지는 절차조차도 번거롭게 생각했다. 그래서 글도 모르는 무인이 사관이 되기도 했다.

최충헌과 그의 아들 최우는 세련된 군부독재자였다. 그들은 문인을 무조건 배척하지 않았다. 그들은 문인을 통제 가능한 범위에서 적절히 등용하여 정권의 안정을 도모했다. 왕명을 전달하는 승선에 자신의 영향력 아래에 있는 문신을 기용하여 일반 문신의 불만을 무마하려 했다. 승선은 인사 행정을 맡았는데, 말 많은 인사 과정에 대한 불만을 이들에게 돌리고자 한 정권의 꼼수였다. 감시 기능을 가진 언론 기관도 최씨 집권자들이 장악했다. 간관諫官 등 언론계 요직 인사들이 조정의 정치에 대해 비판하는 것도 표면상 허용했다. 물론 최씨 정권에 대한 근본적 비판은 있을 수 없었다. 그들은 최씨 정권의 입이 되어 최씨 정권을 반대하는 사람들에 대한 비난 여론을 유도했다. 최씨 집권자들은 문장이 뛰어난 선비들을 모아 시회를 자주 열기도 했다. 시회에서 최씨 집권자가 마음에 들어 할 만한 시를 짓는 일이 과거 합격보다 출세에 유리했다. 최우는 문인들에게 충성 서약을 받기 위해 그들도 조를 나눠서 경비를 서게 했다. 개중에는 집권자인 최충헌이나 최우의 눈에 들기 위해 측근들에게 줄 서지 못해 안달하는 이들도 적지 않았다. 무신 권력자의 행차에 간관이나 재상급도 수행해 주위의 멸시 어린 눈총을 받는 인사도 있었다.

4수한 천재

이규보李奎報는 문인들에게는 치욕이었을 시절에 재상 자리에 오른 문인이다. 무신정변 2년 전인 1168년(의종 22)에 태어나 최우가 집권하던 1241년(고종 28)에 사망했으니 전 생애가 무신 집권기에 걸쳐져 있었다. 이런 시기에 이규보는 은거하거나 과거에 합격하여 문인 관료의 길을 걷는 것 중 하나를 택할 수밖에 없었다.

이규보는 황려현(경기도 여주) 출신으로 어린 시절 이름은 인저仁氐였다. 아버지 이윤수李允綏는 호부낭중을 지냈다. 이규보 집안은 여주 쪽에서 호장戸長 등의 지방직과 노비를 대대로 세습했던 향리층으로 노예가 7~8인에 이를 정도로 생활에 여유가 있었다. 이규보는 9세 때부터 시를 지을 줄 알아 '기동奇童'으로 불렸다. 14세에 고려 사학 명문인 문헌공도에 입학해 공부했으며 유불도儒佛道를 두루 익혔다. 청년 시절에는 당대 명사인 오세재와 서른의 나이 차이를 넘어 교유했다고 한다. 일찍부터 재능을 인정받았던 것이다.

이규보는 재능은 출중했어도 시험운도 관운도 없었다. 16세 때부터 과거에 응시한 이래 22세인 1189년(명종 19)에 사마시에 합격할 때까지 세 번이나 시험에 떨어졌다. 그나마 꿈에 규성奎星이 나타나 과거에 합격할 것이라 알려주었다 하여 이름을 규보라 고친 끝에 국자감시의 십운시十韻詩 분야에서 1등을 차지했다. 국자감시에서 좋은 성적을 거두었지만 1190년에 열린 예부시 제술과에 가장 낮은 동진사로 합격했다. 꼴찌 합격에 자존심이 상한 이규보는 급제를 사양하려 했으나 아버지의 꾸지람을 듣고 받아들였다고 한다. 관운도 따르지 않아 과거 급제 후에도 10년간은 벼슬을 얻지 못해 무직자 신세였다.

격동기를 우아하게 살다

이 시절 뜻이 있다는 문인들은 중국의 칠현을 본떠 자연에 묻혀 시를 짓고 술을 즐기는 무리를 만들어 고려의 죽림칠현을 자처하며 죽고칠현竹高七賢이라 했다. 이인로, 오세재, 임춘, 조통, 황보항, 함순, 이담지 등이 그 칠현이다. 당시 죽고칠현은 문단에서 상당히 영향력이 있는 집단이었다. 이들 중 오세재가 죽자 이담지가 이규보에게 "자네가 오세재의 빈자리에 들어오겠는가"(『고려사』 권102, 이규보 열전)라고 했다. 이담지의 이 같은 권유에 이규보는 "칠현이 무슨 조정의 벼슬자리라고 빈자리를 보충한다는 말입니까?" 하며 면박을 주었다. 게다가 이들을 비웃는 시를 짓기도 했다. 칠현을 자처하는 이들이 분노한 것은 당연했다. 바른말 잘하고 자부심 강한 이규보에게는 적이 많았다. 그래서인지 당대 재상인 조영인, 임유, 최선 등이 이규보의 등용을 신종에게 건의했으나 비토하는 자가 있어 벼슬길에 오르지 못했다.

이규보의 관운이 트이기 시작한 것은 최충헌 부자가 시를 알아주면서부터였다. 이규보가 40세가 되던 1207년(희종 3) 최충헌의 시회에 참가해 1등을 하면서 한림원 자리에 임명되었다. 이후 이규보는 최충헌 부자의 집에서 열리는 시회에 자주 초대받아 글씨도 쓰고 시도 지어 올리며 출세를 거듭했다. 특히 1217년(고종 4)에는 우사간지제고右司諫知制誥 자리에 올랐다. 문인으로서 출세하는 최고의 요직인 언론직에 임명되었던 것이다. 그 후에는 벼슬이 수직 상승하며 여러 자리를 거쳐 1237년(고종 24)에는 정2품 문하시랑평장사라는 최고위 재상직에까지 올랐다.

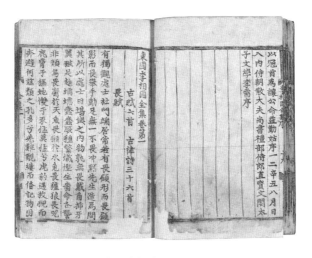

『동국이상국집』· 국립중앙박물관

이규보의 『동국이상국집』은 당시의 사회상은 물론 전승들을 풍부하게 담고 있다. 이
규보는 훌륭한 문장가로 극찬을 받기도 하지만 권력자에 아부해 일신의 영달을 도모
한 기회주의자로 비판을 받기도 한다.

이규보는 1231년(고종 18) 몽골이 고려를 침략하기 시작하자 몽
골에 보내는 외교문서 작성 업무를 전담했다. 1차 침입 때는 몽골
황제가 이규보의 글에 감동하여 철군했다고 한다. 문장에 감탄했
다기보다는 전략적 판단에 따른 철군이었겠지만 그의 문장력이 그
만큼 대단했다는 것을 알 수 있는 일화다.

이규보는 정치적 활동보다 그가 남긴 수많은 글로 후세에 명성
을 떨쳤다. 사망하던 해인 1241년(고종 28)에 『동국이상국집東國李相國
集』이 간행되었다. 가전체 소설인 『국선생전麴先生傳』과 시화 및 잡기
인 『백운소설白雲小說』 등은 고려 패관문학의 대표작으로 알려져 있
다. 또 젊은 시절에 쓴 『동명왕편東明王篇』은 우리나라의 대표적 건국
장편 서사시로 평가받고 있다.

이규보는 술을 굉장히 좋아했고 행동이 호탕했다고 한다. 당시 고관들이 재물을 쌓는 데 골몰한 반면 이규보는 살림을 늘리는 데 별 관심이 없었다. 시와 문장을 짓는 데도 옛사람의 틀에 매이지 않고 새롭고 독자적인 경지를 개척해 일가를 이루었다고 당대 사가들은 평가했다. 하지만 생활과 문학에서 자유인이었던 이규보도 출세욕에서만큼은 자유롭지 못해 권력자를 찬양하는 글을 써 출셋길에 올랐다는 오명을 씻지 못했다.

이규보가 과거에 연거푸 떨어졌던 까닭은 시험운도 없었지만 술을 좋아한 탓이 컸다. 이규보는 평생 술을 즐겼다.

민중의
100년 항쟁

무신정권 100년간 민중 항쟁 역시 격렬하게 일어났다.
지배 체제가 혼란해진 가운데 가혹한 수탈이 자행되었기 때문이다.

최충헌이 이의민을 죽이고 집권한 이듬해인 1198년(신종 1) 집권자 최충헌의 사노 만적이 개경의 북산에서 공노비와 사노비들에게 열변을 토했다.

나라에서는 경인년(1170)과 계사년(1173) 이래로 높은 관직 중에 천민 노예에서 오른 이가 많다. 장수와 재상에 어찌 타고난 씨가 있겠는가! 때를 만나면 할 수 있는 것이다. 우리들만 어찌 채찍 아래 몸을 고생시킬 수 있겠는가!(『고려사』 권129, 최충헌 열전)

만적의 연설에 노비들이 크게 호응했다. 이미 많은 수의 노비는 만적의 뜻을 알고 모였을 것이다. 그렇기에 누런 종이쪽지 수천 장에 똑같이 정(丁)을 써서 비표로 삼았다. 비표는 거사에 모일 동지를 알아보기 위한 표식이었다. 이어서 만적은 행동 계획까지 일러두었다.

우리가 흥국사 회랑에서 격구를 하는 마당으로 일시에 집결해 북을 치고 고함치면 궁궐 안에 있는 환관들도 반드시 호응할 것이며 관노는 안에서 나쁜 놈들을 죽일 것이다. 우리가 성안에서 봉기하여 먼저 최충헌 등을 죽이고 이어 각자는 자기 주인을 죽이고 노비 문서를 불태워버리자! 그리하여 이 나라에서 천인을 없애면 공경장상을 우리가 할 수 있을 것이다.(『고려사』 권129, 최충헌 열전)

이런 행동 계획에 따라 기일이 되어 흥국사에 노비들은 모였다. 그런데 그 수가 예정과 달리 수백에 불과했다. 거사가 어렵게 되자 만적은 다시금 거사 장소를 보제사로 정하고 후일을 기약했다. 그러고는 "일의 비밀을 보장하지 못하면 성공하지 못하니 누설치 않도록 조심하라!"라며 모인 노비들에게 신신당부했다.

그러나 수백 명을 입단속할 수는 없는 일이었다. 한충유의 노비 순정이 밀고했다. 한충유는 최충헌에게 보고했다. 만적을 비롯한 노비 100여 명이 체포되어 강물에 던져져 죽임을 당했다. 비열한 고발자 순정은 은 80냥을 받고 면천하여 양민이 되었다. 한충유 역시 합문지후를 제수받았다.

신분 해방 운동의 대명사 만적의 난

고려시대에 노비의 처지는 비참했다. 그들의 값어치는 포 50~100필에 불과했다. 말 한 마리 값의 반도 아닌 3분의 1 가격에 매매되기도 했다. 그들은 매매, 양도, 상속, 약탈, 전당典當의 대상이 되어야 하는 인간 이하의 삶을 살았다. 이런 처지의 노비 만적이 노

직장 윤광전尹光典의 분재기 · 문화재청

1354년 직장동정 윤광전이 자신의 아들 윤단학에게 한 명의 노비를 상속한다는 내용을 기록한 문서다. 고려시대 노비는 매매, 양도, 상속 등의 대상이었다.

예 해방 사상을 가지고 구체적인 행동 계획까지 세워 노비들을 조직한 사건은 혁명적인 일이었다. 만적은 집권 계획까지 세우고 있었다.

만적이 이런 계획을 짤 수 있었던 까닭은 무신정변과 연이은 무인들의 쿠데타 때문이었다. 무신정변은 고려의 신분 질서에 동요를 가져왔다. 어머니가 노비였던 이의민이 최고 권력자가 되는가 하면 어머니와 할머니가 관기였던 조원정은 무신정변 후 정3품의 추밀원부사에까지 올랐다. 상장군이 된 석린 역시 창고 부근에서 쌀을 주워 먹으며 살 정도로 가난하고 비천한 출신이었다. 이들이 정변에 참여하여 신분을 바꾼 경우라면 재산을 모아 노비에서 벼슬까지 얻은 이도 등장했다.

명종 대(1170~1197) 평장사 김영관의 사노였던 평량이 그런 인물이었다. 평량은 외거노비로서 열심히 농사를 지어 부자가 된 후 권세가에게 뇌물을 바쳐 양인이 되었을뿐더러 산원동정이라는 하급 관직까지 얻었다. 그의 아들은 부대의 우두머리가 되어 양반가의 딸과 혼인을 맺기까지 했다.

급격한 신분제 동요와 함께 무신 집권자들의 사병 양성도 만적의 거사를 가능하게 한 원인으로 볼 수 있다. 경대승이나 최충헌 등 무신 권력자들은 자신의 목을 누가 칠까 두려워 도방을 설치해 사병을 양성했다. 사병에는 집안 노비들도 포함되었다. 만적 역시 최충헌의 사병으로 활동했을 가능성이 크다. 최충헌이 이의민을 제거했을 때나 동생 최충수와 일전을 치를 때 만적 역시 창을 들고 현장으로 달려갔을 것이다. 그 과정에서 공을 세운 노비들은 주인의 힘을 믿고 문무 양반을 희롱하기까지 했다. 인간 이하의 취급을 받던 노비들이 힘을 만끽할 기회가 주어졌던 셈이다.

만적의 항쟁에 영향을 받았는지 1200년(신종 3)에 진주 공노비와 사노비들이 봉기하여 지방 하급 관리를 살육하는 일도 생겼다. 이들 노비는 농민과 연합해 대규모의 항쟁을 벌이기도 했다. 1203년(신종 6)에는 개경 동쪽에서 노비들이 대를 나누어 전투 연습을 하다가 발각되기도 했다. 다시 한번 조직적인 항쟁을 준비하고 있었던 것이다. 최충헌은 사람을 시켜 체포하게 했는데 모두 도망가고 50명만 잡혔다. 그들 역시 강에 던져져 죽임을 당했다.

민중 항쟁의 시대

만적의 신분 해방 운동은 무신정변 이후 계속된 민중 항쟁의 연장선상에서 볼 수 있다. 1170년 무신정변 이후 무인이 득세한 100년은 민중 항쟁의 시대이기도 했다. 100년간 민중은 10여 차례에 걸쳐 지역을 가리지 않고 봉기했다. 1176년(명종 6) 충청도 일대에서 일어난 망이·망소이의 난, 1193년(명종 23) 경상도 지역을 거점으로 일어난 김사미·효심의 난 등은 정중부 정권과 이의민 정권의 존립에 심각한 타격을 가했다. 참가자가 수천을 헤아렸고 봉기군이 한때는 충청도와 경상도 지역 등을 몇 년씩 지배할 정도였다. 특히 망이·망소이의 난은 천민 출신이 주도한 대규모 반란이었다. 그들은 충청도 일대를 1년여간 지배하기도 했다.

무신정변은 신분 질서에 급격한 변화를 가져왔다. 부패한 무신 집권자들은 끝을 모르는 탐욕으로 민중의 삶을 어렵게 했다. 국가로부터 합법적으로 받는 땅 외에 공전을 함부로 점유하는 등의 토지 겸병 문제도 농민의 세금 부담을 과중하게 했다. 또한 관직을 사고파는 일이 잦아지면서 관직을 사기 위해 비용을 지불한 만큼 지방관의 수탈이 가혹해진 것도 항쟁이 다발적으로 벌어진 원인이었다.

민중 항쟁의 폭발은 고려 사회를 엄청난 변화 속에 몰아넣었다. 천민 출신 중에서 재상에 오르는 이가 적지 않게 나왔다. 노비 출신들도 벼슬길에 오를 수 있는 법령이 나오는가 하면 충렬왕 대(1274~1308)에는 노비 출신의 관리가 너무 많아져 문제가 되기도 했다. 공민왕 대(1351~1374) 개혁 정치의 기수인 신돈은 모계가 노비였다. 무신 집권기 토지 겸병 문제는 고려가 망할 때까지도 해결되지 못한 문제였다. 이 문제는 고려 말 신진 사대부에 의해 조선이 창업되고서야 해결되었다.

신분 상승한 평량은 뇌물을 주고 신분을 산 게 들통이 났다. 이 사실을 알게 된 사람들이 분하고 원통하게 여겼고 결국 어사대에서 그들 일가를 체포하기에 이르렀다. 문초를 받은 평량은 귀양 보내졌고 아들은 파면되었다.

고구려 · 백제 · 신라 부흥 운동은
왜 일어났을까?

무신 집권기 국가는 국가라 할 수 없었다. 지배 집단만의 이익을 챙기기에
골몰해 있는 무신정권에 맞서 삼국 부흥 운동이 일어났다.

최씨 정권이 수립되고 묘하게도 고구려·백제·신라 부흥
운동이 일어났다. 이전의 무신 집권기에도 숱한 민중 항쟁이 일어
났지만 삼국 부흥을 기치로 일어난 것은 최충헌 정권 때부터였다.
삼국 부흥 운동은 모두 민중 항쟁의 연장선상에서 일어난 것이었
지만 이것이 최충헌 정권 때 일어난 것은 우연의 일치라기보다는
그 배경에 공통된 원인이 있을 것이다.

최씨 정권 때 가장 먼저 일어난 부흥 운동은 1202년(신종 5)의 신
라 부흥 운동이었다. 사실 신라 부흥 운동의 뿌리는 깊다. 그 뿌리
는 최충헌이 제거한 무인 실력자 이의민에게 닿아 있다. 이의민은
집권 시절인 1193년(명종 23) 경상도 지역에서 항쟁을 일으켰던 김
사미와 효심 등과 비밀리에 내통했다는 의심을 사기도 했다. 김사
미와 효심이 항쟁을 일으켰던 지역은 경주 인근인 경상도 운문(청
도)과 초전(울산) 지역이었다. 경주는 이의민의 고향이자 그의 세력
이 많이 살고 있던 근거지이기도 했다. 『고려사』에는 그가 이들 항

쟁 세력과 내통해 왕이 되려 했다고 기록하고 있다.

> 이의민은 일찍이 붉은 무지개가 두 겨드랑이 사이에서 일어나는 꿈을 꾸고는 자못 이를 자부했다. 또 옛 참서讖書에 따르면 '龍孫十二盡更有十八子'(용손십이진갱유십팔자), 즉 '용의 자손은 12대로 끝나고 다시 십팔자十八子가 나타난다' 했는데 십팔자는 곧 이李 자다. 이런 이유로 이의민은 왕위를 바라보게 되어 탐욕을 줄이고 명사를 거두어서 헛된 명예를 추구했다. 자신이 경주 출신이라 하여 몰래 신라를 부흥시키겠다는 뜻을 품고 적인 김사미와 효심 등과 내통하니 적들도 많은 재물을 바쳤다.(『고려사』 권128, 이의민 열전)

이런 기록은 이의민을 반역자로 몰기 위한 조작의 성격이 짙다. 그러나 기록은 이의민이 옛 신라 지역을 자신의 근거지로 하고 있다는 점과 신라 지역의 항쟁 지도자들이 신라 부흥에 뜻을 품고 있었다는 점을 보여준다.

좌절된 신라 부흥 운동

김사미와 효심의 항쟁은 1194년 12월 김사미에 이어 효심이 체포, 사형되면서 실패로 끝났다. 이의민 역시 '고려 사직의 보존'을 내세운 최충헌 일파에 살해당하면서 역사의 무대에서 사라졌다.

그러나 경주 지역을 중심으로 항쟁은 계속되었다. 1199년(신종 2) 김순金順이 경주에서 항쟁을 일으켜 명주 등지의 반란군과 합세한 것을 비롯해 1200년에는 경주에서 이의민 세력이 봉기하기도 했다. 그러다 1202년(신종 5) 10월에는 경주 별초군이 영주를 공격하기도 했고, 11월에는 경주민 배원우가 고부군에 유배된 장군 석성주를 왕으로 삼아 신라 부흥 운동을 벌이려다 발각되어 처형당하는 일이 생겼다. 이때 배원우는 석성주에게 "고려의 왕업은 거의 다 되었으니 신라가 반드시 부흥할 것입니다"(『고려사절요』 권14, 신종 5년 11월)라며 신라 부흥을 분명히 내세웠다.

이러한 실패에도 불구하고 같은 해 12월에는 경주 지역의 항쟁 지도자 패좌_{孛佐}가 울진, 운문, 초전의 농민군과 함께 봉기했다. 그는 삼군을 조직해 스스로 '정국병사마사_{正國兵馬使}'라 칭하며 신라 부흥을 표방했다. 이 항쟁에는 이의민의 인척으로 보이는 이비_{利備}도 지도자로 참여했다. 그는 '거병하여 장차 신라를 부흥'할 것을 기치로 패좌와 함께 봉기했다. 이들의 봉기 역시 실패로 끝났다. 1203년 4월 이비 부자가 병마사 정언진의 꾐에 넘어가 체포되었고 다음 달에 패좌가 체포, 처형되면서 항쟁의 막을 내렸다. 그리고 다음 해인 희종 1204년(희종 즉위년) 경주 지역의 항쟁 지도자인 박인석, 김순 등 20여 명의 지도자가 체포되면서 경주 지역의 신라 부흥 운동은 완전히 진압되기에 이르렀다. 참으로 끈질긴 항쟁이었다.

경주 지역을 중심으로 했던 신라 부흥 운동이 이토록 지속해서 벌어졌던 이유는 최충헌 정권의 경주 차별 정책에 그 원인이 있었다. 이의민 세력을 반란 세력으로 몰아야 했던 최충헌은 이의민의 지역적 기반이었던 경주를 반역의 땅으로 몰아세웠다. 그로 인해 이 지역 사람들이 차별받아야 했다. 다른 지역의 민중 항쟁과 마찬

가지로 극심한 수탈에 시달렸던 경주 지역의 하층민들은 그 차별에 반발해 봉기에 나섰던 이 지역의 반란 지도자들과 합세해 '신라 부흥'이란 이념을 내걸고 오랜 기간 항쟁을 벌였다.

고구려 · 백제 부흥 운동

고구려와 백제의 부흥 운동은 신라 부흥 운동처럼 조직적이지도 지속적이지도 않았다. 하지만 고구려 계승을 표방한 고려에서 고구려 부흥을 내세운 반란 사건이 일어난 것은 뜻밖의 일이었다. 두 운동은 거란과 몽골의 침략기에 일어났다는 공통점이 있었다.

고구려 부흥 운동은 1216년(고종 3) 몽골에 쫓긴 거란이 고려의 북방을 침입한 이듬해에 서경에서 일어났다. 고려 조정은 거란이 침입했을 때 서경병마사인 상장군 최유공과 판관인 예부낭중 김성에게 서경군을 거느리고 적을 막게 했다. 그런데 최유공이 평소 병졸들을 학대해 병졸들이 출동을 거부했다. 병졸인 최광수가 스스로 원수의 깃발을 들고 출동을 거부하고 군사를 소집해 거란군이 아닌 서경을 향해 군대를 돌렸다. 이때 상장군 최유공은 당황해 어쩔 줄 모르고 판관인 김성은 술에 취해 깨나지 못한 상태였다.

최광수가 반란을 일으키자 서경 지역 주민들은 크게 호응했다. 최광수는 '구고려부흥병마사금오위섭상장군高麗復興兵馬使金吾衛攝上將軍'이라 자칭하고 관원과 군대를 모아 국가 체제를 구축했다. 이어 서북계의 여러 성에 격문을 보내 선동했다. 그리고 대사를 도모하기 위해 여러 신사에 제사를 지내기까지 했다. 최광수는 비록 사졸이었지만 새로운 국가를 세우기 위한 계획을 세우고 있었던 것이다. 그러나 최광수는 군대를 움직이기 전에 그와 같은 고향 출신의 분대녹사 정준유(정의)에게 살해되었고 고구려 부흥 운동은 실패로 끝났다.

백제 부흥 운동은 몽골 침입이 한창이던 1237년(고종 24) 원율과 담양 등지에서 이연년李延年이 스스로 백적도원수百賊都元帥라 칭하고 봉기했다. 기록에는 '백적'이라고 되어 있지만 자신을 도적이라고 칭할 리 없다. 이연년은 '백제도원수'라고 칭했음이 틀림없다. 그의 봉기 호소는 호응을 받아 주변의 주와 군에서 많은 사람이 군사를 이끌고 그 뒤를 따를 정도였다. 이연년은 그를 토벌하러 온 김경손 장군이 대몽 항쟁에서 뛰어난 전공을 세운 장군임을 알고는 그를 죽이지 않기 위해 화살을 쏘지 않을 정도로 정세 인식에도 뛰어난 인물이었다. 그러나 그 역시 정부군에 진압당했다.

고구려와 백제의 부흥 운동이 외세 침략기에 집중적으로 일어난 것은 당시 최씨 정권이 거란이나 몽골의 침략을 막지 못하면서도 민중에 대해서는 수탈을 거리끼지 않았던 것에 대한 적극적 반발이었다. 또한 최씨 정권의 전횡에 대해 변변한 대응 한번 하지 못하는 고려 국왕의 태도로 볼 때 고려는 이미 국가가 아니었다. 이런 상황에 대한 불만이 결국 삼국 부흥 운동으로 표출되었던 것이다.

김사미와 효심의 항쟁 때 이의민의 아들 이지순이 그들과 내통하면서 농민군에게 정부군의 주요 정보를 제공했다는 기록이 있다. 이에 토벌군 총사령관인 전존걸이 분통해 자살했다고 한다.

탐라는
육지의 식민지인가

숙종 때 와서야 고려의 한 군으로 편입되었던 탐라는 다른 지방보다
더 큰 차별을 받았다. 이런 차별에 맞선 탐라민의 항쟁은 계속되었다.

『고려사』를 보면 탐라(제주)민의 항쟁 기록이 여러 번 등장
한다. 그런데 제주 지역의 항쟁은 다른 민중 항쟁과는 성격이 조금
달랐다. 제주 항쟁은 섬이라는 지역적 특성 때문인지 지역 내 피지
배 계급의 항쟁이 아닌 지역민 전체의 항쟁인 경우가 많았다.

제주는 1105년(숙종 10) 군郡으로 편제되기 전까지 반독립적인 지
역이었다. 4, 5세기 제주에도 국가가 성립했다. 하지만 제주는 땅이
좁고 인구도 적어 강력한 고대 국가로 발전하지 못하고 백제와 신
라의 속국 탐라국으로 남아야 했다. 제주의 통치자는 제1지배자를
성주星主, 제2지배자를 왕자王子, 제3지배자를 도내都內라 불렀다. 이
들 지배층의 성씨는 고高·양良(梁)·부夫 씨 등이었다. 초기 성주는
고씨가 맡았다. 속국이었으므로 탐라국에서 조공을 제대로 바치지
않을 때면 백제가 정벌하려 했다.

후삼국기 제주에 대한 기록은 925년(태조 8) 11월 탐라에서 토산
물을 바쳤다는 것뿐이다. 육지가 혼란할수록 제주민은 편했을 것

이다. 그러다 통일이 되고 938년(태조 21) 탐라국 태자 고말로가 내조하자 성주왕자의 벼슬을 주었다는 기록이 있다. 그 뒤에도 탐라에서는 여러 번 고려 왕에게 방물을 바치고 그에 대한 대가로 명위장군, 중호장군 등의 벼슬을 받았다. 이는 고려가 송이나 요 등에 했던 조공 외교와 다를 바가 없었다.

고려 초기에 탐라를 완전히 병합하여 군현으로 삼지 않은 것은 지방 통제력이 미약했기 때문이다. 그러다 광종 대(949~975)를 거쳐 중앙집권제가 강화되자 성종 때부터 구당사를 파견해 민정을 살폈고 숙종 때 마침내 행정구역상 탐라군으로 고려 체제에 편입했다.

계속되는 관리의 폭정

고려는 제주를 탐라군으로 편입했지만 자치권은 어느 정도 인정했다. 조정에서 수령을 직접 파견했어도 성주와 왕자 등 기존의 지배 체제는 인정해주었다. 그리고 특산물을 제외하고는 조세도 개경으로 보내지 않고 독자적으로 사용할 수 있게 했다.

그런데 문제는 파견된 관리에게 있었다. 지방관은 정치, 경제, 사법의 전 영역에 대한 통치권을 왕에게서 위임받는 자였다. 이들은 탐라가 육지에서 멀리 떨어져 중앙정부의 감시가 소홀한 틈을 타 지역민에 대한 가혹한 수탈을 일삼았다. 게다가 제주가 뒤늦게 병합된 약소국이라고 업신여겨 수령 이하 육지에서 파견된 관속들은 제주민을 식민지 백성처럼 천대했다.

이런 천대와 수탈을 견디지 못한 제주 민중은 항쟁을 거듭했다. 최초의 항쟁은 1168년(의종 22) 양수良守 등이 주도하여 발생했다.

이때 반란의 이유는 단순했다. 전임 현령인 최척경이 퇴직한 뒤 새로 온 현령이 포학을 일삼으니 최척경을 다시 현령으로 부임하게 해달라는 것이었다. 결국 이들의 요구가 받아들여져 최척경의 재부임으로 반란은 진정되었다.

그러다 최씨 무신정권이 들어선 1202년(신종 5) 10월에 제주민은 다시 봉기했다. 왜 이들이 반란을 일으켰는지에 대한 기록은 남아 있지 않으나 최충헌이 어떻게 처리했는지에 대한 기록은 남아 있다. 최충헌은 난을 힘으로 진압하고 번석, 번수 등 주도자들을 가혹하게 처단했다. 다른 민중 항쟁과 동일한 방식으로 처리한 것이다. 이 항쟁은 같은 해 12월에 진압되었다. 항쟁이 최소 3개월 이상 지속된 것이다. 1267년(원종 8)에는 좀도적 문행노文幸奴가 난을 일으켰고 몽골의 영향력 아래 놓여 있던 고려 관군에 의해 진압되었다.

몽골의 가혹한 수탈

제주는 원(몽골)이 일본을 침략하는 과정에서 가혹한 수탈을 당했다. 1268년 원은 일본 침략을 준비하면서 육지와는 별도로 탐라에 배 100척을 만들게 했다. 탐라가 일본과 가까워 원은 탐라를 전초기지로 삼고자 했다. 당시 제주민은 육지보다 인구도 적었고 자원도 부족한 상태에서 과도한 공역을 수탈당했다. 제주민의 불만은 커져만 가는 상황에서 삼별초군이 제주로 후퇴하는 사태가 발생했다. 배중손의 삼별초군은 강화에서 진도로 갔다가 여몽연합군에 쫓겨 제주로 왔다.

제주민은 고려 조정과 원의 가혹한 수탈에 반기를 들 기회라 보

한동환해장성(漢東環海長城)·제주특별자치도청

바다에서 들어오는 외적의 침입을 막기 위해 고려시대부터 조선시대에 걸쳐 해안선을 따라가면서 쌓은 성을 환해장성이라고 한다. 제주 구좌읍에 위치한 한동환해장성은 1270년 김통정 장군이 이끌던 삼별초군이 몽골에 끝까지 저항하고자 쌓은 것으로 약 120킬로미터가량이 남아 있다.

았다. 비록 최씨 정권의 사병이었지만 고려 최강의 부대였던 삼별초군과 연합하여 항쟁하면 그들의 숙원인 독립도 가능하리라 생각했을지도 모른다. 1270년(원종 11) 고려 관군은 삼별초군이 제주에 도착하기 전에 보루를 축조하고 병사를 정비하여 삼별초군의 제주 진입로를 차단하고자 했다. 그러기 위해서는 제주민의 협력이 필수적이었다. 그러나 제주민은 관군에 협력하지 않았다. 삼별초의 탐라 진입을 막기 위해 영암부사 김수와 장군 고여림이 탐라에 들어가 제주민을 동원해 긴 성(환해장성)을 쌓고 탐라를 수비했다. 김수가 지휘하는 부대는 삼별초의 선봉 부대를 제압했지만 제주민이 삼별초에 전면적으로 합류하면서 완패했다.

1271년 여몽연합군에 진도가 함락당하자 삼별초는 주력 부대까지 제주로 옮겨왔다. 제주민은 이들을 전폭적으로 지원하며 3년간 강력한 항전을 계속했다. 3년간 삼별초는 몽골의 영향력 아래 놓인 본토의 전라도와 경상도를 공격했다. 게다가 충청남도 안행량을 거쳐 북쪽까지 진격해 개경의 조정을 공포에 떨게 하기도 했다. 그러나 1273년(원종 14) 병선 160척에 병사 1만 명의 대규모 여몽연합군이 제주를 공격하면서 사정은 일변했다. 대군의 공격에 맞서 삼별초와 제주민은 3개월간이나 끈질기게 저항했지만 역부족이었다. 제주민의 독립 의지는 다시 물거품이 되었다.

삼별초를 진압한 후 원은 제주에 탐라총관부를 설치하여 제주를 직접 통치했다. 탐라총관부의 다루가치는 가혹한 수탈을 피해 도망한 제주민을 찾는 전담 관리까지 두어야 했다. 제주민은 원의 가혹한 지배에 맞서 봉기를 멈추지 않았다.

탐라耽羅는 '깊고 먼바다의 섬나라'라는 뜻이다. 탐라는 탐로라, 서모라, 섬라, 둔라, 탁라 등으로 불렸다. 탐라의 '羅'(벌릴 라)는 나라를 뜻하기도 한다.

무신 집권자들은 왜 직접
왕이 되지 않았을까?

　이의방, 정중부, 이의민 등 무신 집권자들의 권력은 막강했다. 그들은 왕도 스스럼없이 교체했고 왕위에 올릴 인물도 자신들이 선택했다. 명종이나 신종, 희종, 고종 등 무신 집권기 왕들은 거의 허수아비나 다름없었다. 특히 4대에 걸쳐 장기 집권한 최씨 정권은 자신들의 지배 체제를 영구히 할 권력 기구까지 설치해 운영했다. 인사권이나 군권, 재정권 등도 모두 이들에게 있었다. 그렇다면 아예 새로운 국가를 세워 왕이 될 것이지 왜 번거롭게 왕의 재가를 받는 신하의 자리에 있었을까 하는 의문이 들지 않을 수 없다.

　이들이 왕위에 오르지 않는 이유는 우선 무신 집권자들이 애초 무신정변을 일으킬 때부터 왕조 창업을 의도하지 않았던 데 있었다. 이의방 등은 문신보다 천대받는 자신들의 처지를 벗어나려는 의도에서 난을 일으켰다. 성공한 마당에 굳이 무리하여 왕조를 창업할 필요도 의지도 없었다. 게다가 정권을 탈취한 무신 집권자들은 소수의 무리로 성공한 뒤 무인 집단의 지지를 끌어내는 데 주력해야 했을 정도로 세가 약했다. 정중부(1174)와 경대승(1179), 이의민(1183), 최충헌(1196) 등은 모두 직전 집권자를 제거하면서 불손한 권력자를 처단한다는 것을 명분으로 삼았다. 즉 국왕의 권위에 기대 쿠데타를 일으켰던 것이다. 이런 그들이 왕위에 오르는 것은 무리수였다.

최씨 정권 역시 장기 집권했음에도 왕조를 개국하는 것은 무리였다. 금과 원 등 강대국이 있는 상황에서 침략의 명분이 될 왕위 찬탈을 꾀할 이유가 없었다. 최씨 집권자들은 국가보다도 자신들의 안위가 우선이었다. 이들은 국왕의 권위에 기대 정권 안전만 도모했을 뿐이다.

머리채를 팔아 마련한
점심밥

~~~~~~~~~~

　의종은 명승지에 수많은 정자각을 세워 밤낮을 모르고 놀았다. 그
중 중미정衆美亭은 특히 유명했다. 시냇물을 돌로 막고 못가에 정자
를 세운 것이다. 물오리에 갈대가 곁들여진 아름다운 호수였다. 의종
은 중미정 호수에 배를 띄워 어린아이에게 뱃노래를 부르게 하며 놀
았다.

　이 사치스러운 중미정에는 백성들의 피눈물이 녹아 있었다. 의종
때 중미정 역사에 동원된 인부들에게 식량도 지급되지 않았다. 그래
서 인부들은 모두 자기가 먹을 밥을 싸가지고 왔다. 그런데 한 인부는
몹시 가난해 식량을 구할 길이 없었는데, 함께 일하던 인부들이 밥을
한 숟씩 덜어주어 배고픔을 해결할 수 있었다. 하루는 그 가난한 인부
의 처가 밥과 찬을 가지고 와서 남편에게 권하며 친한 사람과 함께 먹
으라고 했다. 남편은 물었다. "집이 가난한데 어떻게 식량을 마련했는
가? 남의 남자와 친해서 돈을 얻었는가? 그렇지 않으면 남의 물건을
도둑질했는가?" 그러자 아내가 답하길 "내 얼굴이 못났으니 누가 나
와 친하려 하겠습니까? 내 성격이 옹졸하니 어찌 남의 물건을 도둑질
할 수 있겠습니까? 다만 내 머리카락을 잘라 판 돈으로 식량을 구했

고려시대 청자기와를 재현한 국립중앙박물관 '청자정'

을 뿐이오"라고 하며 그 머리를 보여주었다. 남편은 목이 메어 음식을 먹지 못했고, 주변의 사람들도 슬퍼했다.

『고려사』(권18, 의종 21년 3월)에 기록된 이 이야기는 의종의 사치가 백성들을 고통스럽게 했음을 보여주는 기사다. 무신정변과 연이어 일어난 민중 항쟁은 의종의 이런 악정이 배경이 된 것이었다.

출세를 위해선
마누라도 버리자!

　서긍의 『고려도경』에는 "남녀 간의 혼인도 가볍게 하여 쉽게 헤어진다"라는 기록이 있다. 고려시대에는 결혼과 이혼이 자유로웠다. 조선과는 판이한 풍속이다. 이혼이 두 사람만의 문제로 이뤄진다면 별 문제 될 것은 없다. 그러나 자신의 출세를 위해 처를 버리는 고려 사내들이 사서에 자주 등장한다. 오히려 조강지처를 버리지 않았다는 이유로 칭송받는 기록이 보이는 것으로 봐서는 이런 유의 인간이 많았던 듯싶다.

　무신정변이라는 정치적 격변이 발생하자 하루아침에 자신의 입장을 바꿔 아내를 버리는 자들이 속출했다. 송유인이란 자는 아버지의 공으로 벼슬을 받은 뒤 출세하여 대장군이 된 인물이다. 그는 무신보다는 문신과 더 친하여 무인들의 미움을 샀다. 그런데도 무신정변 뒤 송유인은 자신이 정치적으로 고립될 것을 우려해 처를 섬으로 내쫓고는 정중부의 딸과 결혼했다. 사실 송유인은 본부인과도 재력 때문에 결혼했다. 그는 처가의 돈으로 뇌물을 써서 대장군에 올랐다. 이런 송유인은 결혼 후 무신정권의 실세로서 출세 가도를 달리며 부패를 일삼다가 경대승의 칼에 맞아 죽었다.

정중부의 아들 정균 역시 무신정변 이후 아버지가 집권하자 전처를 버리고 상서 김태영의 딸을 유인해 처로 삼았다. 그 뒤에는 아예 명종의 딸과 결혼하고자 하여 경대승에게 제거되었다.

　　최씨 정권의 사조직인 도방 마별초는 말안장이나 옷을 몽골풍으로 화려하게 차리고 다녔다. 그러자 장안의 젊은 사람들이 이들을 따라 호사스러운 차림을 일삼았는데, 이런 호사를 누릴 돈을 처가 가난하여 대지 못하면 소박하는 일이 많았다. 출세를 위해서든 사치를 위해서든 아내를 버리는 고려의 못난 사내가 적지 않았다.

고려 기생은
백정 출신

~~~~~~~~~~

　　고려 기생의 기원은 양수척이다. 약수척이란 후삼국 통일 과정에서 왕건이 후백제를 공격할 때 극렬히 저항했던 집단의 후예들이다. 아마도 왕건에 제압당한 수적水賊 능창도 양수척의 조상이었을 것이다. 이들은 관적貫籍도, 부역도 무시하며 수초水草를 따라 유랑 생활을 했다. 이들은 버드나무로 키나 소쿠리柳器 등을 만들어 팔거나 사냥으로 생계를 이어갔다. 조선시대에는 이들을 백정이라 불렀다. 기생은 이들 양수척의 무리 중에서 나왔다. 예쁘고 재주 있는 양수척 여인들이 차출되어 가무를 익혀 기생이 되었다.

　　994년(성종 13)에 거란이 침입하자 고려 조정에서는 기생을 뽑아 거란에 선물했다. 그러자 거란군이 물러갔다는 기록이 있다. 고려 기생은 인기가 있었던 것이다. 현종은 즉위한 해(1009)에 기생 제도를 없앴지만 부활하여 문종 때는 연등회 때 여악을 베풀었다. 인종 대(1122~1146)와 의종 대(1146~1170)에는 양수척 중 재주 좋은 여인들을 선발해 무희로 길러 내외빈을 접대할 때 공연하게 했다. 충렬왕과 충선왕은 각각 기생 적선래와 만선환을 사랑했다는 기록이 나온다.

알성시은영연도 謁聖試恩榮圖(1580)·일본 요메이분코陽明文庫

조선 선조 때 임금이 성균관을 방문하여 알성시를 시행하고 의정부에서 급제자들에게 베푼 잔치를 그린 것이다. 급제자들이 앉아 있는 공간에서 기생 등 연행자들이 접시돌리기, 방울받기, 땅재주 등의 공연을 펼치고 있다. 고려 때 임금이 베푼 여악이나 내외빈 접대 공연도 이와 비슷했을 것이다.

일제강점기 유랑 예인 집단 남사당패 · 국립민속박물관

　국왕이 기생을 사랑했으니 신하들은 두말할 것도 없다. 유명한 기생들은 역사서에서도 찾아볼 수 있다. 이 중 이의민의 아들 이지영의 애첩이었던 자운선이 유명하다. 이지영은 자운선에게 양수척 무리의 공물 징수권을 부여했다. 자운선의 수탈은 가혹했다. 이지영이 죽은 뒤 자운선은 최충헌의 첩이 되어 공물 징수권을 계속 유지했다. 이에 분노한 양수척들은 거란의 침입 때 길잡이 역할을 자처했다. 그런데 여색에 빠진 이들과 달리 김방경은 창기를 들여줘도 거부해 동료들을 부끄럽게 하기도 했다.

1230년

몽골 제1차 침입 ——— 1231년
강화 천도, 몽골 제2차 침입 ——— 1232년
금속활자로 『상정고금예문』 간행 ——— 1234년
몽골 제3차 침입 ——— 1235년
팔만대장경 판각 착수(~1251) ——— 1236년

1241년 ——— 신성로마제국, 한자동맹 성립

몽골 제4차 침입(~1248) ——— 1247년

1250년

몽골 제5차 침입(~1254) ——— 1253년
몽골 제6차 침입(~1259) ——— 1254년

1254년 ——— 대공위시대(~1273)

쌍성총관부 설치 ——— 1258년

개경 환도, 삼별초 대몽 항쟁 ——— 1270년

1270년

1271년 ——— 원 성립

김방경, 제주에서 삼별초 진압 ——— 1273년
여원 제1차 일본 침략 ——— 1274년

1279년 ——— 남송 멸망

정동행성 설치 ——— 1280년
여원 제2차 일본 침략 ——— 1281년

1290년

1299년 ——— 마르코 폴로, 『동방견문록』 출판
1302년 ——— 프랑스, 삼부회 성립

안향의 건의로 국학 대성전 건립 ——— 1304년

1309년 ——— 교황 아비뇽 유폐

1310년

만권당 설치 ——— 1314년

1321년 ——— 단테, 『신곡』 완성

1337년 ——— 일본, 무로마치막부 성립
영국·프랑스, 백년전쟁(~1453)

1340년

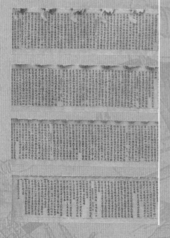

제 **3** 장

대몽 항쟁과
원 간섭기

칭기즈칸의 몽골제국 고려를 침입하다

고려에 공물을 요구하는 사신으로 왔던 저고여가 몽골로 귀국하는 도중 살해된 사건을 빌미로 몽골군이 침략해왔다.

1206년(고려 희종 2) 몽골고원의 부족장 테무진(1162~1227)은 몽골족 전체를 통일하고 칸(황제)으로 추대되었다. 이름도 칭기즈로 바꿨다. 그러고는 중앙아시아를 중심으로 한 세계 제국 건설에 나섰다. 1211년부터 중원을 장악하고 있던 금을 공략했고 1220년 호라즘제국을 쓰러뜨렸다. 1223년에는 남러시아를, 1227년에는 서하(탕구트)를 복속시켜 중앙아시아를 완전히 몽골제국의 지배하에 두기에 이르렀다.

몽골제국의 팽창은 결국 한반도에까지 이르렀다. 금과의 강화로 평화적 대외 관계를 유지하고 있던 고려에는 대파란의 시기가 닥쳐오고 있었고 그 파란은 엉뚱하게도 멸망했던 거란족에게서 시작되었다. 1211년 중국 동북 지방에서 금의 천호千戶였던 거란인 야율유가耶律留哥가 반란을 일으켜 국호를 요遼라 하여 금의 토벌군과 싸웠다. 이를 진압하기 위해 출동한 금 장군 포선만노蒲鮮萬奴는 야율유가에게 대패한 뒤 본국을 배반하고 스스로 대진국大眞國을 세우

몽골 기마병 · Saray album

몽골인에게 말은 죽어서 저승까지 함께 가야 하는 동반자였다. 말이 없으면 하늘나라에 갈 수 없다는 믿음이 있어 사람이 죽으면 말도 함께 묻었다. 칭기즈칸의 무덤에는 당대 명마 수십 마리가 함께 묻혔다.

고 천왕을 자처했다. 그런데 요에서 야율유가를 추방하는 사건이 일어났다. 야율유가를 추방한 요의 반란자들은 국호를 위요寫遼라 하고 금의 군대에 패퇴했다. 추방된 야율유가는 몽골제국에 투항해 칭기즈칸의 후원을 받아 위요를 공격했다.

바로 이 위요가 1216년(고종 3) 야율유가와 포선만노에 쫓겨 고려에 들어왔다. 고려의 북방에 들어온 위요는 약탈과 살인, 방화를 자행했다. 이들은 비록 위요라는 국호를 쓰긴 했지만 도적 떼에 가까웠다. 고려는 김취려 장군과 노원순 장군을 파견해 이들을 진압했다. 이듬해 4월 김취려 장군이 제천에서 거란족을 대파했으나 이들의 침입 지역은 넓었다. 결국 북방에서 진격해와 화주, 맹주, 순주, 덕주를 함락시킨 몽골군 1만과 야율유가·포선만노가 지휘하는 군대 2만과 고려군은 합세해야 했다. 1219년(고종 6) 조충과 김취려 장군은 이들과 연합해 강동성에서 거란을 완전히 격퇴했다(강동성 전투). 하지만 몽골군의 도움이 절대적이었다. 이에 따라 고려는 몽골과 형제의 맹약을 맺고 매년 몽골에 엄청난 양의 공물을 바쳐야 했다.

버거운 몽골의 요구

몽골의 사신은 형제의 맹약을 빌미로 매년 10명 안팎씩 고려에 들어왔다. 이때마다 몽골의 사신들은 고려로부터 수달피, 모시, 붓 등 귀중한 토산품을 거두어갔다. 몽골이 요구하는 공물의 양과 가 짓수는 해가 갈수록 늘었다. 그 빈도와 수량도 엄청났다. 이전 송이나 요, 금에 바치던 것과는 판이했다. 고려로부터 조공을 받은 송이나 요 등은 그 이상의 보답을 해주었다. 이를 '조공 무역'이라고 부르기도 했다. 그러나 약탈이 주요한 경제적 수단이었던 몽골은 아예 이런 방식은 염두에 두지 않았다. 무조건 받기만 하고 주는 게 없었다. 이를 거절하면 가차 없는 보복만이 있었다. 고려 역사상 유례가 없는 일이었다.

이 같은 상황에서 1225년(고종 12) 1월 몽골 사신 저고여가 귀국하던 도중 압록강 유역에서 피살되는 사건이 발생했다. 이 사건으로 고려와 몽골의 관계는 경색되었다. 고려는 도적 떼가 저고여 일행을 죽였다고 했지만 몽골은 고려를 의심했다. 더욱이 당시는 칭기즈칸이 서역으로 원정을 떠났다가 생사가 불투명했던 시기였다. 이런 혼란한 틈을 타 고려 조정이 저고여를 살해했다고 몽골은 생각했다. 저고여 피살 사건은 정복과 수탈이 본능에 가까웠던 몽골에 침략의 명분을 제공하기에 충분했다.

몽골의 1차 침입

몽골은 고려와 맺은 맹약을 파기하고 침략을 단행했다. 칭기즈 칸에 이어 즉위한 태종 오고타이는 재위 3년인 1231년(고려 고종 18) 8월 저고여 피살 사건을 문책한다는 구실로 고려를 침략했다. 몽골의 1차 침입이었다. 몽골군은 의주와 인접한 인주의 국경을 지키던 홍복원의 항복을 받고 그를 길잡이 삼아 개경을 향해 진격해 들어왔다. 고려에서는 대장군 채송년을 북계병마사로 임명하고 방어군을 편성해 대비했다.

초기 서북면병마사 박서朴犀와 정주분도장군 김경손金慶孫의 귀주성 전투는 기념비적이었다. 박서와 김경손은 귀주에서 막강한 몽골군과 결사 항전하여 끝내 성을 지켜냈다. 장군들의 용맹 또한 대단했다. 김경손 장군은 독전하다 적의 포석이 그의 이마 위를 스쳐 뒤에 있는 병졸의 머리를 박살 내는 것을 봤다. 좌우의 부하들이 지휘소를 옮기려 하자 김경손 장군은 "내가 움직이면 군사들이 동요한다"(『고려사』 권103, 김경손 열전)며 꿈쩍도 하지 않았다.

몽골이 정예 기병 300명을 선발하여 북문을 공격하자 박서가 그들을 쳐서 퇴각시켰다. 몽골이 누차樓車와 큰 평상을 만들고 겉을 쇠가죽으로 싼 뒤 속에 군사를 감추고 성 밑으로 포복하여 땅굴을 뚫었다. 박서가 성에 구멍을 파고 쇳물을 부어서 누차를 불태우자, 땅도 함몰하여 몽골군으로 압사한 자가 30여 인이었다. 다시 썩은 이엉을 태워서 불을 내어 나무 평상을 태우자 몽골인들이 놀라 어지러이 흩어졌다. 몽골이 다시 대포차大砲車 15개로 성의 남쪽을 공격하자 박서 또한 성 위에 대臺를 쌓고 포차를 내어 돌을 날리니 그들이 퇴각했다. (…) 몽골이 다시 수레에 풀을 싣고 불을 질러 초루譙樓를 공격하자 박서는 미리 물을 모아 두었다가 망루 위에서 뿌리니 화염이 곧 꺼져버렸다.(『고려사』 권103, 박서 열전)

박서 장군 등은 고려 조정에서 항복을 권유해도 꿈쩍하지 않았다. 나이가 일흔에 가까운 몽골의 한 장군은 이런 부대를 보고 감탄했다고 한다. "내가 어려서부터 종군하여 천하 성지城池의 공격과 방어를 여러 번 보았으나 이처럼 공격을 되게 당하고도 끝끝내 항복하지 않은 자는 처음 봤다."

치열한 항전이 벌어진 귀주성과 달리 다른 지역의 전투는 패전 일색이었다. 북상해온 대장군 채송년의 삼군은 안북부(안주)에서 살리타의 몽골군에게 완패했다. 본군을 격파한 몽골군은 개경 문밖까지 육박해와 항복을 강요했다. 이때 개경에는 노약한 남녀뿐이었고 집권자 최우는 자신의 보신에만 노력을 기울였다. 결국 고려는 1231년(고종 18) 살리타 등 몽골 장수들에게 엄청난 양의 물품을 바치고 투항했다.

고려의 항복을 받아낸 살리타는 개경을 비롯한 40여 개 성에

72명의 다루가치를 두었다. 고려를 직접 통제하는 총독을 둔 셈이다. 다루가치의 횡포는 극심하여 고려인의 반감을 샀다. 다루가치는 항복한 이듬해 강화 조건으로 제시한 물품을 보내라고 요구했다. 그러나 공물의 수량은 고려가 감당하기 어려운 것이었다. 금, 은, 구슬 상당량과 수달피 2000장, 병사 의복 10만 벌, 대소 관마 2만 필, 말 1~2만 필, 왕실 아들과 함께 남녀 어린이 각 1000명 등을 요구했다.

이 요구에 고려는 황금 70근, 백금 1300근, 저고리 1000벌, 말 174필만 만들어 보냈다. 이에 다루가치는 공물 송출을 무례하게 요구했고 조정의 반발은 심했다. 고려는 다시 한번 몽골과의 일전을 각오했다. 이때부터 30년에 걸친 몽골과 질긴 싸움이 시작되었다.

고려의 항복을 받아낸 칭기즈칸의 셋째 아들 오고타이(원 태종)는 정치력이 탁월해 거란족 재상 야율초재耶律楚材, 위구르인 재상 전진해田鎮海 등을 등용해 중앙정부의 정치기구를 정비했고, 속령屬領에 통치관인 다루가치를 파견해 통치 체제를 확립했다. 칭기즈칸의 정복 사업을 계승해 이란과 러시아, 금, 남송, 유럽, 인도 등 세계 제국을 완성했다. 그러나 만년에 일족 사이에 분규가 발생해 결국 그가 죽은 후 제국의 유지와 발전에 어려움이 생겼다. 몽골제국의 빛과 그림자였던 것이다.

무책임한 최씨 정권과
불굴의 고려군

최씨 정권은 비교적 안전이 보장된 강화에 피난 정부를 설치했다.
그러나 내륙에 방치된 적지 않은 민중들은 몽골 침략에 맞서
치열한 항쟁을 거듭했다.

고려에 주둔한 다루가치의 횡포가 심했다. 이들은 바치기
로 한 공물을 내줄 것을 강요했다. 고려는 응하기 어려웠다. 결국
이에 대한 대책을 마련해야 했다. 무신 집권자 최우와 측근들은 강
화로 천도를 주장했다. 조정의 대신들 대부분은 최우를 두려워하
여 감히 반대하지 못했다. 이때 참지정사 유승단兪升旦(1168~1232)과
야별초 지휘관 김세충金世沖(?~1232)이 반대하고 나섰다. 유승단은
"강화도로 도망하여 세월만 끌며 변방의 백성 중 장정은 전투에서
다 죽고 노약자는 묶여서 노예가 되게 하는 것은 국가의 장구한 계
책이 아닙니다"(『고려사절요』 권16, 고종 19년 6월)라고 했다.

김세충은 문을 밀치고 뛰어들어와 최우에게 이렇게 말했다. "송
경의 성은 견고하고 군사와 양식은 풍족하니 진실로 마땅히 힘을
모아 지켜서 사직을 보위해야 합니다. 이곳을 버리고 가면 장차 어
느 곳에 도읍하겠습니까." 타당한 주장이었다. 그러나 어사대부 대
집성 등 최우의 측근들은 김세충이 아녀자처럼 말참견한다 하여

베어 죽이자고 주장했다. 그의 말대로 김세충은 참형당했다.

강화 천도는 신속하게 이뤄졌다. 그러나 유승단의 예상대로 고려 민중은 이후 30년간 몽골의 칼날에 죽어갔고 포로가 되어 종으로 끌려갔다. 남은 자들은 전쟁의 참화 속에 굶어 죽어야 했다.

무리한 천도, 뿌리 뽑힌 민중의 삶

1232년(고종 19) 7월 강화 천도가 급하게 이뤄지면서 10만에 이르는 개경 사람들의 삶은 뿌리째 뽑혔다. 개경만이 아니라 전국의 백성들도 산성이나 섬으로 이주하라고 했다. 이에 따르지 않는 자는 군법에 따라 엄하게 처벌되었다. 강화로 천도가 이뤄지던 때는 장마가 열흘이나 계속되어 진흙길에 쓰러져 죽은 사람과 말의 숫자를 헤아리기 어려웠다. 이주하는 길은 가족을 잃은 사람들의 처참한 울음소리로 지옥 그 자체였다.

이런 민중의 비극과는 달리 최우 등 집권자는 옮겨간 수도 강화에서도 호화로운 생활을 계속했다. 최우의 집은 수십 리에 이르렀다. 개경에 있는 귀한 나무를 옮겨 심었는데, 이 나무를 한겨울에 옮기느라 또 많은 사람이 죽어나갔다. 강화는 조정의 고관들이 자신의 안전을 지키며 살기에는 그만이었다. 강화는 섬인 데다 해류가 일정하지 않아 가뜩이나 해전에 약한 몽골군이 공략하기 어려운 곳이었다. 난공불락의 섬이라 몽골군은 아예 공격할 엄두도 내지 못했다.

고려가 천도를 단행하자 몽골은 이를 선전포고로 받아들였다. 1232년 가을 몽골은 회군한 지 7, 8개월 만에 살리타를 사령관으로 하여 다시 고려에 침략해 들어왔다. 몽골은 개경으로의 환도와 고려 고종과 최우의 친조 혹은 출륙을 요구했다. 그러나 고려가 이에 응하지 않자 다시 개경을 거쳐 남하해 남경(서울)을 함락했다. 그리고 소백산맥을 넘어 남동부까지 깊이 내려간 몽골군의 한 부대는 대구 팔공산 부인사에 와서는 고려대장경 경판을 모두 불살랐

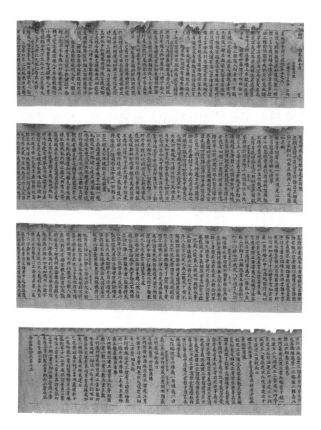

초조대장경初雕大藏經 · 국립중앙박물관
'처음으로 조성한 대장경'이라는 뜻의 초조대장경 경판은 현화사와 흥왕사 등 개경의 주요 사찰에 보관하다가 이후 대구 부인사로 옮겨졌으나, 1232년 고려를 침공한 몽골군에 의해 모두 불타버리고 말았다.

다. 한편 본대의 살리타는 처인성(용인)을 공격하다 이곳에 있던 승려 김윤후金允侯의 화살에 맞아 사망했다. 장수를 잃은 몽골군의 사기는 급속히 떨어져 철군하게 된다. 이렇게 몽골의 2차 침입은 막을 내렸다.

포로가 된 20만 고려인

동진과 금 평정을 위해 침입을 잠시 멈췄던 몽골은 1235년(고종 22) 다시 침입해왔다. 탕구를 사령관으로 한 몽골은 강화의 고려 조정과는 아무 교섭 없이 닥치는 대로 고려 국토를 유린했다. 이때 매국노 홍복원은 몽골로부터 관령귀부고려군민장관管領歸附高麗軍民長官과 동경총관東京摠管이라는 어마어마한 지위를 받고 또다시 길잡이 역할을 했다. 경주 황룡사구층목탑도 이때 파괴되었다. 약탈하고 파괴하고 살해를 일삼으며 고려 민중을 포로로 끌고 가는 유린 행위를 무려 4년에 걸쳐 자행했다. 3차 침입에서는 귀주성 전투에서 방어전 경험이 있던 방호별감 송문주가 다시 한번 활약했다. 그는 죽주산성 방어전에서 보름 동안에 걸친 몽골군의 맹공격을 막아내 성을 지켜냈다. 그러나 고려는 죽주성 전투 등 소규모 국지전에서의 승리 외에는 일방적 수세에 몰렸다. 전쟁이 장기화되며 피해가 심해지자 고려 정부는 1238년(고종 25) 12월 김보정 장군과 어사 송언기를 몽골에 파견해 철군을 호소했다. 이듬해 4월 몽골은 고종의 친조를 촉구하며 물러갔다.

몽골은 철군한 뒤에도 고려에 수차례에 걸쳐 친조를 촉구했다. 그러나 고려는 건국 이래 친조를 한 적이 없었다. 거란이 수차례 친조를 요구했을 때도 이를 거부했었다. 이번에도 고려는 이 핑계 저 핑계 대며 친조하지 않았다. 대신 1239년 왕족 신안공 전(全)(현종의 8대손)을 동생이라 하여 입조하게 했고, 1241년(고종 28)에는 신안공 의 종형인 영녕공 준(綧)을 왕자라 하여 귀족의 자제 10명과 함께 인 질로 보냈다. 오고타이가 사망한 1241년부터 1246년에 이르는 사 이는 몽골 황후의 섭정 기간이어서 직접적 침략은 중지되었다. 그 러나 고려는 막대한 양의 공물을 몽골로 보내면서 재정이 파탄 위 기에 내몰렸다. 이 와중에도 최우는 악공 1350여 명이 뜰에 들어와 연주하는 호화찬란한 연회를 종실과 재추들에게 베풀었다.

1247년(고종 34)에는 몽골의 4차 침입이 시작되었다. 앞서 몽골이 요구한 개경 환도와 고종 친조를 요구하는 침입이었다. 아무칸을 사령관으로 한 몽골군이 염주(연안)에 주둔하고, 400여 명의 정찰대 가 북계의 여러 성을 침입했다. 하지만 이번에는 몽골의 제3대 황 제인 귀위크가 사망하면서 곧 물러갔다.

1253년(고종 40) 여름 몽골군은 또다시 출병하여 5차 침략을 단 행했다. 별초군이 몽골군과 교전하고 김윤후가 이끈 충주민의 영 웅적 항전도 있었지만 백성들이 당하는 고통과 피해는 이루 말할 수 없었다. 침략을 되풀이해온 몽골군은 성과를 내고자 했고 국왕 의 친조보다 낮은 단계의 요구를 퇴군 조건으로 제시했다. 국왕 대 신 태자의 입조였다. 하지만 실현되지 못하고 결국 태자의 동생인 안경공 창(淐)이 몽골로 입조함에 따라 몽골이 철수했다.

1254년에는 대규모 6차 침입이 있었다. 이번에는 자랄타이가 이 끄는 5000명의 대규모 병사로 공략해 들어왔다. 6차 침입은 고려에 가장 큰 피해를 안겼다. 포로만 20만 6800명에 이르렀고 죽은 자는 이루 헤아릴 수 없었다. 몽골군은 이르는 곳마다 사람을 죽이고 고을을 불태웠다. 6차 침략 때는 1259년까지 4차례에 걸쳐 6년간이나 고려를 짓밟았다. 엄청난 파상공세였다. 이들의 요구는 단순했다. 개경 환도와 태자의 입조 그리고 공물을 다시 보내는 것 등이었다. 거듭된 전란과 그 속에서도 탐학을 일삼는 관료에 지친 위도, 광복산성 등의 민중들은 관리를 살해하고 몽골에 투항하기도 했다.

결국 1258년(고종 45) 고려 태자의 입조가 결정되었다. 마침 같은 해에 최씨 정권의 마지막 집권자 최의가 쿠데타로 제거당하며 명목상이나마 왕이 정권을 다시 잡게 되었다. 이듬해 4월 태자 전倎(원종)이 입조를 위해 몽골로 떠나면서 기나긴 몽골과 전쟁은 끝을 보게 되었다.

다루가치가 모두 악행을 저지른 것은 아니었다. 원종 때 다루가치 투도르脫朶兒는 공정하기로 유명한 인물이었다. 그는 병이 나 죽음에 이르렀을 때조차 고려 의원이 준 약을 거부했다고 한다. 혹시 그 약을 먹고 죽었다는 참소가 일어 고려인이 피해를 보지 않을까 우려해서였다.

삼별초 항쟁의
두 얼굴

무신정권이 무너지고 왕이 개경으로 환도하려 하자
삼별초는 자신들의 안전이 보장되지 않으리라 생각해
반란을 일으켰다.

1258년(고종 45) 최항의 심복이었던 유경, 김준, 임연이 공모해 최의를 제거함으로써 60년에 걸친 최씨 무신정권이 막을 내렸다. 김준 金俊은 최의가 집권하면서 심복 최양백과 유능 등만 총애하고 자신을 정치권력의 핵심에서 제외한 데 불만을 품었다. 김준은 야별초와 신의군 그리고 도방의 병력을 이용해 최의를 제거했다. 최의는 최씨 정권이 키운 친위 세력에 당한 것이다. 김준은 정권을 잡으면서 '정권을 국왕에게 돌린다'는 명분을 내세웠지만 말뿐이었다. 사실상 실권을 쥔 김준은 앞의 무신 집권자들처럼 권력을 장악했고 그의 행태는 조정의 고위 인사들에게 거부감을 들게했다.

김준은 결국 집권 10년 만인 1268년(원종 9) 임연 林衍에게 살해당한다. 임연이 정권을 잡을 당시 원종은 2차례에 걸쳐 몽골에 친조하고 고려의 독립국 지위를 보장받았다. 원종은 개경으로 환도해왕권을 강화하고자 했다. 이런 원종의 태도에 임연은 불안했다. 개경으로의 환도는 곧 자신의 정권 기반이 무너지는 것을 의미했다. 몽골과 비타협적 태도를 고수했던 무신 집권 세력은 왕이 개경에서 정치를 펴고 원과 직접 교류하게 된다면 자신들의 자리가 위태로워질 것을 잘 알고 있었다. 그래서 임연은 원종을 폐하고 안경공 창을 옹립했다.

그러나 임연의 이런 행위에 백성들이 반기를 들었다. 또다시 대책 없이 몽골과의 전쟁이 일어날까 두려웠기 때문이다. 1269년(원종 10) 서북면병마사 휘하의 최탄이 원종의 복위를 내세우며 난을 일으켰는데, 서북계 많은 성이 이에 호응했다. 몽골에 머물고 있던 태자(충렬왕)는 원 세조에게 원군의 고려 파병을 요청했다. 강화도 내에서도 임연의 독주에 불만을 품은 일부 무신들은 원종을 폐했다 하여 임연을 비난하기도 했다.

이런 안팎의 압력을 견디지 못한 임연은 1270년 원종을 복위시키고 등창으로 사망했다. 그 뒤 그의 아들 임유무林惟茂가 정권을 쥐었다. 임유무 역시 개경 환도를 반대했는데, 이미 대세는 정해져 있었다. 관료들 대부분은 원종의 의견에 따랐다. 원종이 기존 체제의 지속을 약속했기 때문이다. 임유무는 1270년 원종의 밀명을 받은 송송례와 홍계의 칼에 맞아 사망했다. 이로써 100년에 걸친 무신 정권 시대는 막을 내렸다.

삼별초의 반란

무신정권이 무너지자 강화도로 천도한 지 10년 만에 개경으로 돌아온 원종은 곧바로 삼별초의 해산을 지시했다. 삼별초三別抄란 최우가 전국의 도둑과 폭도를 막기 위해 조직한 부대였다. 즉 무신정권의 권력과 재산을 지키는 부대였다. 애초에 별초란 이름으로 불린 부대였으나 규모가 커지자 좌별초와 우별초로 나뉘었다. 그리고 몽골에 포로로 끌려갔다 돌아온 사람들을 조직해 신의군을 만들었다. 이들 좌별초, 우별초, 신의군을 합해 삼별초라 부른 것이다. 이들은 최씨 정권과 김준, 임연 등 무신 실력자의 무력 기반이었다.

> 권신이 권력을 잡으면 삼별초를 손톱과 어금니로 삼아 녹봉을 후하게 주거나 사사로운 은혜를 베풀었다. 또 죄인의 재산을 몰수하여 그들에게 주었으므로 권신이 은연중에 뜻을 보이면 앞다투어 온 힘을 다하였다. 김준이 최의를 죽이고, 임연이 김준을 죽이고, 송송례가 임유무를 죽이는 데 모두 그들의 힘을 빌렸다.(『고려사절요』 권18, 원종 11년 5월)

이들은 무신정권이 이끄는 대몽 전쟁과 강화 천도 과정에서 고려 민중을 폭력적으로 대했다. 삶의 기반이 육지에 있던 백성들에게 강제로 산성이나 섬으로 들어가게 했다. 당연히 떠나길 거부하는 백성이 많았다. 삼별초의 지휘관이었던 송길유 같은 인물은 특히 잔인했다.

> 송길유가 경상주도수로방호별감이 되어서는 고을 사람들과 재물을 검찰하여 섬으로 들여보냈는데, 명령을 따르지 않는 자가 있으면 반드시 쳐서 죽였다. 혹은 긴 밧줄로 사람들의 목을 줄줄이 엮어서 별초로

원종은 개경으로 환도하며 권신의 물리력인 삼별초를 해산하고자 했다. 그러나 삼별초는 해산하라는 왕의 명령을 듣지 않았다. 더구나 원종이 김지저를 강화로 보내 삼별초의 명단을 작성해 개경으로 오게 하자 삼별초는 반란할 마음을 더욱 굳혔다. 그들은 그 명단이 몽골에 알려질 것을 우려했기 때문이다. 삼별초 장군 배중손裵仲孫(?~1271)은 결국 생존을 위해 반기를 들었다.

배중손은 "오랑캐 군사가 크게 이르러 백성을 살육하니 무릇 나라를 돕고자 하는 자는 모두 구정으로 모이라"(『고려사』 권130, 배중손 열전)며 거짓 선동했다. 그러자 강화도에 머물던 관료와 군사들의 상당수가 개경으로 탈출해버렸다. 그중에는 두려워 달아나거나 앞다투어 배를 타고 강화도를 빠져나가려다 죽은 사람도 많았다. 삼별초는 배를 타고 도망가려는 사람들에게 "양반으로서 배에서 내려오지 않는 자는 모조리 죽인다"며 엄포하여 사람들을 배에서 내리게 했다. 그래도 배를 띄워 개경으로 가려는 자들은 작은 배로 추격하여 활을 쏘았다. 강화도 백성들은 인질이 된 셈이었다. 당시 대부분의 고려 관원들은 원종을 맞이하기 위해 육지로 나간 상태였기 때문에 삼별초는 관원의 가족들을 인질로 삼았다.

진도와 탐라에서의 삼별초

배중손은 내친김에 강화에서 새로운 정부까지 구성했다. 왕족인 승화후 온溫을 협박해 왕으로 삼고 관부까지 설치해 대장군 유존혁과 상서좌승 이신손을 좌우승선으로 임명했다. 그러나 강화를 근거지로 삼을 수는 없었다. 강화를 지키던 수비병이 모두 육지로 도망갔기 때문이었다. 삼별초는 상황이 여의치 않다고 판단하고 관청과 개인들의 재산을 거두어 진도로 향했다. 이때 삼별초 일행의 배가 1000여 척에 이르렀다고 한다. 삼별초는 진도를 근거지로 삼고 인근 고을을 노략질해 필요한 물자를 획득했다. 그러나 이듬해인 1271년(원종 12) 김방경과 몽골 장군 흔도·홍다구가 이끄는 여몽연합군에 의해 이들은 탐라로 패퇴했다. 이 과정에서 승화후 온과 배중손은 진압군에 의해 살해되었고 삼별초에 의해 끌려간 1만여 명이 연합군에게 붙잡히고 말았다.

김통정金通精의 지휘하에 탐라로 들어간 삼별초는 그동안 중앙정부에 수탈당해온 탐라민의 호응을 얻어 2년여간 상당한 세력을 떨쳤다. 한때 경상도와 전라도 일원을 장악하기도 했고 인천 근방까지 진출해 고려 정부로 들어가는 조운선을 공략하거나 고려군의 전함을 공격하기도 했다. 이로 인해 고려 정부는 상당한 어려움을 겪었다.

삼별초는 또한 일본에 외교문서를 보내 연합 전선을 펼치려고까지 했다. 고려 정부가 회유를 시도했으나 모두 실패로 돌아갔고, 결국 몽골은 삼별초 진압을 결정했다. 삼별초는 1273년 탐라에 상륙한 대규모 여몽연합군에 궤멸당했다. 마지막 삼별초 사령관이었던 김통정을 비롯한 70여 명은 산속으로 도망갔지만 모두 시체로 발견되거나 붙잡혀 처형당했다.

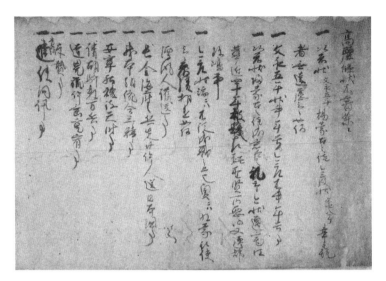

고려첩장불심조조高麗牒狀不審條條

1271년 고려가 외교문서로 일본에 보낸 내용을 가마쿠라막부가 검토하여 교토 조정에 보내면서 의문점을 정리한 12가지 항목이다. 이 자료에 따르면 삼별초 정부가 독자적으로 정부를 세우고 일본에 서신과 문서를 보냈으며 고려가 삼한을 통합하고 사직을 안녕케 했다는 등의 내용을 확인할 수 있다.

흔히 삼별초 항쟁을 대몽 항쟁 중 하나라 생각하고 평가하기도 한다. 그러나 위에서 보듯 이들의 항쟁은 자신들의 생존을 위해 민중의 목숨을 담보로 한 것이었으니 무엇을 위한 항쟁이었는지 다시 생각해볼 문제다. 다만 그 과정에서 삼별초의 의도와 무관하게 항쟁에 나섰던 고려 민중의 저항 의지는 되새겨봐야 한다.

판태사국사라는 고위직에 있던 안방열은 강화에서 개경으로 환도를 결정할 때 태조의 화상 앞에서 점을 쳤는데 반은 존속하고 반은 망한다는 점괘를 얻었다. 안방열은 환도가 망하는 길이라 생각하고 삼별초를 따라가 주모자로 몰려 죽임을 당했다.

고려군,
원의 일본 침략전에 동원되다

30년간 몽골의 침략에 시달렸던 고려민은 전쟁이 끝난 뒤에는
원의 일본 침략에 동원되어 다시 한번 고난을 겪어야 했다.

몽골과의 고통스러운 30년 전쟁은 원종의 투항으로 막을
내렸다. 고려는 원과 강화조약을 맺었는데 매년 막대한 양의 공물
과 태자의 입질入質(태자가 인질로 몽골에 가 있는 것)을 약속했다. 원과의
전쟁 패배로 고려는 건국 이래 그 어느 때보다 심한 종속적 지위로
떨어졌다.

30년 전쟁에 시달린 고려로서는 전란이 끝나 한숨 돌리는 듯했
다. 그러나 고통은 끝난 게 아니었다. 원이 일본 침략에 나섰기 때
문이다. 고려는 원의 일본 침략에 동원될 수밖에 없는 처지였다.
1273년(원종 14) 원은 탐라에서 삼별초를 진압하고 일본 침략을 위
해 탐라총관부를 설치하여 탐라를 직접 통치했다. 원은 일본과 가
까운 탐라를 전초기지로 삼고자 했다. 원은 탐라에 황실 직속 목마
장을 설치하고 말을 키우게 했다.

원은 고려에 전함 900척을 만들게 했고 군사와 선원을 합쳐 약
1만 5000명을 징발했다. 이는 30년 전란에 피폐해진 고려에 가혹

한 요구였다. 배를 만들 인부를 모집해봤자 그들을 먹일 식량조차 없는 형편이었다. 결국 원에서 그들을 먹일 식량을 지원받아 충당해야 할 정도였다. 기록에 따르면 원의 강요에 따라 전쟁 준비를 해야 했던 상황은 "기한을 정해놓고 배의 건조를 급박하게 재촉하면서 부부사를 나누어 파견하여 공장工匠들을 징집하니 전국이 소란스러웠다."(『고려사』 권130, 홍복원 열전) 이렇게 괴롭힌 전쟁 준비의 고려 감독관은 아버지 홍복원 때부터 원의 앞잡이였던 홍다구였다. 그가 얼마나 몰아쳤던지 재정을 맡았던 대부주부大府主簿 탁지기가 업무의 과중함을 견디지 못해 머리를 깎고 승려가 될 정도였다.

제1차 침략

1274년(충렬왕 즉위년) 10월 여몽연합군 2만 5000명을 중심으로 1차 일본 침략이 개시되었다. 고려군의 지휘관은 김방경이었다. 여몽연합군이 900여 척에 나누어 타고 합포(마산)에서 출항했다. 초기의 전세는 대규모 연합군이 우세했다. 이키와 하카다를 점령한 연합군은 일본 본토를 향해 진격해 들어가기로 했다. 대규모 연합군에 놀란 일본군은 후퇴는 했지만 격렬하게 저항해 연합군의 피해도 적지 않았다.

일본 본토로 진격해 들어가기 전 전략을 논의하는 자리에서 몽골 장군들은 야습을 피해 배로 돌아가자고 했고 고려 장군들은 내친김에 더 진격해 결전할 것을 주장했다. 몽골군 총사령관 흔도는 배로 돌아가 야습을 피하자고 결론을 내렸다. 배로 들어가 하루를 지내려던 연합군은 한밤에 큰 태풍을 맞았고 상당수의 전함이 전복하고 침몰했다. 일본에서 가미카제神風라 부르는 태풍이었다. 원의 강요로 급조된 배는 견고할 리 만무했다. 예상치 못한 태풍으로 연합군이 비참하게 합포항으로 돌아오며 1차 일본 침략은 마무리되었다. 이때 돌아오지 못한 자가 1만 3500명이나 되었다.

원 세조 쿠빌라이는 일본 침략을 단념하지 않았다. 그 정도 실패는 언제든 감수할 수 있었다. 게다가 몽골이 직접적인 피해를 본 것도 아니었다. 부서진 배는 고려가 만든 것이었고 잃어버린 병사 대부분은 고려와 한족 병사들이었다.

제2차 침략

1차 침략이 끝나고 5개월 만인 1275년(충렬왕 1) 쿠빌라이는 일본을 회유하고자 사신단을 파견했다. 예부시랑 은세충과 병부낭중 하문저를 각각 정사와 부사로 보내 가무쿠라막부 쇼군 호조 도키무네北条時宗를 만나 담판을 지으려 했다. 그러나 도키무네는 이들 사신단의 목을 모두 베어버렸다. 1차 침략을 성공적으로 방어해내 자신감이 있었을 것이다. 일본 막부 정권은 원의 재침략에 대비해 해안 지역에 계엄령을 선포하고 무사들을 총동원했다.

사신단의 변고가 무려 4년 만에 고려에 알려진 데다 원이 남송을 정복하기 위해 총력전을 펼쳐야 했던 까닭에 1279년(충렬왕 5)부터 2차 일본 침략을 본격적으로 준비하기 시작했다. 원은 이번에도 고려에 전함과 병력 동원을 명령했다. 충렬왕은 원의 요청에 반대는커녕 주전론까지 펴며 적극적으로 침략 준비에 나섰다. 어차피 피할 수 없는 전쟁이라면 앞장서서 입지를 강화하기 위해서였다.

충렬왕은 여러모로 몽골과의 관계를 적극적으로 활용했다. 쿠빌라이의 딸 제국대장공주(장목왕후)와 혼인해 부마가 된 임금이었다.

충렬왕은 쿠빌라이에게 2차 침략에서 고려 장병에 대한 대우를 원 장병과 동등하게 해달라고 요청했다. 그리고 고려에 원한을 품고 고려인을 가혹하게 대한 홍다구를 전쟁 준비에서 빼달라고 했다. 쿠빌라이는 충렬왕의 요청을 거의 받아주었다. 충렬왕은 정동행성征東行省(일본 침략을 위해 만든 기구)의 중서좌승이 되어 군 지휘권까지 잡았다. 고려는 2차 침략에 배 900척과 선원 1만 5000명, 정군 1만 명에 군량 11만 석 그리고 많은 병기를 준비했다. 몽골에서도 10만 명에 달하는 군을 조직했는데, 강남군이라고 불렀다. 강남군의 대부분은 항복한 남송의 군사로 채워졌다. 아울러 1차 침략 이후 몽골로 귀환하지 않고 고려나 요동에 주둔하고 있던 몽골군과 한군이 동로군이라는 이름으로 참전했다.

1281년(충렬왕 7) 7월 말 약 14만에 이르는 연합군은 기타큐슈 지역에 도착해 전투를 준비했다. 하지만 이번에도 가미카제가 불어왔다. 게다가 전염병까지 돌아 여몽연합군은 전투다운 전투 한번 제대로 해보지도 못하고 병력 대부분을 잃었다. 고려에서 출발한 동로군의 배 900척과 중국에서 출발한 강남군의 배 3500척 대부분이 태풍에 난파당했다. 이번에도 고려와 남송에서 급조된 배가 태풍을 이길 만큼 견고하지 못했던 게 문제였다.

군 지휘부는 난파당한 병사 10만을 섬에 남겨두고 남은 배를 타고 퇴각했다. 남은 병사들은 자체적으로 지휘부를 꾸려 일본군과 대적했으나 사신을 2차례나 살해하면서까지 오랜 기간 전쟁을 준

몽고습래회사蒙古襲來繪詞 **중 해전**
전투에 참여했던 다케자키 스에나가가 제작한 〈몽고습래회사〉의 일부다. 몽골의 제2차 일본 침략 당시 갑
주를 착용한 여몽연합의 수군들이 활을 쏘며 싸우는 모습이다.

비해온 일본군에게는 역부족이었다. 이때 강남군 10만 명 중 살
아 돌아온 자는 1~2만 명에 불과했다. 고려군 2만 7000명 중 1만
9000명이 살아 돌아온 데 비하면 강남군의 피해는 막심했다.

이런 피해에도 원 쿠빌라이는 3차 침략을 준비했다. 그러나 만주
에서 일어난 내안乃顔의 반란과 1294년(충렬왕 20) 쿠빌라이의 사망
으로 3차 침략은 실현되지 못했다. 원의 무리한 일본 침략에 고려
는 2차례나 동원되면서 국력은 완전히 소진될 지경에 이르렀다. 우
리 역사의 아픈 구석이 아닐 수 없다. 한편 흔히 2차례의 일본 침
략을 원정이라 표현하는 것은 왜곡된 침공 의식이다. 우리가 원의

침략에 30년간 시달렸듯, 일본에 대한 원의 출병도 침략이었다. 통상 일본 원정이라 부르지만 일본 침략 전쟁으로 부르는 것이 마땅하다.

원은 잔인한 면이 없지 않지만 고착된 이미지와는 달리 신의를 중시하고 종교에 관대한 나라였다. 역사가들은 13~14세기 '몽골 중심의 평화Pax Mongolica'가 '로마 중심의 평화Pax Romana'보다 피를 덜 흘렸다고 평가한다.

고려 침략의 선두에 선
홍다구 일파

친일파가 있었듯 몽골의 침략기에 원에 기대어 자신들의 영달을 꾀하던
부원 세력이 적지 않았다. 이들은 몽골인보다 더한 횡포를 부렸다.

대몽 항쟁 중 유무명의 많은 장수와 병사는 격렬한 전투를 벌였다. 몽골군의 말발굽 아래 숱한 백성은 짓밟히고 수탈당했다. 그러나 민족의 수난기에 나라 안팎에서 적의 품에 안겨 고려 침공의 앞잡이가 되기를 주저하지 않았던 고려인들이 적지 않았다. 이런 자들을 가리켜 부원 세력 혹은 부원배附元輩라 했다. 이들은 일제강점기 친일 부역자로 활동했던 다수의 친일파와 같은 행각을 벌였다.

홍대순, 홍복원, 홍다구, 홍중희 4대는 부원배 중 대표적 인물이다. 홍대순洪大純은 1218년(고종 5) 몽골군이 강동성으로 쫓겨온 거란 잔당을 칠 때 마중 나가 몽골군에 항복했다. 그의 아들 홍복원洪福源은 1231년(고종 18) 몽골의 1차 침입 때 강동성에서 문을 열고 몽골군에 가장 먼저 항복한 부원배였다. 홍복원은 항복한 데 그치지 않고 몽골군의 길잡이가 되어 침략의 향도 역할을 자임했다.

홍복원은 1233년(고종 20) 서경낭장의 직함으로 필현보와 함께

반란을 일으켜 서경 땅을 몽골에 바치고자 했다. 그러나 반란은 최우가 가병 3000명을 보내 필현보를 제거하면서 실패로 끝났다. 홍복원이 원으로 도망가자 최우는 부친 홍대순과 처자, 동생 홍백수를 사로잡아 귀양 보냈다. 원으로 간 홍복원은 가만히 있지 않았다. 고려를 치라며 끊임없이 원을 부추겼다. 원이 고려를 침략하자 홍복원은 원의 앞잡이가 되어 따라 들어왔다. 최우는 홍복원을 회유하기 위해 홍대순에게 대장군 벼슬을 주고, 홍백수는 낭장으로 임명했다. 홍복원은 회유되는 듯했다. 그러나 곧 홍복원 일가가 고려에 이를 가는 일이 발생했다.

인질로 원에 있던 영녕공 준은 홍복원 집에서 묵으며 융숭한 대접을 받았다. 그러나 영녕공 준의 눈에 홍복원 일가의 친원 반역 활동이 좋게 보일 리 없었다. 게다가 홍복원은 왕족인 영녕공 준에게 불손한 행동을 서슴지 않았다. 그러던 중 1258년(고종 45) 영녕공은 원의 황족인 처의 힘을 빌려 홍복원을 관에 고발해 맞아 죽게 했다. 홍씨 일가의 재산은 몰수되었고 아들 홍다구洪茶丘도 족쇄와 수갑에 묶여 관에 끌려가야 했다.

홍다구만은 파견하지 말아달라

홍다구는 2년 만에 복권되었다. 1261년(원종 2) 홍다구는 관령귀부고려군민총관이라는 벼슬을 받아 투항한 고려 관민을 통할했다. 권세를 잡은 홍다구는 아버지를 죽인 개인적 원한을 잊지 않고 고려를 괴롭히는 일이라면 물불을 가리지 않았다. 1274년(충렬왕 즉위년) 홍다구는 고려군민총관이 되어 일본 정벌을 위한 군량과 군함의 조달을 감독하며 고려 백성에게 갖은 횡포를 부렸다. 홍다구는 기일을 엄하게 한정하고는 심하게 독촉하여 전쟁에 동원된 고려 백성은 극심한 고통을 받았다. 홍다구의 동족 학대는 그 정도가 심해 2차 일본 침략 때 충렬왕이 쿠빌라이에게 홍다구는 물론 그의 지휘하에 있는 군사들도 감독관에서 제외해달라 요청할 정도였다. 이들은 고향에 들어와서는 몽골군이나 한군보다 더한 억압과 수탈을 일삼았다. 홍다구는 2차 일본 침략 때 감독관이 아닌 정동행성 우승에 임명되어 침략전에 참여했다.

1278년(충렬왕 4)에는 홍다구가 김방경을 국문하는 일이 있었다. 김방경은 위득유 등의 모함으로 옥에 갇혀 있었다. 평소 인망이 높은 김방경을 시기해온 홍다구가 국문을 자청했다. 김방경을 참혹하게 고문해 허위 자백을 받아 고려에 죄를 씌울 생각이었다. 그러나 끝내 김방경은 허위 자백을 거부했다. 진순신은 홍다구를 "역사상 일종의 기형적 인물"이라는 평을 내리기도 했다.

홍다구의 아들 홍중희洪重喜는 아버지를 빼닮았다. 홍중희는 1309년(충선왕 1) 왕이 나라의 법을 어기며 폭정을 자행한다는 일로 원의 중서성에 무고하기까지 했다. 그러고는 왕과의 대질신문도 마다하지 않겠다는 말까지 퍼부었다. 그 뒤에는 아예 대놓고 고려에 행성을 세워달라는 입성책동立省策動을 제기하기까지 했다.

홍다구 집안사람들이 전부 홍다구 같지는 않았다. 홍다구의 조카인 홍파두아 역시 고려에 와 선박 건조를 감독하는 일을 맡았다. 홍파두아는 고려에 도착해 눈물을 흘리며 "비록 금의환향했으나 직분이 민을 괴롭히는 일이니 정말 부끄럽구나"(『고려사』 권30, 충렬왕

19년 8월)라고 했다. 홍다구의 동생 홍군상은 1294년(충렬왕 20) 쿠빌라이가 사망하자 원의 실력자인 승상 울제이에게 말하여 일본 정벌을 중지하게 했다. 그 덕분에 고려 백성들이 무모하게 역사에 동원되는 일을 피할 수 있었다.

반역자들

홍다구 외에도 부원 활동을 적극적으로 한 자들이 적지 않았다. 고종 때 이현李峴은 추밀부사로서 몽골에 사신으로 갔다가 2년 동안 억류당했다. 이현은 억류해 있는 동안 몽골 장군 예쿠에게 "고려의 도읍은 섬에 있지만 전제와 공물은 모두 육지에서 나오니 가을 이전에 육지를 습격하면 도읍 사람들이 곤궁해질 것입니다"(『고려사』 권130, 이현 열전)라고 했다. 침략군에게는 적절한 조언이었다. 이현은 4차 몽골 침입 때 예쿠의 길잡이가 되어 항쟁하는 산성의 병사들에게 투항을 권유했다. 이현은 고려인 포로들에게서 빼앗은 재물을 모두 자기 것으로 챙겼는데 은비녀만 바구니 하나를 가득 채웠다. 그러나 이현은 회군하는 몽골군을 따라가지 못했다. 이현은 반역죄인으로 기시형棄市刑에 처해 사람들에게 맞아 죽었고 그의 아들들은 모두 바다에 던져지는 참형에 처했다.

한편 1258년(고종 45) 몽골군을 피해 위도에 피신했던 박주(평안북도 박천) 사람들이 지방관을 죽이고 몽골에 투항한 것을 시작으로 비슷한 일들이 꾸준히 일어났다. 같은 해 12월에는 죽도에서 같은 일이 발생했다. 특히 죽도에서의 일은 최씨 정권이 강압적으로 섬이나 산성으로 이주시킨 지역민들의 사정을 여실히 보여준다.

죽도에 들어간 지역민들은 고주, 화주, 정주, 장주, 의주 등 고려 동북면 15개 주현 출신이었다. 처음에는 저도로 피신했으나 저도의 성이 커 지키기 어렵다는 동북면병마사 신집평의 판단에 따라 죽도로 이주했다. 당시 죽도는 섬이 좁고 식수가 부족해 장기간 거주하기 힘든 환경이었다. 전쟁이 장기화하자 지역민들의 반감과 불만은 커져만 갔고 결국 죽도 수비가 해이해진 틈을 타 신집평과 박인기 등을 죽이고 몽골군에 투항했다. 이들의 인도를 받은 몽골군은 곧바로 화주 이북 땅을 편입했다. 우리 땅을 우리 백성이 가져다 바친 셈이다. 몽골은 화주에 쌍성총관부를 설치하고 조휘를 총관으로, 탁청을 천호로 임명해 이 지역을 관리하게 했다. 이후에도 조휘와 탁청 일당은 자칭 관인官人이라 하며 몽골병을 이끌고 와 여러 북변의 성읍을 공격하는 반역 행위를 일삼았다. 조휘의 아들 조양기 역시 아버지의 벼슬을 이어받아 총관 노릇을 하며 부원 활동의 대를 이었다.

수박은 고려 중엽에 들어온 것으로 추정된다. 이수광의 『지봉유설』과 허균의 『도문대작』 등에는 홍다구가 원에서 수박씨를 들여와 개경에 심었다고 기록되어 있다. 삼별초 토벌의 총사령관이었던 홍다구가 전라도 일대를 다니며 무등산에 심었다는 얘기도 있다.

원의 힘을 빌려
자주성을 강화하자

원 쿠빌라이의 부마, 즉 원 황제의 사위가 왕위에 올랐다.
충렬왕은 원의 부마라는 지위를 들어 고려의 자주성을 지키고자 했지만
곧 한계에 부딪혔다.

충렬왕은 원종의 장남이다. 무신정권의 발호와 몽골의 침략으로 태자 시절부터 적지 않은 고초를 겪은 왕이다. 충렬왕은 1269년(원종 10) 태자 시절 원에 사절로 갔다 돌아오는 길에 임연이 반란을 일으켰다는 소식을 정주관노 정오부를 통해 들었다. 정오부는 임연이 원종을 폐하고 안창공 창을 왕으로 옹립했으며 태자가 이 소식을 듣고 입국하지 않을까 두려워 야별초 20인을 국경에 매복시켰으니 입국하지 말라고 했다. 이런 중대한 소식을 접했는데도 수행한 관료 중 성심껏 사태 파악에 주력한 인물은 제교인 정인경뿐이었고 대장군 정자여나 장군 김부윤 등은 고려 입국을 주장했다. 수행 신하들조차 원종이나 태자의 입장이 아닌 임연 등 무신 실력자의 입장에 섰다. 정인경의 노력으로 태자는 몽골로 발길을 옮겼다. 충렬왕은 관료들을 믿을 수 없었다. 무신 실력자의 눈치를 보며 임금 노릇을 해온 원종을 곁에서 지켜봤기에 충렬왕은 더더욱 그들을 믿을 수 없었다.

왕권이 취약한 상황에서 원종과 충렬왕이 택할 수 있는 선택지
는 이미 종주국이 된 원의 힘에 기대 왕권을 강화하는 것뿐이었다.
1270년 원종은 원 입조해 쿠빌라이를 만나 태자 거睶와 원 황실 공
주와의 혼사를 제안했다. 쿠빌라이는 이에 흔쾌히 동의했고 제국
대장공주를 충렬왕에게 시집보냈다. 이로써 고려는 원의 부마국이
되었다. 고려의 속국화를 더욱 가속한 혼사였다. 하지만 부마국으
로 고려가 누릴 수 있었던 특혜도 있었다. 충렬왕은 원 황제의 사위
가 되어 이제까지 고려에서 왕과 대등한 위치에 있던 다루가치를
신하로 하대할 수 있게 되었다. 원이 정복한 나라 중 부마국은 고려
뿐이었다. 고려 왕은 원 황실에서도 왕자 다음가는 지위를 차지할
수 있었다. 충렬왕이 원의 황녀와 혼인한 것에 고려 백성들도 처음
에는 환호했다. 1274년(충렬왕 즉위년) 충렬왕이 제국대장공주를 맞
아 함께 개경으로 돌아오자 사람들은 "100년 난리 끝에 다시 태평
한 시기를 볼 줄 몰랐다"(『고려사』 권89, 충렬왕 후비 제국대장공주 열전)라
고 하며 좋아했다.

비록 원의 힘에 의지했지만

원의 후원을 업고 즉위한 충렬왕은 정치 개혁을 단행했다. 우선
측근 세력을 양성하는 데 힘을 쏟았다. 충렬왕은 전통 관료 세력 대
신 응방·환관·역관·내료 등 천계 출신의 인물들과 긴밀한 관계
를 유지했다. 응방鷹坊은 원에 매를 진상하기 위해 충렬왕이 자발적
으로 만든 기구였다. 통상 공물은 원의 요구로 이뤄졌는데, 이 경우
는 자발적으로 매를 바치겠다며 전담 기구까지 설치한 것이었다.

『노걸대老乞大』(조선시대) · 국립중앙박물관
고려 후기부터 역관들의 중국어 학습을 위해 쓰였던 책이다. 고려 상인 3명이 인삼 같은 고려 특산물을 팔러 북경으로 갔다가 원 물건들을 사서 고려로 돌아오는 여정을 큰 줄거리로 하고 있다.

충렬왕은 매사냥을 통해 군사훈련까지 할 수 있고 이 과정에서 용력이 뛰어난 자를 발탁할 수 있었다. 응방은 왕권의 물리적 기반인 시위군을 키우기 위한 의도적인 조처로 이해할 수 있다. 독자적 군사 조직이라면 원의 견제를 받을 수 있겠지만 원에 진상한다는 명목으로 만든 기구라 고려에 와 있는 원의 관리들도 뭐라 할 수 없었다.

환관의 역할이 커진 것은 원의 환관 정치 때문이었다. 원은 환관이 궁중 정치를 좌우할 정도로 그 영향력이 컸다. 원의 영향력 아래 놓인 고려로서는 고려 환관을 통해 원 환관에 영향력을 행사할 수밖에 없었다. 충렬왕은 환관을 중시해 측근 세력으로 키우고자 했다.

역관이 중용된 것 역시 원과의 관계를 배려했기 때문이다. 원과의 관계가 중시되면서 원의 관료들을 직접 응대하는 통역관들의 정치적 지위는 자연히 높아졌다. 충렬왕은 이들을 중용함으로써 원과 유대 관계를 돈독히 하고 자신의 위상을 강화하려 했다.

국내 정치기구 강화

충렬왕은 고려 관제에도 손을 댔다. 1279년(충렬왕 5) 최고 협의 기구였던 도병마사都兵馬使가 도병의사사都評議使司로 개편되었다. 도병마사는 군사 문제 외에도 일반 민사 문제까지 처결하던 기구로 10명 안팎의 재상만 참여했다. 그만큼 신료들의 결정권이 높았다. 그러나 도평의사사는 참여 구성원이 확대되고 실질적 권한도 강화되었다. 부사와 판관 등도 구성원이 되어 참여 인원이 70~80여 명에 달했다. 최고 권력 기관의 구성원이 늘어남에 따라 신진 관료 세력을 배양할 터전이 마련되었다. 충렬왕은 측근 세력을 키우고 정치기구를 재편해 왕권을 강화하고자 했다.

대외적으로는 원을 도와 일본 침략에 적극적으로 나섰다. 충렬왕은 1차 침략(1274) 때 소극적으로 참여했던 것과는 달리 2차 침략(1281) 때는 병력과 군량 확보에 주력했고 원으로 가서 직접 전쟁 준비에 참여하기도 했다. 적극적으로 나서 입지를 강화하고자 했던 것이다.

이 같은 노력 덕분에 충렬왕의 지위는 높아졌다. 이제까지 원의 사신이 고려에 들어오면 왕과 같은 위치에 섰지만 1281년(충렬왕 7)

부터는 왕은 군주로서 남면南面하고 사신은 동면東面했다. 원과 관계를 볼 때 정치적 지위가 한 단계 높아진 것이다. 이는 원 황제의 부마라는 지위도 있었지만 충렬왕의 외교적 수완이 성과를 본 것이기도 했다.

1294년(충렬왕 20)에는 원 세조의 뒤를 이어 즉위한 성종 테무르에게 탐라를 돌려받아 제주라 고치고 목사를 파견하기도 했다. 그러나 테무르는 충렬왕의 강화된 왕권이나 자주적 요구에 부담을 느꼈다. 원은 충렬왕의 요구를 모두 거절했다. 그뿐 아니라 천계 출신을 등용해 사대부들의 비판을 받고 있다는 이유로 세자에게 왕위를 양위하게 했다. 결국 원의 압력에 밀려 1298년 충렬왕은 왕위를 세자 장璋(충선왕)에게 넘겼다. 그러나 7개월 만에 충렬왕은 다시 왕위에 올랐다. 테무르는 충렬왕을 복위시켰으나 이전과 같이 신임할 수 없어 평장사 코코추와 좌승 카산을 보내 왕과 고려를 다스리게 했다. 원의 고려에 대한 통제력을 강화하려는 의도였다. 이에 따라 충렬왕은 왕권 행사에 큰 제한을 받았다.

중랑장中郞將 김중경金仲卿이 왕에게 미녀를 바친 일을 누군가 고하자 충렬왕비 제국대장공주가 김중경을 순마소巡馬所에 가둔 일도 있었다. 제국대장공주는 또한 충렬왕이 사냥 등 유희에 빠지면 이에 충고하기도 하는 등 원 세조의 딸로서 충렬왕에 큰 목소리를 냈다. 부마국 왕비로서 행세한 셈이다.

『삼국유사』와
『제왕운기』

일연과 이승휴 등은 몽골 침략기라는 민족 수난기를 맞아
고려의 전통을 잇고자 역사서를 집필했다.

보조국사 일연一然(1206~1289)의 본명은 견명見明이며 속성은 김씨였다. 경주 인근 장산(경산) 출신으로 아버지 김언필(김언정)은 학문하는 선비였다. 일연은 나면서부터 비범했다고 한다. 걸음걸이는 소처럼 느렸으나 힘이 있었고 눈은 호랑이 눈처럼 빛났다고 한다. 9세 때 해양(광주) 무량사에서 공부하기 시작했는데, 가끔 홀로 앉아 밤을 새우는 조금은 기이한 아이였다. 14세 때 설악산 진전사로 출가했다. 1227년(고종 14) 승과에 응시하여 급제했고 이후 비슬산 보당암에 거처하면서 수도했다. 몽골군의 침입이 계속되는 가운데 일연이 난을 피하고자 보당암에서 문수보살을 염하자 문수보살이 나타나 '무주거無住居'라는 말을 했다고 한다. 일연은 이 말의 뜻을 잘 몰랐다. 그런데 다음 해인 1236년(고종 23) 여름 같은 산 묘문암에서 거처하는데, 이 암자의 북쪽에 무주암無住庵이라는 절이 있음을 발견하고 옮겼다. 같은 해 몽골군이 쳐들어왔을 때 무주암에만은 오지 않았다고 한다. 불력으로 난을 피했던 것이다.

1249년(고종 36) 일연은 남해 정림사에 머물며 분사대장도감 (대장경판 조성 사업을 분담하던 임시 지방 관서) 작업에 3년간 참여했다. 1268년(원종 9)에는 대장낙성회향법회를 주관했다. 1277년(충렬왕 3) 부터 4년간 일연은 청도 운문사에서 선풍을 크게 일으켰다. 이곳에 서 왕명에 따라 『삼국유사三國遺事』 집필에 들어갔다. 그 후 전국 여 러 사찰의 주지를 지냈던 일연은 1283년(충렬왕 9)에 국존國尊(원 간 섭기라 국사國師라는 칭호를 쓸 수 없었다)으로 책봉되어 왕이 문무백관을 거느리고 일연에게 절을 하는 구의례摳衣禮를 받았다.

일연은 1289년(충렬왕 15) 7월 입적했다. 당시 일연은 아침에 오 늘 떠나겠다고 몇몇 중과 선문답을 한 후 자는 듯이 죽었다고 전해 진다. 일연은 한여름에 죽었어도 얼굴이 깨끗한 그대로였고 몸에 윤기가 흐르고 팔다리가 부드럽게 움직이는 등 산 사람 같아 그의 시신을 보러 오는 사람이 끝이 없을 정도였다고 한다.

일연의 역사의식

어머니가 일륜日輪을 품는 태몽을 꾸고 태어났다는 출생기에서 부터 죽음을 예측한 뒤 자는 듯 영면한 최후의 순간까지 일연의 일 생은 여느 고승과 별반 다를 바 없었다. 그러나 역사 속 일연은 승 려로서보다 『삼국유사』의 편찬자로 남았다. 일연은 죽기 8년 전인 1281년 무렵 『삼국유사』의 편찬을 마무리했다.

일연이 승려로서 역사서를 쓴 의도는 이규보(『동명왕편』)나 이승 휴(『제왕운기』)가 우리의 고대사로 민족적 자긍심을 높이고자 했던 것과 같다. 젊은 시절부터 몽골의 침략으로 국토가 유린당하고 신라 이래 최고의 불교 문화유산이었던 황룡사구층목탑이 불타버린 모습을 목격한 일연은 고려인으로서의 자긍심을 높이고자 하는 의식이 싹텄다. 더욱이 일연은 50년간 불교계의 지도자로 원종과 충렬왕에게 존숭받는 지도자급 승려였다. 고려 지배층의 일원이었던 일연은 당시 고려인에게 무엇이 필요한지를 생각하지 않을 수 없었을 것이다. 일연은 허물어진 민족적 자긍심을 일깨우기 위해 화려했던 고대 역사를 복원하고자 했다.

『삼국유사』는 총 9개의 편목이 5권으로 되어 있다. 권별로 권1에는 왕력王歷과 기이紀異 1, 권2에는 기이 2, 권3에는 홍법興法과 탑상塔像, 권4에는 의해義解, 권5에는 신주神呪, 감통感通, 피은避隱, 효선孝善이 수록되어 있다.

일연은 『삼국유사』를 집필하며 140년 전 김부식이 『삼국사기』에서 의도적으로 배제한 요소들을 보완하려 했다. 『삼국사기』는 관찬 역사서로서 체계가 정연하고 문장도 완미하다. 그러나 『삼국사기』는 김부식의 사대주의로 인해 고려 유학자의 시각에서 우리 역사를 왜곡, 축소했다는 비판을 받는다. 반면 『삼국유사』는 일관성이 떨어지는 체재에 자유로운 수필체로 쓰인 역사서지만 고대사의 원형을 훼손하지 않고 온전히 보존했다는 긍정적인 평가를 받고 있다. 『삼국유사』는 김부식이 허황되다 하여 『삼국사기』에 기록하지 않은 단군의 건국 이야기를 『위서魏書』와 『고기古記』를 인용해 서술했다. 『삼국유사』는 단군의 고조선 건국을 이야기한 중요한 사서다. 일연은 특히 단군·부여·고구려·백제를 단군계로, 기자·위만·마한·진한을 중국계로 서술했으며 가야 또한 기술하여 삼국이

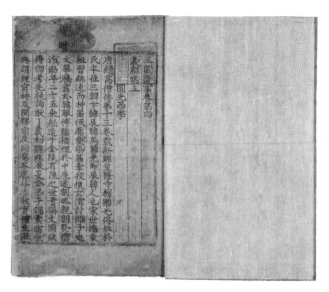

『삼국유사』· 범어사성보박물관

일연의 『삼국유사』는 이름 그대로 '빠뜨린 일逸事'들을 모아 엮은 사서다. 전통 왕조 중심
역사관과 함께 우리 역사를 불교 중심으로 파악함으로써 이전 사서들과 비교해 불교사의
영역을 크게 확대시켰다는 평가를 받고 있다. 이는 원의 외압이라는 당시 현실 모순을 극
복하기 위해 정신적 측면을 강조한 것으로 이해된다.

아닌 사국 역사를 기록했다. 『삼국유사』는 불교 관계 기사나 고문
서, 금석문 등 역사와 문화 자료를 풍부하게 담고 있다. 게다가 신
라 향가 14수와 신화·전설·설화가 담겨 있어 한국 고대문학의 보
고이기도 하다.

　일연이 『삼국유사』를 서술하면서 국조 단군왕검에 대해 자세히
기록한 것은 몽골의 간섭으로 국권이 유린당한 상황을 인식했기
때문이었다. 친원과 반원으로 쪼개진 국가적 분열상을 단군왕검을
중심으로 뭉쳐 극복하려 했다.

이승휴의 『제왕운기』

이승휴李承休(1224~1300)는 1280년(충렬왕 6) 파직된 후 『제왕운기帝王韻紀』를 집필해 1287년(충렬왕 13)에 출간했다. 상·하 2권 1책으로 상권에서는 반고盤古에서부터 금까지의 중국 역사를, 하권에서는 우리 역사를 2부로 나눠 기술하고 있다. 1부는 「동국군왕개국연대東國君王開國年代」라 하여 단군 이후 후조선·위만조선·사군四郡·삼한三韓·신라·고구려·부여·후고구려·백제·후백제·발해의 역사를 7언을 한 구절로 하여 264구에 담았다. 2부는 「본조군왕세계년대本朝君王世系年代」라 하여 고려 태조부터 충렬왕까지의 역사를 5언을 한 구절로 162구로 엮었다. 이는 고려까지의 역사를 서사시 형태

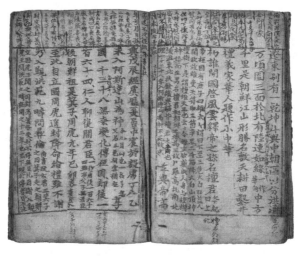

「제왕운기」 · 삼성출판박물관

이승휴의 『제왕운기』는 일반 역사서와 달리 역사적 사건을 소재로 쓴 시를 모은 영사시집詠史詩集 형식이다. 일연의 『삼국유사』와 함께 단군신화를 소개하고 있는 가장 오래된 역사서이기도 하다. 중국 역사와 우리나라의 역사를 구분한 체재 역시 원의 성세를 목격한 이승휴가 고려의 전통과 역사적 유구함을 드러내고자 고민한 결과라고 할 수 있다.

로 쓴 시로 된 통사다.

이승휴는 단군·기자·위만으로 계승되는 3조전설三朝傳說을 처음으로 주장했다. 고조선을 시원으로 하여 삼한 70여 국과 삼국이 모두 단군의 후손이라 하고 생활권을 요하 이동으로 잡아 중국과는 다른 또 하나의 천하 세계로 삼았다. 또한 단군기년도 사용했다.

이승휴는 중국의 군왕을 제帝라고 하고 우리나라는 왕王이라 표기하는 등 원 간섭기 고려 왕실의 격하를 역사에 그대로 대입하는 한계를 보이기도 했다. 그러나 우리 역사를 기술하여 역사적 교훈을 전파하고 풍자적으로 현실을 비판하는 역할을 충분히 했다.

이승휴는 직언을 마다하지 않았다. 대몽 항쟁기에 군수품이 잘 공급되지 않자 무신정권은 백성의 재산과 노동력을 마구 징발하고 토목공사를 크게 일으켜 민중은 매우 고통스러웠다. 이승휴가 이를 극렬하게 비판하는 글을 조정에 올리기도 했다. 1280년 죄가 아닌 것으로 파직당해 귀향했다. 그리고 쓴 책이 『제왕운기』다.

충선왕의 딜레마

충선왕은 내정을 정비하고 자주성을 지키고자 정치 개혁을 추진했다.
그러나 원에 머무르며 전지 정치를 펴는 소극성으로 고려 정치에
혼선을 빚었다.

충선왕은 충렬왕과 제국대장공주의 맏아들이다. 최초로
몽골 황제의 혈통을 이어받은 세자가 태어난 것이다. 어린 시절 충
선왕은 총명하고 인자한 성품을 보여 주변의 기대를 샀다. 9세 때
충렬왕이 사냥을 나가려 하자 세자가 울기 시작했다. 유모가 그 까
닭을 묻자 "현재 백성들이 곤궁해하고 또 봄철 농사할 시기가 닥쳐
왔는데 부왕께서는 어찌하여 멀리 사냥하러 가시는가?"(『고려사절요』
권20, 충렬왕 9년 2월)라고 대답했다.

충선왕이 세자로 원에 갈 때 권의라는 자가 은 40근과 호랑이 가죽
20장을 바쳐 여행 경비로 삼게 했다. 충선왕이 말하기를 "이 물건들은
모두 민을 괴롭혀 거둔 것으로 민의 원한이 쌓인 것이니 나는 받고 싶지
않다"라고 하고 본래 주인에게 되돌려 보냈다.(『고려사』 권33, 충선왕 총서)

충선왕은 어린 나이에도 세상이 어떻게 흘러가고 있는지 알고

있었다. 그런 만큼 충선왕은 1298년 왕위에 올랐을 때 당대의 혼란한 정치상을 바꿔보려는 의욕이 가득했다. 충선왕이 즉위하면서 발표한 27개 항목에 달하는 즉위 교서는 권력층의 토지 점탈, 조세 불납, 지방관의 탐학 등을 주요 개혁 대상으로 하는 '개혁 교서'나 진배없었다. 그뿐만 아니라 이승휴, 안향, 정가신, 조인규 등 문인들을 등용해 관제 개혁에 착수했다. 학문을 좋아했던 충선왕은 왕명 출납을 담당했던 승지방을 폐지하고 사림원을 설치해 학사들로 채운 뒤 이들을 후히 대접했다. 원의 지시로 만든 기구도 폐지했고 다루가치의 권한도 제약했다.

충선왕의 개혁 정치는 처음부터 견제를 받았다. 우선 충렬왕의 측근들은 충선왕의 부부 문제를 걸고넘어졌다. 충선왕은 조인규의 딸인 조비만을 총애하고 원 황실의 계국대장공주(원 성종 테무르의 딸)에게는 애정을 주지 않았다. 때맞춰 계국대장공주는 조비가 자신을 저주했다고 무고하는 편지를 원 황실로 보냈다. 원은 충선왕의 개혁 움직임에 불안해하던 차에 이 사건을 빌미로 충선왕 주변을 조사하기 시작했다. 조비를 옥에 가두고 아버지 조인규를 혹독하게 고문하기도 했다. 그 과정에서 고려의 관제 개혁에 대한 문서를 발견하고는 압수해갔다. 결국 이 사건을 계기로 충선왕은 7개월 만에 폐위되었고 충렬왕이 복위했다. 이때부터 부자간의 갈등이 깊어져 조정은 충렬왕파와 충선왕파로 갈라지기까지 했다.

복귀한 충선왕의 개혁 의지

부부간 문제는 폐위로 끝나지 않았다. 충선왕 부부는 폐위되어 원으로 갔다. 3년 후인 1301년(충렬왕 27) 충렬왕은 민훤 등을 원으로 보내 계국대장공주를 개가시키려 했다. 계국대장공주를 서흥후 전瑞(원종의 둘째 아들 시양후 태珆의 아들로 충렬왕의 10촌 동생)에게 개가시켜 그가 왕위를 잇게 하고 충선왕의 왕위 계승권을 박탈할 생각이었다. 그러나 성사되지 않았다.

충선왕에게 다시 기회가 왔다. 왕위에서 물러난 지 10년 만인 1308년 충렬왕이 죽고 그가 다시 왕위에 오른 것이었다. 더욱이 충선왕은 원 체류 중 무종 카이산 옹립에 공을 세워 정치적 입지가 한층 강화된 상황이었다. 충선왕은 복위 교서를 발표하면서 다시 한번 개혁 의지를 다졌다. 개혁은 주로 권력 기반 강화와 국가 재정 확보, 민생 안정에 초점이 맞춰져 있었다.

개혁 실행을 위해 구체적인 정책도 마련되었다. 권력층이 소유하고 있던 농장에서 조세를 거둬들여 재정을 확보하고 경기 8현의 조세를 모두 조사하여 세금 징수를 명했다. 권력층이 장악해온 염분을 귀속시키고 소금 판매까지 국가가 직접 관장할 수 있게 염법을 개혁해 국가 재정을 보충하고자 했다. 이를 통해 국가 재정을 튼튼히 하는 것은 물론 권력층의 경제적 기반을 약화하는 효과도 노릴 수 있었다. 민생 안정을 위해 권력층이 문서 변조를 통해 백성들의 토지를 빼앗는 것을 엄금했고 과중한 세는 가볍게 할 것을 명했다.

원으로 돌아가 고려를 다스리다

의욕적인 충선왕의 개혁 정치는 현실에서 큰 힘을 발휘하지 못했다. 원 간섭이 한 원인이었다. 충선왕이 원 무종 카이샨을 옹립하고 심양왕瀋陽王에 봉해진 뒤 연이어 심왕瀋王으로 승급(몽골 종실의 황자의 예에 따르면 한 글자 왕호가 두 글자 왕호보다 더 높은 지위였다), 여기에 고려 국왕에까지 오르자 지위가 불안해진 부원파 홍중희는 원에서 계속 충선왕을 참소했다. 그러자 원은 충선왕의 개혁 정치에 제동을 걸었다. 게다가 고려 내 기득권 세력이 반발하면서 개혁은 표류했다. 유배 갔던 부패 세력이 돌아왔고 혁파했던 근시近侍·다방茶房·삼관三官·오군五軍 등을 복구할 수밖에 없었다.

이런 외적 상황도 문제였지만 충선왕의 개혁 의지가 군건하지 못했던 데 더 큰 원인이 있었다. 충선왕은 자질이 있을지언정 성장기 대부분을 원에서 보낸 탓에 반원 의식이 희박했다. 또한 혼란기의 정치적 아수라장을 헤쳐가기에는 충선왕은 너무도 문약했다. 그는 복위 교서를 반포한 지 한 달도 안 된 1308년 11월에 원으로 건너가 퇴위할 때까지 생활했다. 원에서 5년의 재위 기간(1308~1313) 내내 전지傳旨 정치라 칭해지는 방식으로 국정을 처리했다. 고려에서 개혁 정치에 온 힘을 기울여도 힘든 판에 명령을 전달하는 방식으로는 힘을 얻을 수 없었다. 이로 인해 고려 정치 상황은 혼란하기 그지없었다. 또한 충선왕이 원에 체류하며 내는 비용도 개혁 정치의 정당성을 상실하게 했다. 고려는 왕의 체류 비용으로 해마다 포 10만 필과 쌀 200석 등을 원에 보내야 했다. 이는 국가 재정에 큰 부담이 되었고 충선왕의 측근인 권한공 등 시종신의

기마도강도騎馬渡江圖 · 국립중앙박물관

문신 이제현이 그렸다고 전해지는 작품이다. 원 세조의 손자 충선왕은 1314년 원 연경에 독서당인 만권당萬卷堂
을 설치하고 고금의 진서와 예술품을 수집했다. 이제현은 만권당에서 원 문사들과 시문서화를 주고받으며 원대
문풍과 서화를 수용할 수 있었다.

횡포도 적지 않았다.

이에 따라 고려 신하들이 충선왕의 귀국을 청하는 상소문을 보
내기도 했고 원 황제가 귀국을 명하기도 했다. 그런데도 충선왕은
이에 따르지 않았다. 원에서 실력자들과 친분을 쌓고 기반을 다져
야 자신의 지위를 굳건히 할 수 있다고 믿었다. 그런데 1313년(충선
왕 5) 김심 등 고려 관리들이 충선왕의 원 체류가 권한공, 최성지 등
측근의 사주에 따른 것으로 생각하여 그들을 원의 휘정원에 보고
하는 일이 벌어졌다. 결국 충선왕이 김심 등을 처벌하도록 운동하
여 그들이 유배됨으로써 사건은 일단락되었다. 그리고 이로써 충
선왕이 원에 머무를 명분도 사라졌다. 충선왕은 원에 머무르기 위
해 왕위를 강릉대군 도燾(충숙왕)에게 양위했다. 그런데도 충선왕은

인사와 재정을 장악하면서 고려 정계에 영향력을 가졌다. 이 때문에 아들 충숙왕과 갈등을 빚기도 했다.

충선왕은 원 황제 교체기에 정쟁에 휘말려 1320년(충숙왕 7) 토번(티베트)에 유배되었다가 1323년에 풀려나는 고초를 겪었다. 그리고 2년 후인 1325년(충숙왕 12) 5월 몽골 연경에서 사망했다.

충선왕이 유배된 토번 도스마 지역은 북경에서 4000킬로미터 이상 떨어진 곳이다. 이제현은 충선왕을 맞이하기 위해 도스마까지 가야 했다. 우리나라 유학자 중 이렇게 멀리 여행한 인물은 찾아보기 힘들다.

충숙왕과
심왕 고

충숙왕 역시 개혁 의지가 있었지만 심왕 고를 내세워
자신을 견제하는 부왕 충선왕 때문에 정치를 주도할 수 없었다.

충숙왕은 충선왕과 몽골인 의비의 차남이다. 세자 감鑑이
있었으나 1310년(충선왕 2) 부왕에 의해 살해되었다. 기록에도 왕이
세자와 그 수행원 등을 죽였다고만 언급되어 있을 뿐이다. 다만 연
구자들은 부자간의 권력다툼이라 보고 있다. 아들을 죽일 정도로
충선왕은 권력에 집착했다. 더구나 충선왕은 고려 왕위를 둘째 아
들 도에게 양위하면서 동시에 조카 고暠(충렬왕의 장자 강양공 왕자의 둘
째 아들)를 세자로 삼았다. 그런 뒤 1316년(충숙왕 3) 충선왕은 자신이
가지고 있던 심왕의 지위까지 물려주었다. 아들 충숙왕을 견제하
기 위해서였다.

그런 아버지가 상왕으로서 원에 있는 동안 충숙왕은 왕권을 제
대로 행사하지 못했다. 인사권과 재정권을 충선왕이 쥐고 있었다.
충숙왕이 충선왕에 품은 반감은 뿌리 깊었다. 1314년(충숙왕 1) 충
숙왕은 "부왕께서 30여 년 동안 연회와 오락으로 일삼던 시절에 만
약 이 궁전(개경 궁궐)을 중수하셨다면 과인이 오늘날 걱정하는 일은

아마 없었을 것이다"(『고려사』권34, 충숙왕 1년 1월)라고 말하며 충선왕이 내정에 힘을 쏟지 않았다고 비판했다.

충숙왕은 부왕을 향한 불만을 누르고 서서히 자신의 세력을 키우면서 반전을 모색했다. 1316년에는 원 영왕 에센티무르의 딸 복국장공주와 혼인하여 원의 지원을 받을 수 있는 지위를 확보했다. 이런 준비를 거쳐 충숙왕은 1318년(충숙왕 5) 14개 항목으로 구성된 개혁 교서를 발표하기에 이른다. 개혁 교서는 지방에 파견한 언관言官이 조사해 올린 보고서에 기초했다. 개혁안은 당시 고려 사회 전반에 걸친 문제를 해결하고자 그 방안을 제시했다. 교서에서는 지방관과 공물 징수관의 비행과 권력층의 납세 거부·고리대 행위 등으로 백성의 부담이 커지는 폐단이 지적되었다. 이를 해결하기 위해 지방관의 비행을 금지하고 탈세를 조사하여 토지를 빼앗는 자는 유배에 처한다는 등의 방침을 내렸다. 아울러 개혁 과제를 해결할 기구로 제폐사목소除弊事目所(1336년 찰리변위도감察理辨違都監으로 개칭)를 설치했다. 그러나 충숙왕의 개혁 정치는 충선왕과 그의 측근 세력의 반발로 성과를 거두지 못했다. 개혁 기구 역시 폐하고 설치하기를 거듭했다.

5년간 원에 갇히다

충숙왕은 집권 초기에 좌절을 겪었지만 1320년(충숙왕 7) 12월 충선왕이 토번에 유배되면서 개혁을 다시금 추진할 수 있었다. 가장 먼저 충선왕 측근 세력 숙청에 나섰다. 권한공, 채홍철, 김정미, 배연지 등을 체포하여 유배 보냈다. 폐지되었던 제폐사목소도 다시 설치했는데, 이 역시 충선왕의 측근 세력이 불법으로 빼앗은 토지와 노비를 원주인에게 돌려줘 충선왕의 고려 내 기반을 제거하려는 조처였다.

그러나 이 역시도 오래 가지 못했다. 충선왕이 아들을 견제하기 위해 심왕으로 세웠던 왕고가 원에서 강력하게 충숙왕을 견제했기 때문이다. 심왕이란 원에서 고려 왕족에게 수여한 봉작으로 심양 지방의 고려인을 다스리는 지위였다. 심왕 왕고와 그를 추종하는 부원파들은 고려 왕이라는 지위를 노리고 충숙왕을 공격했다. 1321년 개혁을 다시 시작한 충숙왕은 원 영종 시디발라가 새로 즉위하면서 관례에 따라 원에 들어갔다가 심왕파의 방해 책동으로 5년간 억류된다. 충숙왕의 개혁 정치도 다시금 좌절되었다.

힘을 얻은 심왕파는 심왕 왕고를 고려 왕에 올리기 위한 작업을 끈질기게 추진했다. 충숙왕을 모함해 원의 지원을 차단했다. 그리고 고려에서 원에 있던 충숙왕에게 보낸 재물을 반입 금지해 정치 자금이 흘러 들어가는 것을 차단했다. 당시 고려의 왕과 관료들은 원 황실의 고관들에게 뇌물을 써서 지위를 안정시키고자 했는데 이를 막은 것이다. 충숙왕이 구류된 사이 왕고는 권한공과 채홍철 등을 고려로 보내 자신의 고려 왕 즉위를 위해 원 조정에 청원할 것을 백관들에게 강요했다.

조적, 채하중, 유청신, 오잠, 조연수 등 심왕파 인물들은 역관이나 내료 등 원의 영향력이 커질 때 정치적으로 출세한 부류만은 아니었다. 과거에 급제했거나 음서 출신으로 관료가 된 고려의 정통 지배 세력이었다. 사대부 계층이라 할 수 있는 이들도 정치적 출세를 위해 부원파의 길을 걸었던 것이다.

좌절된 충숙왕의 개혁

심왕파의 공작은 결국 실패했다. 고려에 있는 관료들이 심왕의 고려 왕 책봉을 적극적으로 반대했기 때문이었다. 원으로서는 피지배 국가인 고려가 두 파로 분열한 상황이 편했다. 원 입장에서는 고려 관료들의 적극적인 반대를 무릅쓰고 심왕을 고려 왕으로 삼을 필요가 없었다. 충숙왕은 원에 억류된 지 5년 만인 1325년(충숙왕 12) 고려 개경으로 돌아올 수 있었다. 원 영종이 죽고 태정제 예순테무르가 즉위함으로써 더는 심왕파의 책동이 먹혀들지 않았다. 충숙왕은 국왕의 인장을 돌려받아 왕권을 회복했다.

귀국한 충숙왕은 1325년 10월 개혁 교서를 발표한다. 국정 운영의 주도권을 다시 쥐기 위해서도 개혁은 필요했다. 이 교서에서 충숙왕은 민생에 초점을 맞춰 사회 전반적 문제를 해결하는 방안을 제시했다. 일부를 보면 다음과 같다.

- 수령은 왕과 걱정을 분담하며 바른 교화를 펼쳐야 하고, 조심스레 직무에 임하여 백성을 편안하게 해주어야 마땅하다. 근래 상벌이 분명하지 않아서 징계하거나 권면하는 바가 없어져버려서 모두 탐오하며 직무에서 손을 놓아버렸도다. 각 도道의 존무사와 제찰사들은 그들의 근무 성적을 고과하여 보고하도록 하라.
- 내외의 양반과 향리, 백성들이 함부로 금인과 검교의 관직을 받고는 직함을 내세워 역役을 피하는 일이 심하게 만연되어 있도다. 사

헌부와 각 도의 존무사, 제찰사들은 모두 관직을 거두어들이고 각자 본래의 역에 종사하도록 하라. 만약 조령에 따르지 않으면서 직첩을 반납하지 않는 자는 엄격히 단죄하도록 하라. 또 총선부의 입사상전을 함부로 받은 자와 사첩謝牒을 위조한 자는 이 예에 따르지 않는다.(『고려사』 권35, 충숙왕 12년 10월)

그러나 개혁은 또 실패했다. 토지 점탈이나 수취 체제의 문제, 민의 유망, 사회 기강의 해이는 당시 권력 구조나 토지 지배 구조의 모순에서 비롯한 것이다. 이런 근본적 원인을 회피하고 감독 강화나 금지, 처벌을 강조해서는 사회문제를 해결할 수 없었다. 충숙왕은 개혁을 언론 기구를 통해 수행하려 했다. 김개물金開物 같은 개혁적인 인물을 기용해 개혁을 추진하려는 의지도 보였다. 하지만 개혁이 권력자 자신의 권력 기반을 훼손할 수 있는 소지가 있을 때는 개혁안을 받아들이지 않았다. 김개물이 당시 비행을 일삼고 있던 장세를 체포하려다 충숙왕의 반대로 실패했던 것이 대표적 예다. 개혁보다는 정권 유지와 강화에 주력했던 충숙왕의 개혁은 실패로 그치고 말았다. 원 간섭이 행해지고 있는 한 개혁에는 근본적 한계가 있었다.

충숙왕에게 5년간의 억류 경험은 말 그대로 고통이었다. 1328년 사신 백문보에 따르면 "왕이 연경에 5년간 머무르면서 근심과 수고로움으로 불안해하다가 천성을 손상했다. 나라로 돌아와서는 항상 깊은 궁전에 머무르며 어느덧 즐거워하지 않게 되었으니 조신朝臣을 접하지도 않고 친히 정사를 돌보지도 않았다."(『고려사절요』 권24,

충숙왕 15년 7월) 몸이 약해진 충숙왕은 1330년 2월 세자 정(충혜왕)에게 선위하고 상왕으로 물러앉는다. 그러나 2년 뒤 원은 충혜왕이 음주와 사냥에만 몰두하고 정사를 돌보지 않는다는 이유로 국새를 빼앗았다. 대신 상왕 충숙왕을 다시 왕위에 올렸다. 충숙왕은 또다시 8년간 재위하다 1339년 46세의 나이로 생을 마감했다.

충숙왕 때 삼사사를 지낸 김원상은 순군만호로 있을 때 무게가 100근이나 되는 형구 刑具를 만들었다. 그런데 심왕 왕고에게 붙은 것이 죄가 되어 자신이 가장 먼저 그 형구로 벌을 받았다.

두 번 폐위당한 폭군
충혜왕

충혜왕은 무도한 폭군만은 아니었다. 원에서 파견된 관리까지
두들겨 팼던 충혜왕은 과감한 개혁 정치를 펴기도 했다.

　　고려 28대 충혜왕은 엽기적인 왕으로 비춰진다. 충혜왕은
충숙왕과 명덕태후의 장남이다. 명덕태후는 남양부원군 홍규洪奎의
딸로 충렬왕 이래 3대 만에 모후가 고려인인 세자가 왕위에 오른
것이다. 반원적 기질이 강했던 충숙왕은 충혜왕에게 고려인임을
각인시켰다. 그러나 1330년 왕위에 오른 충혜왕은 놀이와 술로 세
월을 보내다 즉위 2년 만인 1332년 왕위에서 쫓겨나 원으로 압송
되었다. 충혜왕이 원에 반기를 든다는 참소가 원 황실로 날아들었
기 때문이다. 대신 충숙왕이 복위했다.

　　그로부터 7년 후인 1339년 3월 충숙왕이 죽고 충혜왕이 다시 왕
위에 올랐다. 하지만 충혜왕은 원 황실의 책봉문을 바로 받지 못했
다. 원 조정에서 충혜왕의 자질을 문제 삼았기 때문이다. 원에서 충
혜왕의 복위를 인정한 때는 그해 11월이었다. 그 사이 충혜왕은 부
왕의 죽음과 원의 불신에도 자중은커녕 매일 음탕한 짓을 일삼았
다. 장인의 후처인 황씨와 동침했고 부왕의 후비인 수비 권씨를 강

간했다. 게다가 역시 부왕의 후비이자 원 출신인 경화공주를 강간했다. 왕실의 여자만이 아니라 벼슬아치나 서민의 부녀자 중에도 맘에 들면 빼앗아 강간과 간통을 일삼았다고 한다.

고려시대 임질淋疾에 대한 최초 기사의 주인공도 충혜왕이다.

> 홍융(충혜왕의 장인)의 후처 황씨가 자기 집으로 왕을 초대하여 잔치를 열었다. 왕이 의승醫僧 복산에게 명하여 황씨의 임질을 치료하게 했다. 왕이 항상 열약熱藥을 복용했으므로 왕과 관계를 맺은 부인들이 이 병에 걸리는 일이 많았다.(『고려사』 권36, 충혜왕 後後 즉위년 5월)

또한 충혜왕은 민간의 재산을 함부로 빼앗았다. 그는 궁궐의 담을 넓히느라 수백 채의 민가를 허물었고 맘에 드는 것이면 다 가져갔다. 충혜왕에게 간언했던 이들 중 운이 안 좋은 사람은 죽임을 당하기도 했다.

충혜왕의 개혁 정치

충혜왕이 죽이거나 폭력을 행사한 대상은 힘없는 백성이나 벼슬아치만이 아니었다. 원에서 파견된 관리도 충혜왕이 늘씬하게 패서 고려인이 후련하게 여긴 일도 있었다. 원 혜종 토곤테무르의 제2황후가 된 누이동생 기황후의 힘을 믿고 설치는 기철奇轍(?~1356) 일파도 충혜왕의 처벌을 받았다. 원이 고려를 노골적이고 강압적으로 간섭하는 상황에서도 충혜왕은 거침없이 행동했다. 물론 도덕관념과는 관계없이 마음 내키는 대로 성관계를 가졌던 충혜왕의 행적은 정상적인 사람의 행위라고 보기에는 힘들다. 그래서 이 시기에 과연 정치가 있을 수 있겠는가 하는 의문이 들 정도다. 하지만 충혜왕도 한때는 보기 드문 과감한 개혁 정치를 펴기도 했다.

충혜왕은 상업 활동의 진흥과 유통 구조의 개선을 통해 경제활동을 활성화했다. 대몽 항쟁으로 황폐해진 토지를 개간하기 위해 지급된 사급전賜給田을 혁파하고 대신 이를 관리의 녹봉에 충당하게 했다. 권력층에게 각종 세금을 부과해 재정 기반을 강화했고 사원전과 공신전을 왕실에 소속시켜 왕실의 재정을 강화했다. 또한 신궁 건설을 추진해 왕실의 권위를 높이고 기철 등 부원파를 압박해 그 세력을 누르려 했다.

충혜왕은 이를 위해 시위군을 증강하는가 하면 측근 세력 배양에도 힘썼다. 충혜왕 측근 세력에는 악소惡少(불량배, 폭력배)가 많았다. 송팔랑, 홍장 등이 이들인데, 악소배는 주로 정치 세력을 탄압하거나 토목공사, 부녀자 간음 등에 동원되어 충혜왕을 돕고 대가로 왕의 지원을 받아 권력을 행사했

이조년 초상(조선시대) · 한국학중앙연구원
이조년(1269~1343)은 충렬왕에서 충혜왕에 이르는 동안 시류에 휩쓸리지 않고 전통적 질서와 덕목을 고수하는 태도로 고려의 위기를 막아내는 데 앞장섰다.

다. 또한 충혜왕은 원에 밀착한 권세가를 견제하기 위해 이조년, 한종유, 전신 등을 기용하고 부원 세력이 받은 공신전을 몰수해 관리들의 녹봉에 충당하게 해 그들의 불만을 샀다. 이리하여 충혜왕 말기에는 충혜왕을 지지하는 세력과 기철 등의 부원 세력이 대립하는 구도가 형성되기도 했다.

원에 끌려가 죽다

충혜왕이 과감하게 조처하자 부원파는 고려 내에서 자신들의 입지가 축소될까 두려웠다. 이에 기철이 원 조정에 충혜왕의 실정과 횡포를 지적하는 글을 올려 충혜왕을 잡아갈 것을 요구했다. 원에서도 충혜왕이 독립을 지향하고 있다고 판단해 결국 1343년(충혜왕 후4) 고려 출신 환관 고용보를 보내 체포하게 했다. 고용보는 충혜왕을 포승줄로 묶으면서 발로 차기도 했다. 당황한 충혜왕이 놀라서 근신들을 다급하게 불렀지만 한달음에 달려온 근신들은 원 사신의 칼에 맞아 죽임을 당했다.

고려 조정에서는 충혜왕의 사면을 요청하는 상서를 두고 격론이 벌어졌다. 충선왕의 측근이기도 했던 권한공은 "왕이 무도하여 천자가 주벌한 것인데 어찌 구제하겠습니까"(『고려사절요』권25, 충혜왕 후4년 12월)라고 하며 원 황제의 뜻에 따르자고 주장했다. 정승이었던 강장이나 이능간 같은 자들도 "천자가 왕의 무도함을 듣고서 벌을 준 것인데, 만일 글을 올려서 논하여 아뢴다면 이것은 천자의 명을 그르다고 하는 것이니 가당하겠습니까"라며 역시 반대의 뜻을 폈다. 그러나 김영돈은 "왕이 욕을 당했을 때 신하가 죽음을 무릅쓰고 그를 구하는 게 마땅합니다"라고 했다. 김륜 역시 "신하는 왕에게, 아들은 아버지에게, 부인은 남편에게 마땅히 그 은혜와 의리를 다해야 합니다. 그 아버지가 죄를 당했는데 그 아들이 차마 구하지 않겠습니까. 황제의 뜻을 측량하지 못한다는 말은 무슨 말입니까"라며 원에 상서를 올릴 것을 강력히 피력했다. 결국 김영돈과 김륜의 의사가 받아들여져 이제현에게 상서를 써서 보내도록 했다.

원 황제는 충혜왕에게 유배 보내는 명을 내리면서 이렇게 말했다.

> 그대는 사람들의 임금이 되어서 민을 약탈함이 너무 심했으니, 비록 그대의 피를 천하의 개에게 먹여도 오히려 부족할 것이다. 그러나 짐이 죽이는 것을 즐기지 않으므로 이에 그대를 게양으로 유배 보내니, 그대는 나를 원망하지 말고 가라.(『고려사절요』 권25, 충혜왕 후4년 12월)

게양현揭陽縣(광동성 조주)은 수도에서 약 2만 리나 떨어진 곳으로 주로 무거운 죄를 지은 사람들이 가는 유배지다. 『고려사』에 따르면 충혜왕은 시종 한 명 없이 손수 옷 보따리를 가지고 갔다고 한다. 하지만 그 길은 길지 않았다. 유배지로 향하는 길에서 온갖 고통을 겪다가 이듬해인 1344년(충혜왕 후5)에 죽고 말았다. 충혜왕의 죽음에는 석연치 않은 점이 많아 독살당했다는 말도 있고 귤을 잘못 먹어서 죽었다는 말도 있다.

비록 충혜왕의 악행이 컸다고 하더라도 일국의 왕이 타국에 비참하게 끌려가 유배지로 가야 할 만큼 속국의 신세는 비참했다. 이런 상황에서도 자신들의 안위만을 생각해 항의 한번 제대로 못 하는 고려 고관들의 굴욕적인 모습 또한 사서는 전하고 있다.

1343년 개경에는 "왕이 민가의 어린아이 50~60명을 데려다가 새 궁궐 주춧돌 아래 묻으려 한다"라는 소문이 돌았다. 이에 집집이 놀라서 어린아이를 안고 도망가 숨는 자가 많았다. 이 틈을 타 불량배들이 마음껏 도둑질하기도 했다.

여성이 호주도 되고
상속도 받았던 고려

고려의 여성은 조선에 비해 많은 권리를 보장받았다. 남자와 동등하게
상속도 받고 제사도 모실 수 있는 독립적인 인격체였다.

　　고려 후기 손변孫抃(?~1251)은 재판의 달인이었다. 처음 천
안부판관으로 임명되었는데, 그곳에서 재판을 잘하여 승진을 거듭
했다. 손변은 사건을 심판하고 송사를 처리하는 게 마치 물 흐르듯
신속하고 정확한 것으로 유명했다. 손변은 처가가 왕실의 서출이
라 요직에 진출할 수 없었음에도 실무 능력을 인정받아 수사공상
서좌복야(정2품)의 자리에까지 올랐다. 특히 『고려사』에 실린 남매
간 송사는 명재판이기도 하지만 고려시대 균분상속의 관습을 보여
주는 사료로 자주 인용되곤 한다.

　　손변이 경상도안찰부사로 있을 당시 부모의 유산을 두고 남매간
의 송사가 벌어졌다. 남매의 아버지가 출가한 딸에게 모든 유산을
남기고 어린 아들에게는 검정 옷 한 벌, 검정 갓 하나, 미투리 한 켤
레, 양지兩紙 한 권 외에는 아무것도 물려주지 않았다. 이후 성장한
아들이 부모의 유산을 자신에게도 나누어달라고 누이에게 요구했
다. 이에 손변이 다음과 같은 말로 남매를 설득해 결국 재산을 반으

로 나눴다고 한다.

이처럼 고려에서는 자녀의 성별과 관계없이 재산을 균분상속했
다. 따라서 여성도 남성과 동등한 상속 대상이었고, 상속받은 재산
의 소유권과 처분은 결혼 후에도 그대로 유지되었다. 게다가 고려
시대 여성은 호주 계승과 제사 등에서도 남성과 동등한 권리를 행
사했다. 그러다 보니 자립 능력이 없는 부모나 남동생 등 형제들을
시집간 딸이 부양하는 일이 흔했다. 딸이 상속권을 가지고 있는 이
상 부모나 미성년 동생을 부양할 의무도 있었던 것이다.

고려 공민왕 때 재상인 이공수 역시 명문가에서 태어났으나 어
머니를 일찍 여의게 되자 결혼한 누이 집에서 자랐다. 출세한 뒤 이
공수는 매부인 전사의를 아버지처럼, 누이를 어머니처럼 섬겼다고
한다. 이렇듯 고려시대에는 미성년자가 누이나 이모, 고모, 외삼촌
등 계보상 여계 쪽에서 성장하는 일이 많았다. 염제신, 윤택 등 사

서에 등장하는 숱한 인물들이 여계 집안에서 성장했다.

처가살이가 일반적이었던 고려

> 옛날에 내가 일찍이 부모를 잃고 나를 가르칠 사람이 없었을 때 나는
> 공(장인)에게 와서 몸소 훈계를 받고 격려를 받아서 사람이 되었으니, 이
> 것은 공이 도와준 덕이다. 아, 슬프다. 사람이 장가를 가서 부인을 맞이
> 하여 오므로 처가에 힘입은 사람이 얼마 없는데 지금 나는 장가를 가서
> 처가에 있었기 때문에 내 몸에 쓰이는 것을 처가에 의지했으니 장인과
> 장모의 은혜가 부모와 같도다.(이규보, 「외구인 대부경 진공에게 제사지내는 글祭外
> 舅大府卿晉公文」)

이규보가 장인에게 올린 제문에서 알 수 있듯 고려에서는 처가
살이가 일반적이었다. 물론 처가에서 일생을 사는 것이 아니라 결
혼해서 일정 기간을 사는 것이었다. 고려 후기 조혼제가 퍼지면서
어린 남자를 데려다 처가에서 키우는 데릴사위제로 변형되기도 했
다. 그런데 일정 기간을 살았더라도 아이를 처가에 가서 낳으면 외
가에서 자라게 했다. 그래서 외가 쪽의 은혜가 무거워 외조부모나
처부모의 상을 당하면 30일간 상복을 입어야 했다.

고려시대에는 오늘날처럼 여성들이 아버지나 남편의 호적에 꼭
편입되어야 한다는 규정도 없었다. 현재 남아 있는 호구단자戶口單子
를 보면 부부간의 재산도 별도로 등록되었다. 노비의 경우 어머니
쪽, 아버지 쪽으로 분할되어 기록되었다.

고려에서 여성의 사회적 지위를 볼 수 있는 제도 중 하나가 음서제蔭敍制다. 음서로 고위 관료나 공이 큰 집안의 자손은 과거를 통하지 않고도 벼슬을 받을 수 있었는데, 그 대상이 아들과 손자를 비롯하여 사위와 외손자로까지 되어 있다.

여권이 강했던 만큼 고려의 결혼 제도는 일부일처제가 일반적이었다. 서긍의 『고려도경』 잡속조雜俗條에는 "부잣집에서는 3, 4인에 달하는 첩을 둔다"라는 기록이 있지만 이는 예외적인 것이

낙랑군부인 최씨 준호구樂浪郡夫人崔氏准戸口
여성인 낙랑군부인 최씨가 호주로 기재되어 있는 문서다. 준호구란 호적 대장 원본에 따라 관청에서 발급한 문서로 오늘날 호적등본이나 주민등록등본과 같다. 고려시대 여성의 지위를 이해하는 데 도움을 주는 사료다.

었다. 충렬왕 때 재상이었던 박유가 고려에 남자가 적고 여자가 많다며 인구 증가를 위해서라도 첩을 둘 수 있게 해달라고 왕에게 상소했다가 부녀자들에게 봉변을 당한 일은 유명한 에피소드다. 당시 재상들은 부인들이 무서워 첩을 두는 문제에 대해 조정에서 한마디도 꺼내지 못했다.

> 고려에서는 50세 이상 과부가 자손이 없으면 당연히 개가하고, 40세 이상 과부도 자녀를 데리고 개가했다. 순비 허씨는 평양공 왕현에게 시집가 3남 4녀를 낳은 과부였지만 충선왕에게 개가했다.

고려의 내시는 조선의 내시와
완전히 달랐다

우리는 내시內侍라고 하면 흔히 조선시대 내시를 떠올린다. 조선의 내시는 남성의 기능을 상실한 환관宦官이었다. 그러나 고려의 내시는 환관이 아니었다. 고려 때는 내시와 환관이 따로 있었다. 고려의 내시는 가문과 학식, 재능이 뛰어난 데다 용모까지 출중한 엘리트였다. 무신 집권기 이전에는 대개 문신으로서 과거에 합격한 이들이 내시에 뽑혔다. 이들은 왕의 측근으로서 막강한 권력을 행사했다. 일종의 대통령 비서실의 비서관이나 행정관을 떠올리면 된다. 이들은 나이도 젊고 품계도 낮았지만 재상보다 더한 권력을 행사하는 일이 비일비재했다.

문헌공도를 창설한 문헌공 최충의 손자인 최사추는 명문가의 손자요, 학식이 해박하고 문견이 많다는 이유로 내시에 임명되었다. 최사추는 이후 문하시중에까지 올랐다. 예종의 측근으로서 이자겸의 난 때 죽음을 맞은 한안인 역시 내시직을 역임했다. 인종 때 막강한 권력을 자랑하던 김부식의 아들 김돈중도 아버지의 후광을 입어 내시로서 의종의 총애를 받은 인물이다. 또한 주자학 도입과 보급에 큰 공을 세웠던 안향 역시 원종 때 직한림원으로서 내시를 겸했다.

고려 환관들은 내시와 함께 왕을 가까이서 시종한다고 하여 근시近侍라 불렸다. 환관 역시 상당한 권한을 누리며 정치에 개입했다. 특히 고려 말기에 와서는 국왕의 측근으로서 막강한 권력을 휘둘렀다. 이러한 근시에 의한 측근 정치는 국왕의 권력 기반이 취약할 때일수록 성행했다. 하지만 투명성을 보장받지 못하는 상황에서 이들 소수 집단 중심의 권력 행사는 부정과 부패를 불러오기도 했다.

고려가 금속활자를 먼저 찍어내고도 문화혁명을 못 이룬 까닭은?

우리나라는 세계 최초로 금속활자를 찍어냈다. 『백운화상초록불조직지심체요절白雲和尚抄錄佛祖直指心體要節』(일명『직지심경』) 하권을 1967년 파리 국립도서관 사서로 일하던 박병선 박사가 발견하면서 우리 금속활자는 '세계 최초'라는 타이틀을 얻을 수 있었다. 박병선 박사는 3년간의 고증을 거쳐 『직지심경』이 1377년에 발간되었음을 밝혀냈다. 1377년이라면 독일의 구텐베르크가 금속활자를 발명한 1450년보다 73년이나 앞선 것이었다.

그뿐 아니라 책은 전하지 않지만 이규보의 『동국이상국집』을 보면 1234년 『상정고금예문詳定古今禮文』을 금속활자로 28부 인쇄했다는 기록이 있어 금속활자의 발명 연도는 훨씬 이전으로 소급된다.

구텐베르크가 발명한 금속활자는 유럽 사회를 획기적으로 변모시켰다. 『성경』을 각국어로 번역하고 출간해 종교혁명의 가교 구실을 하기도 했다. 무엇보다 구텐베르크는 '책'을 대량 보급하기 위해 활판용 금속활자뿐만 아니라 인쇄기, 인쇄용 잉크, 종이 등 인쇄 출판에 관한 모든 것을 발명했다. 그로 인해 소수의 성직자와 귀족만이 볼 수 있었던 책이란 미디어를 민중들도 일정한 돈만 내면 볼 수 있는 미디어 혁명을 일으켰다.

그에 반해 고려의 금속활자는 한자漢字를 일일이 새겨야 하는 불편 때문에 대중화하는 데 한계가 있었다. 특히 금속활자 발명의 목적이 대중 계도용이 아닌 부처의 말씀을 오래 보관하기 위한 데 있었다. 즉 민중과는 무관했다. 이런 이유로 대량 배포를 위한 인쇄기는 엄두도 못 냈다. 고려의 금속활자는 '세계 최초'란 타이틀은 얻었지만 지식과 문화의 대중화를 가져올 '미디어 혁명'의 매체가 되지 못했다.

1340년

1356년 ——— 카를 4세, 황금문서 발표

홍건적 침입(~1361) ——— 1359년

1360년

문익점, 원에서 목화씨 들여옴 ——— 1363년

1368년 ——— 원 멸망, 명 건국

최영, 왜군 정벌 ——— 1376년
화통도감 설치, 최무선 화약 무기 제조 ——— 1377년

1380년

위화도 회군 ——— 1388년
박위, 쓰시마섬 정벌 ——— 1389년

고려 멸망, 조선 건국 ——— 1392년
한양 천도 ——— 1394년

1400년

제 4 장

고려 개혁의
좌절과
왕조의 멸망

원의 지원을 받은
반원 정책이란 역설

충목왕 때 원의 지원을 받아 정치도감이라는 개혁 기구가 설치되었다.
부패 관리를 소탕하고 부원파조차 탄핵했던 정치도감은
곧 원의 지시에 따라 철폐되었다.

1344년 유배길에서 죽은 충혜왕의 뒤를 이어 그의 맏아들 충목왕이 즉위했다. 덕녕공주에게서 태어난 충목왕이 왕위에 올랐을 때 나이는 불과 8세였다. 충목왕은 재위 4년 만인 1348년 12세의 나이로 요절했다. 짧은 재위 기간이었지만 충목왕이 즉위하는 동안 주목할 만한 개혁의 움직임이 있었다.

충혜왕은 엽기적 행각이 두드러지기는 했으나 반원적 개혁 정치를 펴기도 했다. 충혜왕은 기철, 고용보 등 기황후 측근의 부원 세력과는 대립적 위치에 있었다. 원이 쇠퇴해가면서 이에 대비해 고려 관리들의 반원적 움직임은 조용하지만 끈질기게 계속되었다. 충혜왕이 원에 끌려가 있을 때 고려 고위 관리들은 왕을 용서해달라는 상소문을 원 혜종에게 올리기도 했다. 고려 왕조를 수호하려는 이들의 힘으로 기철 일파의 입성책동도 거듭 좌절되었다. 개혁적 색채를 띠었던 충혜왕을 잔인하게 죽인 원을 향한 반발심을 원에서도 무시할 수 없었다.

원에 있던 기황후 역시 자신의 친인척들이 고려에서 부패를 일삼으며 일으키는 문제들이 자신의 입지를 위협한다는 사실을 알고 있었다. 충목왕 즉위 후 원 혜종이 고려 내정 개혁의 뜻을 내보이자 기황후는 고려로 사신을 보내 기씨 일파를 경계하는 다음과 같은

개성 경천사지십층석탑 · 국립중앙박물관

1348년 강융과 고용보 등이 원 황제와 태자, 황후의 만세를 기원하고 불법이 날로 흥성하여 복을 얻을 수 있기를 발원하며 세운 탑이다. 1907년 일본으로 무단 반출되었다가 1918년 반환, 1960년 복원을 거쳐 현재 국립중앙박물관에서 전시 중이다.

말을 전하기도 했다. "무릇 나의 친척은 세를 믿고 다른 사람의 토지와 노비를 빼앗지 말라. 만약 어길 시에는 반드시 죄를 물을 것이다. 그리고 법을 맡은 관리가 알면서 일부러 놓아주면 그들도 죄를 물을 것이다."(『고려사』 권37, 충목왕 즉위년 8월)

충목왕 즉위 후 고려에서는 정치를 일신하고자 하는 움직임이 일었다. 충목왕 즉위년에 이뤄진 인사 개편에서 김윤, 이제현 등 문벌 출신의 원로급 중진이 재상으로 등용되었다. 비록 부원배인 채하중도 끼어 있었지만 원에 대해 상대적으로 자주적 성향을 띤 문벌 출신의 관료를 임명한 것은 주목할 만했다. 이제현은 1344년(충목왕 즉위년) 5월 11개 항목의 개혁안을 제시했다. 인재 지방관 파견, 응방과 내승(왕 행차에 관한 의장을 맡은 관청) 혁파, 녹과전 부활, 정방 혁파 등을 건의해 당시 사회적 문제를 해결하고자 했다. 이제현의 개혁안은 수용되지 않았지만 그가 제시한 개혁 과제는 충혜왕이 시도했던 개혁 내용도 포함하고 있었고 이후 공민왕의 개혁 과제로 계승되었으므로 의미 있는 것이었다.

같은 해 10월에는 부원배 채하중이 수상직에서 물러나고 개혁파인 왕후와 김윤이 각각 우정승과 좌정승에 임명되었다. 새롭게 바뀐 조정에서는 그동안 문제가 되었던 토지 관련 개혁을 시도했다. 그러나 아직도 힘을 가지고 있던 반개혁적 부원 세력은 개혁 주도 세력을 압박하여 이듬해 12월 왕후를 수상직에서 물러나게 했다.

원이 지원해준 반원 개혁 기구 정치도감

고려 조정은 개혁 세력의 퇴진으로 후퇴했던 개혁 정치를

1347년(충목왕 3) 2월 정치도감整治都監을 설치하면서 전면적으로 재개했다. 정치도감은 재상급의 판사 4명을 포함해 모두 38명의 관리로 이루어진 강력한 개혁 기구였다. 판사직을 맡은 왕후, 김영돈, 안축, 김광철 등 구성원 대다수가 과거를 거친 정통 관료로 개혁 정치를 수행할 능력과 도덕성이 충분한 인물이었다. 그런데 주목할 만한 점은 왕후와 김영돈이 원에서 혜종을 만나고 온 뒤 정치도감이 설치되었다는 것이다.

전 정승 왕후와 좌정승 김영돈이 원에서 돌아와서 왕에게 보고하여 말하기를 "황제께서 선왕(충혜왕)이 덕을 잃으신 것에 관하여 물으시기에 신들이 아뢰기를, '선왕이 처음에는 이러하지 않았는데 단지 소인들이 그를 인도했을 뿐입니다. 그 무리가 아직 남아 제거되지 않았으니, 또한 지금의 왕도 그릇되게 할 것입니다'라고 했습니다. 황제께서 그렇게 여기시고 신들에게 칙을 내리시기를, '너희들이 가서 그들을 다스리라'라고 하셨습니다" 했다.(『고려사절요』 권25, 충목왕 3년 2월)

그런데 여기서 '소인小人'은 충혜왕의 측근 인사들이 아니다. 그들은 이미 충목왕 초기에 숙청되었다. '소인'은 오히려 충혜왕을 원에 고발해 죽음에 이르게 한 기철 등 부원배들이었다. 정치도감을 설치하고 가장 먼저 한 일은 이들 부원배를 숙청하는 일이었다. 우선 기황후의 친척인 기삼만과 기주가 숙청되었다. 기삼만은 토지와 노비를 탈점한 죄목으로, 기주는 권력을 남용해 해악을 끼쳤다는 죄로 체포되었다. 그리고 곤장을 맞은 기삼만은 순군에 가둔 지

20일 만에 죽고 만다. 정승 노책과 전영보도 세금을 포탈했다 하여 숙청되었다. 사정 작업은 엄격하게 집행되었다.

정치도감은 고려의 정치, 경제, 사회 분야에 걸쳐 광범위하게 개혁을 추진하고자 했다. 지방관의 탐학을 막고 정동행성 등 원 간섭 기구의 작폐를 없애려 했다. 경제 분야에서는 토지 및 노비 탈점, 고리대금에 의한 농장 형성의 폐단과 수취 체제의 문란을 해결하고자 했다. 고려 사회가 환골탈태하기 위해 꼭 해결해야 할 문제들이었다.

그러나 원이 지원하는 개혁이었던 만큼 한계가 있었다. 원 간섭 기구 정동행성 이문소理問所(정동행성 부속 관서 중 하나로 대원 관계 범죄 관련 기구)에서 기삼만이 옥사한 것을 구실로 정치관 서호와 전녹생을 옥에 가두는 등 반격을 개시했다. 이러한 반격에 왕후와 김영돈은 원 혜종을 만나 이문소에 타격을 가하고자 했으나 뜻을 이루지 못했다. 하지만 1347년 5월 혜종이 보낸 사신인 중서성우사도사 우리부카를 만나 지원을 약속받고 정치도감의 정당성을 관철함으로써 서호와 전녹생은 석방되었다. 원에서는 기황후의 측근인 환관 고용보가 금강산으로 추방당했다. 기황후의 권력에 금이 가고 있었다. 정치도감의 개혁에 힘이 실리는 듯했다.

부원파의 반격

부원파의 힘은 쉽게 사그라지지 않았다. 7월이 되자 정동행성 이문소에서 정치도감의 관원을 국문하여 기삼만을 죽인 죄를 씌우려 했다. 정치도감의 관리들이 이에 불복하자 모두 옥에 가두었다. 원에서 온 아루와 왕호유 등이 와서 기삼만 사건을 심리했는데 모두 이문소의 편을 들었다. 10월 이문소는 환관과 부호와 세력이 강한 자의 농장을 회수한 밀성부사 이손경, 여흥부사 이몽정 등 지방관을 감옥에 가두었다. 이 지방관들은 정치도감의 통첩을 받고 명을 실행했을 뿐이었다. 또한 원에서는 사신을 보내 서호, 전녹생, 안극인 등 정치도감 정치관 16명에게 곤장을 때렸다. 이로써 정치도감의 활동은 부당한 것으로 판정되어 더는 개혁을 진행할 수 없었다. 의욕적으로 출발했던 정치도감의 활동은 1년도 못 되어 실패로 끝나고 말았다.

실패의 원인은 자주적 개혁 역량의 부재에 있었다. 원은 고려의 반발을 우려해 부분적으로 개혁할 수 있는 여지를 열어두었으나 원 지배를 지지했던 자들이 개혁 대상으로 지목되자 위협을 느꼈다. 정치도감이 개혁을 지속한다면 원의 고려에 대한 지배도 보장할 수 없는 처지가 될까 두려웠다. 그러나 정치도감의 개혁 활동은 공민왕 대(1351~1374)의 반원 개혁 정치로 이어지는 계기가 되었다.

충목왕 때 정치도감의 활동을 주도했던 왕후는 원에 가서 선왕인 충선왕과 충목왕의 시호를 내려달라고 요청했다. 당시 고려의 정권을 잡고 있던 자들이 외교비를 대주지 않자 왕후는 사비로 엄청난 뇌물을 원에 바치고 두 선왕의 시호를 받아냈다.

공민왕,
개혁의 칼날을 들다

원의 지지를 받아 즉위한 공민왕은 즉위 5년 만에 기철 등 부원파 일당을
제거하고 원의 지배 기구를 철폐하는 반원 정치 개혁을 단행했다.

공민왕은 충숙왕의 차남이다. 공민왕은 원의 명령에 따라
12세(1341, 충혜왕 2) 때부터 줄곧 연경에서 지냈다. 공민왕은 형 충
혜왕이 원에 끌려와 당한 수모와 그 비참한 모습을 지켜볼 수밖에
없었다. 엄격하고도 중후한 성품의 공민왕이 이 모습을 보면서 원
에 적개심을 품었을 것은 당연하다. 공민왕은 10년간 원에 머무르
며 위왕의 딸 노국대장공주(이하 노국공주)와 결혼하기도 했다. 공민
왕은 원에 있으면서 차기 왕으로 물망에 2차례나 오른 바 있었다.
처음 충혜왕이 폐위되었을 당시 후계자로 떠올랐으나 기황후 일파
의 반대로 무산되었다. 대신 충혜왕의 아들인 흔昕이 충목왕에 올
랐다. 충목왕이 재위 4년 만에 죽자 공민왕은 다시 추대되었으나
왕위는 충혜왕의 서자 저眂(충정왕)에게 돌아갔다. 이번에는 기황후
의 측근 환관인 고용보가 비토를 놓았다. 왕저를 왕위에 올리도록
황제 혜종에게 공작을 폈던 것이다.

원은 충정왕을 왕위에 올린 지 2년 3개월(1349년 7월~1351년 10월)

공민왕 영정(조선시대) · 국립고궁박물관

공민왕은 배원 정책을 골격으로 하는 개혁 정책을 통해 몽골과의 관계를 청산
하고 그동안 축적되었던 고려의 정치적, 사회적 폐단들을 개혁하는 데 상당한
노력을 기울였으며 나름의 성과를 거두었다. 그러나 1365년 노국공주의 사망
을 기점으로 부침을 겪는다.

만에 폐위했다. 원이 공민왕을 세우고 충정왕을 강화도로 보냈다.
공민왕이 충정왕 대신 왕위에 오른 이유에 대해서는 사서에 기록
된 바가 없다. 다만 원이 쇠퇴하고 있는 상황에서 고려의 관료들 대
부분이 지지한 공민왕을 무시하기에는 부담이 있었던 것으로 보인
다. 점증하는 고려의 반원적 분위기를 무마하기 위해 공민왕을 즉
위시킨 것이다. 그러나 원의 바람과는 달리 고려의 반원 자주화 운
동은 공민왕의 즉위 이후 가속화했다.

즉위와 동시에 개혁을 추진하다

공민왕은 원에서 10년이나 있었지만 이제현 등 원과 고려 사이를 오갔던 고려 관료들과 접촉하며 자신의 지지 세력을 구축했다. 원에서 자신을 시종했던 조일신, 유숙 등도 측근 세력이었다. 또한 공민왕의 모친인 명덕태후는 세족 출신 홍규의 딸이었기에 홍언박 등 외척도 지지 세력으로 모을 수 있었다. 이들은 충정왕과의 왕위 계승전에서 공민왕을 지지했다.

이 같은 지지 세력을 기반으로 공민왕은 즉위(1351)와 동시에 개혁을 추진했다. 공민왕의 개혁은 충렬왕, 충선왕, 충숙왕 등 전대와는 완연히 달랐다. 공민왕 스스로가 개혁적 성향이 강했을뿐더러 원의 국력이 눈에 띄게 쇠퇴하고 있었기 때문이다. 공민왕은 이제현을 수상으로 하는 대폭적인 인사 개편을 단행했다. 배전을 비롯해 이전 권력층 가운데 일부를 잡아넣거나 유배하고 좌천시켰다. 1352년(공민왕 1)에는 친원파가 장악했던 정방을 혁파하고 문무관의 인사권을 전리사典理司와 군부사軍簿司로 돌렸으며, 왕권 강화와 정치 기강 확립을 골자로 한 개혁 교서를 발표했다. 이에 앞서 공민왕 자신도 변발과 호복을 고쳐 고려식으로 바꾸었다.

1352년 개혁 교서에서 공민왕은 천거제 활용을 통한 인재의 발탁과 언로의 확대 등 관료 사회를 일신할 방안을 제시했다. 또한 겸병을 금지해 토지 점탈을 방지하고 고리대의 완화와 진휼 정책 시행, 가혹한 형벌의 완화 등을 통해 국가 재정 확충과 민생 안정을 꾀하려 했다. 그뿐만 아니라 군량 확보와 왜구 방어책 등 군사 분야의 개혁에도 관심을 보였다.

공민왕의 개혁은 같은 해 9월에 터진 '조일신趙日新의 난'으로 부원 세력이 강화되면서 잠시 중단된다. 부원파 조일신은 공민왕 즉위에 공을 세워 막강한 권력을 휘둘러왔다. 하지만 공민왕의 개혁으로 조일신은 권력 행사에 제한을 받았을 뿐만 아니라 반원적 분위기가 농후해진 조정에서도 입지가 좁아졌다. 조일신은 이런 상황을 일거에 타개하고자 친원 세력으로 원성이 자자한 기씨 일파와 고용보를 처단하려 습격했으나 계획은 성사되지 못했다. 모두 도망가고 기황후의 오라비인 기원만 죽이고 말았다. 그러자 조일신은 무리를 이끌고 궁으로 들어가 공민왕을 협박해 스스로 좌승상의 자리에 올라 권력을 농단했다. 하지만 그의 권력은 얼마 가지 못했다. 고려 조야朝野에서 신망이 높았던 이인복의 진언을 받은 공민왕이 일거에 조일신을 처단했다.

조일신의 난을 진압하는 과정에서 공민왕은 어쩔 수 없이 정동행성의 도움을 받았고 기씨 일파의 반발을 무마해야 했다. 1355년(공민왕 4) 공민왕은 기황후의 모친을 위해 잔치를 베풀었고 동생인 기륜을 천성사에, 조카 기완자불화(기원의 아들)를 삼사좌사에 임명했다. 또한 원의 요청을 받아들여 한족이 일으킨 반란을 진압하는 데 고려군을 파병하기도 했다. 반원 개혁은 잠시 소강상태에 빠져들었다.

반원 개혁을 일거에 이뤄내다

공민왕은 개혁을 포기하지 않았다. 정치적 위기에 빠져 개혁 추진이 여의치 않게 되면 잠시 숨을 골랐다가 다시 매진했다. 공민왕은 약 23년간(1351~1374) 재위하면서 지속해서 개혁을 추진했다. 즉위 원년의 개혁에 이어 1356년(공민왕 5), 1363년(공민왕 12), 1371년(공민왕 20) 등에 개혁 정치를 추진했다. 공민왕은 마치 개혁을 위해 왕이 된 인물처럼 보였다.

공민왕은 원과 부원 세력의 강력한 반발을 무마하는 한편 지지 세력을 결속시켰다. 그리고 쌍성총관부의 친원 지배 세력을 분열시켜 고려 쪽으로 끌어당겼다. 그 결과 1355년(공민왕 4) 쌍성(영흥) 천호 이자춘이 공민왕을 만나 고려로 귀의해왔다. 이자춘은 이성계의 아버지다. 이후 원의 급변하는 정세를 지켜봤다. 원에 파병되었던 고려군은 원의 실정이 얼마나 취약한지 보고하기도 했다.

이런 기다림 끝에 공민왕은 1356년 5월 반원 개혁을 단행했다. 공민왕은 고위 관료들을 위한 잔치를 벌여 기철과 권겸 등 부원파들을 불렀다. 잔치 자리에서 기철과 권겸 등은 공민왕의 명을 받은 장사들의 철퇴에 머리가 박살 났다. 그리고 금위사번禁衛四番을 시켜 노책을 잡아 죽였다. 공민왕이 결단한 기씨 일가족을 비롯한 부원파 소탕 작전에서 25명이 주살되었다.

부원파를 소탕한 공민왕은 이어 원의 지배 기구인 정동행성 이문소를 혁파했다. 쌍성총관부에 군대를 보내 격파하고 영토를 회복했다. 100년 만에 잃었던 영토를 회복하는 순간이었다. 같은 해 6월에는 원의 지정至正 연호 사용을 중지하고 7월에는 격하되었던 관제를 문종 때 관제로 되돌려놓았다. 공민왕은 원의 지배에서 벗어날 것을 주요 골자로 한 24개 항목의 반원 개혁 교서를 발표했다. 정치적으로는 최우가 설치했던 권문 세력의 권력 기구인 정방을 영원히 혁파할 것을 천명하고 부원 세력의 재산을 몰수했다. 민생 안정을 위해 염세를 3분의 1로 감했다. 특히 군사 분야의 개혁에 주력했는데 역참제 정비, 둔전제를 통한 군수 안정, 군역제 개선 등을 정치 과제로 삼았다. 바야흐로 고려가 원에서 독립한 자주적 국가임을 알리고 독립 국가로서 역량을 키우기 위한 전략적 과제를 선정한 것이다. 공민왕의 반원 자주화 개혁은 실질적 성과도 커서 국토 회복과 관제 개혁, 군사력 강화 등을 이뤄냈다.

개혁 주체 세력에 부원파가 다수 포진해 있었다. 자신의 동생을 원의 고관과 혼인시켜 세력을 가지고 있던 정지상을 비롯해 충혜왕이 원에 압송될 때 협력한 인당, 원에서 벼슬을 받은 염제신 등은 모두 공민왕의 개혁 정국에서도 요직을 차지하고 있었고 이들 역시 반원 개혁에 동참했다. 특히 기철 일파를 격살했던 인물들 대부분이 부원 세력이었다. 원에 기대 출세했던 부원배들이 원이 쇠퇴하자 반원으로 돌아서서 자신들의 정치적 지위를 강화하려는 행태를 보였다. 이로 인해 부원파에 대한 철저한 숙청은 이뤄지지 못했다. 게다가 이들은 대토지를 소유하고 있어 고려 사회의 근본적 문제였던 토지 문제 해결에 큰 걸림돌이 되었다. 1356년의 반원 자주화 개혁은 부분적 성과에도 불구하고 이런 문제점 때문에 또 한 번의 개혁을 해야 했다.

1355년 전라도 안렴사 정지상은 원 사신 예스부카가 전주에 와 멋대로 횡포를 부리자 그를 가두고 이 사실을 공민왕에게 보고했다. 그러나 기철 일파를 처단할 기회를 엿보고 있던 공민왕은 우선 정지상을 옥에 가두고 전주를 부곡으로 강등시켰다.

홍건적의 침입과
국제 정세의 급변

원에 쫓겨 고려로 내려온 한족 반란 세력인 홍건적이 개경까지 침입했다.
그러나 이들은 고려군에 밀려 대패했다.

아시아에서 유라시아 대륙 그리고 유럽에 걸친 대제국을 건설한 원은 14세기에 들어와 쇠퇴하기 시작했다. 황족들의 제위 다툼과 권신들의 전횡이 한 원인이었다. 끊임없는 정복 전쟁은 국력을 소진케 했다. 기황후의 무력한 남편 혜종은 사치와 방탕을 일삼아 재정난을 심화했다. 국고가 바닥나자 이를 무리한 세금 징수와 화폐 남발로 메우려다 원의 경제는 파탄지경에 이르렀다. 게다가 혜종이 즉위한 후에는 매년 흉년이 들어 길에는 죽은 사람들로 가득했고 사람들이 서로 잡아먹는 지경까지 이르렀다. 1354년(원 혜종 14, 고려 공민왕 3)에는 수도 연경에서조차 아버지와 아들이 서로 잡아먹는 일까지 벌어졌으니 원 백성들이 겪는 고통은 극심했다.

상황이 악화하자 원의 피지배 민족 중 고려인과 함께 3등민 취급을 받던 한족들이 일어섰다. 광동에서 주광경이 일어나 국호를 대금大金이라 했고, 서수휘는 안휘과 호북에서 난을 일으켜 국호를 천완天完이라 하고 스스로 황제라고 했다. 강소 지방에서는 장사성이 일어나 국호를 대주大周라 했으며 안휘 북부에서는 곽자흥이 일어섰다. 나중에 명明을 세워 중원을 평정하는 주원장이 바로 곽자흥의 한 계열이다. 곽자흥의 부하 주원장이 명을 세우자 고려는 친명파와 반명파로 나뉘어 대립하다 조선을 건국하기에 이른다.

이때 하남에서 일어난 한산동이 바로 머리에 붉은 수건을 두른 한족 반란군인 홍건적紅巾賊의 지도자였다. 한산동은 당시 농민들 사이에 널리 퍼진 백련교白蓮敎를 앞세우고 스스로 미륵불을 자처하며 한족 무리들을 끌어모았다. 그의 부하인 유복통은 한산동이 송 휘종의 8세손이라며 송의 부흥을 꾀했다. 1351년 한산동은 하남에서 반란을 일으켰지만 얼마 되지 않아 생포되어 처형당했다. 그러자 유복통은 10만에 가까운 군사를 조직해 중국 각지를 공격하고 다녔다. 1355년 한산동의 아들 한림아를 황제로 추대해 국호를 송宋이라 하고 임시 국가를 세웠다.

송은 중국 각지를 공격하고 다니다 이들 중 한 무리가 원 정부군에 쫓겨 고려로 내려오면서 고려는 원과 강화를 맺은 이후 다시 외적의 침입에 맞서야 했다. 홍건적은 남쪽의 왜구와 함께 고려가 넘어서야 할 또 다른 시련이었다.

무장해제 당한 고려, 다시 군사 강국으로 일어서다

공민왕은 난세의 군왕답게 정보에 민감했다. 무신정권 이후 무력했던 역대 군왕들과 달리 위기의 징후가 보이면 발 빠르게 대처했다. 1354년(공민왕 3) 공민왕은 부원배 채하중의 건의에 따라 원이 고우의 장사성을 토벌하는 데 유탁과 염제신 등 40여 명의 장수가 2000여 명의 병력을 이끌고 지원하도록 했다. 원병으로 참여했던 고려군은 이때 반란군의 실체와 원의 실정을 파악할 수 있었다. 원의 군대가 예전과 같은 무적 부대가 아님을 두 눈으로 똑똑히 보았다. 또한 고려군은 고우의 장사성만이 아니라 북중국과 요동 일대에서 세력을 떨치던 홍건적의 실상도 볼 수 있었다.

이런 경험을 토대로 한 보고서가 공민왕에게 올라왔다. 이런 보고를 통해 공민왕은 원 세력을 몰아낼 자신감과 함께 홍건적 등이 고려에 침입할 가능성을 예측할 수 있었다. 공민왕은 긴장을 늦추지 않고 방어 태세를 굳건히 했다. 1358년 북중국 일대에서 치열한 공방전이 이어질 당시 고려 내부의 경계 태세를 보여주는 다음과 같은 일도 있었다.

정주부사 주영세와 전라도만호 강중상이 상경하여 알현하자 왕이 노하여 말하기를 "지금 국가에 어려운 일이 많아 서쪽으로는 홍건적, 동쪽으로는 왜구의 우환으로 연해와 변경의 백성이 편히 살지 못하고 있는데 너희들이 어찌 감히 제멋대로 관할 지역을 이탈하였는가?"라고 하며 즉시 하옥시켰다.(『고려사』 권39, 공민왕 7년 3월)

공민왕의 예측대로 이듬해인 1359년(공민왕 8) 12월 홍건적의 1차 침입이 있었다. 홍건적 두령 모거경이 4만 명이라는 병력을 이끌고 얼어붙은 압록강을 건너 의주를 함락했다. 이들은 정주와 인주를 점령한 데 이어 서경까지도 점령했다. 그러자 개경은 극도로 불안에 휩싸였다. 피난하기 위해 사람들이 물품을 사들이는 바람에 베 1필에 쌀 2말이던 것이 5, 6말로 오를 정도였다. 조정에서는 남경으로 수도를 옮기자는 논의가 심각하게 오갔다.

서경을 탈환하기 위해 고려군은 곧바로 대응에 돌입했다. 각지의 부대가 서경 부근인 생양역에 모였다. 안우, 이방실, 김어진, 김득배 등이 군대 2만을 이끌고 모이자 홍건적은 1만 명이 넘는 서경인을 죽이는 만행을 저질렀다. 1000여 명의 전사자를 낸 서경 탈환 전투에서 고려군은 끝내 승리했다. 적 2만을 사살하고 적장을 사로잡았다. 압록강 얼음을 타고 달아나다 물에 빠져 죽은 자가 수천에 달했다.

홍건적을 완전히 격퇴하다

육지에서의 패배에도 불구하고 1360년(공민왕 9) 1월 홍건적은 수군을 동원해 다시금 공격해 들어왔다. 총 170척의 배를 동원해 고려 연안에 들어와 곡식을 약탈하고 관청을 불태웠다. 하지만 이들은 황주목사 민호와 이방실 등이 격파했다. 이로써 홍건적의 1차 침입은 고려의 완승으로 끝났다.

공민왕은 1차 침입 후 원과 연합해 홍건적을 격퇴하고자 이공수, 주사충 등을 원으로 파견했지만 이들은 요양까지 갔다가 되돌아왔다. 공민왕이 죽는 한이 있더라도 돌아와서는 안 된다며 다시 보냈지만 그들은 어쩔 수 없이 발길을 돌려 고려로 되돌아왔다. 한족 반란군 때문에 길이 막혔기 때문이다. 반란군의 세력이 더 커져 있었다.

홍건적은 이듬해인 1361년(공민왕 10) 10월 2차 침입을 감행했다.

영호루映湖樓 **현판**·안동시립민속박물관

1361년 공민왕은 홍건적을 피해 복주까지 피난 갔다가 적적한 마음을 달래기 위해 영호루를 자주 찾았다.
개경으로 돌아간 뒤 이 현판을 하사했다고 한다.

총 10만의 병력을 이끌고 압록강을 건너 삭주로 침입했다. 이들은
개주, 연주, 박주까지 격파하고 안주를 습격하기에 이르렀다. 홍건
적은 고려에 항복을 요구했다. 그러나 공민왕은 굴하지 않았다. 전
국에 방을 붙이고 모병했다. 모병에 응하면 천인은 양인으로 면천
해주고 향리는 관리로 채용하거나 돈 혹은 보물을 준다는 보상안
까지 마련했다. 공후公侯 이하 지배층은 전쟁에 쓸 말을 바치게 하
는 등 전국이 전쟁 체제에 돌입했다.

초반에 홍건적이 개경을 함락해 공민왕은 복주(안동)까지 피난
가야 했다. 개경에서 홍건적은 약탈과 살육을 자행했다. 그러나 고
려인은 무신정권 아래서 몽골과 싸울 때와는 달랐다. 강화와 안변
부의 백성들은 홍건적을 초대해 술을 먹이고는 모조리 죽여버리는
등 자체 방어전을 벌였다.

1362년 고려군은 대반격에 나섰다. 이방실, 이여경, 김득배, 안
우, 최영, 이성계 등이 지휘하는 20만 고려군은 개경의 10만에 달
하는 홍건적을 맹공격해 완전히 소탕했다. 탈환한 개경 성에서 적

들이 버리고 간 원 황제의 옥새를 비롯한 숱한 보물들을 노획하기도 했다.

경상북도 안동 지역에서 해마다 정월 대보름 밤에 행하는 '놋다리밟기'는 피난 당시 공민왕 일행이 풍산을 거쳐 소야천에 이르자 마을 여성들이 나와 허리를 굽혀 노국공주가 등을 밟고 건너가게 한 데서 시작되었다고 전해진다.

원 간섭기
종식

흥왕사의 변을 틈타 공민왕을 몰아내고자 했던 원의 공세를
고려는 조정의 단합된 힘과 최영의 강력한 군사력으로 무력화했다.

1363년(공민왕 12) 2월 중순 고려는 국력을 총동원해 홍건
적을 1년여 만에 격파했다. 복주로 피난 갔던 공민왕도 개경으로
돌아와 흥왕사興王寺를 행궁으로 삼아 거처했다. 홍건적의 침입으로
개경 궁궐이 파괴되고 국토는 피폐해졌지만 군사력을 회복해 전
승을 거두었으니 공민왕의 환도는 금의환향이었다. 그런데 여기에
찬물을 끼얹는 두 사건이 연이어 벌어지면서 왕권은 다시금 위기
를 맞았다. 국력을 정비할 시기에 엉뚱한 일로 귀한 시간을 써야 했
다. '흥왕사의 변'과 '공민왕 폐위 사건'은 모두 원에서 왕족의 측근
으로 일했던 자들이 벌인 일이었다.

흥왕사의 변

김용은 안성 사람으로 성품이 음흉하고 기만과 가식이 많았다. 공민
왕이 원에 들어가 숙위했을 때, 김용이 시종하면서 공로가 많아 여러 차

레 관직을 옮겨 대호군이 되었다. 공민왕이 즉위하자 응양군상호군을 제수받았고 원에 아뢰어 행성원외랑이 되었다.(『고려사』 권131, 김용 열전)

『고려사』 열전 반역조에 실린 인물평은 악평으로 일관될 수밖에 없지만 김용金鏞이 벌인 사건은 '간신'의 추악한 음모극이었다.

원 간섭기에 측근들이 국왕 곁에서 정치를 농단하는 일이 비일비재했는데 김용 역시 같은 부류였다. 공민왕이 즉위한 뒤 김용은 왕의 총애를 받아 고위직에 있으면서 갖은 물의를 빚었다. 간통하는가 하면 무뢰배 1000명을 모아 순군에 편입시키고는 시내에서 불법 행동을 자행해 민폐를 끼치기 일쑤였다. 공민왕도 김용의 죄를 알아 제주로 귀양 보내기도 했지만 곧 복권시켰다.

김용은 간신답게 권력을 독점하려 했다. 김용은 특히 공민왕의 총애를 받고 있던 정세운과 홍언박을 시기했다. 그런데 정세운, 안우, 김득배, 이방실 등이 홍건적의 침략을 물리치는 데 큰 공을 세우자 김용은 음모를 꾸몄다. 1362년(공민왕 11) 1월 먼저 안우, 김득배, 이방실 등에게 공민왕의 명을 위조한 문서를 내보이며 정세운을 죽일 것을 지시했다. 세 사람은 처음에 의심했지만 결국 왕명이란 말에 정세운을 죽였다. 그리고는 왕명 없이 주장主將 정세운을 죽였다 하여 세 장군을 사람을 시켜 살해했다. 등골이 오싹해지는 김용의 음모였다. 이 소식을 들은 개경 사람들은 눈물을 흘리며 "지금 우리가 침식을 편안히 할 수 있는 것은 모두 세 원수元帥(안우, 김득배, 이방실)의 공"(『고려사절요』 권27, 공민왕 11년 2월)이라며 안타까워했다.

이런 김용의 음모를 사람들이 모를 리 없었다. 김용은 초조했다. 1363년 윤3월 김용은 일당 50여 명을 풀어 홍왕사의 행궁을 습격했다. 이들은 원 황제의 명을 받고 왔다며 환관 7, 8명을 살해했다. 또한 공민왕의 침소를 습격해 침상에 누워 있던 사람을 죽였다. 그들의 목적은 뚜렷했다. 공민왕 암살이었다.

공민왕은 환관 이강달의 도움으로 대비의 밀실로 피신해 있었다. 그 대신 공민왕의 침상에는 왕을 가장한 환관 안도적이 누워 있다 죽음을 맞았다. 자객들은 우정승 홍언박까지 살해했다. 그들은 개경 시내에 있는 재상들까지 죽이고자 했으나 소식을 들은 최영 등이 병력을 이끌고 출동하여 실패로 돌아갔다. 최영은 홍왕사 자객들을 제압하고 공민왕을 구출하는 데 성공했다.

당시 김용의 행동은 더욱 가관이었다. 김용은 자신이 푼 자객 50여 명과 함께 움직이지 않고 진압군 편에 홀로 와서는 사태가 계획대로 진행되지 않은 것을 봤다. 그러자 순식간에 김용은 순군 편에 서서 자객들을 일격에 살해했다. 입막음을 위해서였다. 김용은 역적 토벌의 1등 공신으로 홍왕공신에 포함되어 포상까지 받았다. 그러나 비밀은 오래 가지 못했다. 김용은 홍왕사의 변으로 체포된 사람이 90명이나 되는데도 한 명도 심문하지 않아 의심을 샀다.

공민왕은 그래도 미련이 남았는지 김용을 바로 처단하지 않고 밀성군(밀양)으로 유배를 보냈다. 그러나 김용은 계림부로 이관된 뒤 대호군 임견미와 안렴 이보림 등의 심문을 받은 끝에 음모의 전말을 토해냈다. 김용은 사지가 찢겨진 뒤 각 도에 조리돌려졌다. 김용의 목은 개경 저잣거리에 효수되었다. 그런데도 공민왕은 김용

엽기도獵騎圖·국립중앙박물관

공민왕이 그렸다고 전해지는 작품이다. 공민왕은 글과 그림에도 뛰어난 재능을 보인 임금이다. 그의 〈천산대렵도〉, 〈노국대장공주진〉 등은 명작으로 꼽힌다.

을 위해 눈물을 흘리며 "누구를 가히 믿을 것인가" 탄식했다고 한다. 입속의 혀와 같은 간신의 중독성은 이토록 컸다. 물론 왕권이 취약한 상황에서 측근들에게 의지할 수밖에 없었던 공민왕의 처지가 그런 간신 중독을 부채질했다.

공민왕 폐위 사건

김용이 일으킨 장군 살해 사건은 원에 있는 부원과 최유에게도 알려졌다. 최유는 공민왕이 즉위할 때도 원 황실을 부추겨 남방 정벌군 10만을 고려에 보내 침략할 것을 청했던 인물이다. 최유는 고려에 병력을 이끌고 들어가면 장군들을 죽인 김용이 내응하리라 믿었다. 그리고 기철 일파를 죽인 데 원한을 품고 있는 기황후를 부추겨서 공민왕을 왕위에서 끌어내리려 했다. 기황후 역시 태자에게 "네 나이 이미 장성했는데도 어찌 나를 위하여 원수를 갚지 않는가"라며 복수를 다짐하고 있었다. 원은 공민왕을 폐위시키고 대신 충선왕의 셋째 아들 덕흥군을 고려의 새로운 왕으로 책봉했다.

이에 고려는 기민하게 대응했다. 1363년(공민왕 12) 홍건적을 물리친 것을 축하한다는 명목으로 이공수 등을 원에 파견했다. 폐위를 취소할 것을 요구하는 사신이었다. 이공수는 기황후의 사촌 오라비이기도 했다. 그러나 기황후는 폐위 취소를 거부했다. 그 대신 황제 혜종을 움직여 이공수에게 덕흥군과 함께 고려로 돌아갈 것을 명령했다.

덕흥군이 요양에 도착하자 최유가 말하기를 "이공수가 여기에 있는데 그의 마음을 헤아리기 어렵습니다. 일이 혹 중간에 변하면 후회해도 늦을 것입니다"라고 했다. 토루테무르와 박불화에게 뇌물을 많이 주고 반드시 이공수를 데리고 귀국하려 했다. 이공수가 이를 알고 서장관 임박에게 말하기를 "나는 이미 부모가 없고 후사도 없으며 지위 또한 높이 올랐으니 어찌 다시 터럭만큼이라도 남에게 기댈 뜻이 있겠는가? 마땅히 머리를 깎고 산에 들어가더라도 결코 그를 따르지 않겠다" 하고 병을 핑계로 원에 남았다.(『고려사』 권112, 이공수 열전)

결국 최유는 1364년 정월 덕흥군과 함께 원 병력 1만 명을 이끌고 고려로 쳐들어왔다. 초기에는 의주를 포위 공격해 안주까지 진격했다. 그러나 최영이 거느린 고려군은 수주의 달천에서 최유의 부대를 격파했다. 한 번의 패배로 최유군은 힘을 잃었다. 최유는 부대에 포함된 몽골과 한족 병사들에게 고려 병사들은 힘 한번 제대로 쓰지 않을 것이라고 거짓말을 했는데 그들은 후퇴하기에 바빴다. 압록강을 건너는 최유의 부대 중 연경에 도착한 자는 17명에 불과했다.

원으로 돌아간 최유는 허위 사실을 유포하여 난리를 자초한 죄로 형틀에 매여 고려에 송환, 처형되었다. 간신의 당연한 말로였다. '공민왕 폐위' 시도가 실패로 돌아간 뒤 원의 고려에 대한 지배와 간섭은 사실상 끝이 났다. 고려는 이제 새로운 국면으로 접어들었다.

기씨 일가가 원에서 출세한 것을 보고 권겸이나 노책 같은 자들은 자신의 딸을 원 황제에게 바쳐 벼슬을 얻기도 했다.

원의 황후가 된
고려 공녀

원 공녀로 끌려가 궁녀가 된 기씨는 음모와 술수가 판치는
원 황실의 궁중 정치에서 승리해 황후가 되었다.
그러나 기황후는 고려에 막대한 부담만 주는 존재였다.

몽골과의 전쟁이 끝난 뒤 고려 여성들은 다시 한번 큰 고통에 빠졌다. 바로 공녀貢女란 이름으로 원에 끌려가야 했다. 고려 국왕과 왕비인 원 공주가 원에 행차할 때도 양가의 처녀를 선발했다. 원 황실과 고관에게 선물로 바치기 위해서였다. 충렬왕의 왕비 제국대장공주는 원에 갈 때 순군과 국왕 시위군 홀치忽赤 무리에게 인가를 수색해 공녀를 잡아오게 했다. 명령을 받은 순군과 홀치 무리는 양가의 침실에까지 뛰어들어 처녀를 색출했다. 이로 인해 딸이 없는 집안까지 놀라는 일도 생겼다.

한번 공녀 선발이 시작되면 나라 안의 백성들은 편안치 못했다. 13~16세 사이 여성을 대상으로 했으므로 이 나이대의 여성은 반드시 관청에 신고한 뒤에야 결혼할 수 있었다. 빈번한 공녀 징발로 13세 이전에 결혼하는 조혼 풍속이 생겨날 정도였다.

아무리 지체가 높은 집안의 딸이더라도 공녀 선발에 예외가 될 수 없었다. 충선왕은 세자 시절 자신이 맘에 두고 있던 서원후 영瑛

의 딸(정비 왕씨)이 공녀로 선발되어 원으로 가게 되자 우울증에 빠진 일도 있었다. 물론 그 원인을 안 친모 제국대장공주가 간청하여 정비 왕씨는 공녀에서 제외되어 세자빈이 될 수 있었다. 왕족도 공녀 선발이라는 그물에서 빠져나오기 힘들었으니 관료층의 자녀는 두말할 나위가 없었다. 임연을 죽여 원종이 정상적으로 왕권을 행사하는 데 큰 역할을 했던 홍규도 공녀 선발 때문에 곤욕을 치러야했다. 홍규는 자신의 딸이 공녀로 선발되자 딸의 머리를 깎아 절로 보냈다. 그런데 이 사실이 발각되어 딸은 모진 고문을 당한 후 원 사신에게 넘겨지고 홍규 역시 재산을 몰수당하고 섬으로 귀양을 가야 했다.

공녀로 원에 끌려간 여성들은 황실의 궁녀나 후비의 심부름꾼, 군인의 처 등으로 고달픈 생활을 해야 했다. 물론 황제의 후궁이나 고위 관료의 처첩이 되어 편히 사는 예도 있었지만 이는 왕족이나 귀족의 딸 일부에 해당했다. 또한 이국의 궁궐에서 호사스러운 생활을 하더라도 고국을 잊지 못하는 외로운 생활을 해야 했다. 낯설고 물선 이국에서 외로운 생활을 하던 공녀의 아픔도 컸지만 딸자식과 생이별해야 했던 부모의 가슴에는 멍이 졌다. 고려 명문 경주 김씨 집안의 수녕옹주는 딸을 공녀로 보내놓고는 가슴에 병이 생겨 죽음에 이르렀을 정도였다.

권모술수 10단 기황후

고려 후기 부원파의 대표적 인물인 기철의 여동생이었던 기황후는 가장 출세한 공녀다. 기황후는 고려 공녀 출신으로 황후 자리에 올랐을 뿐만 아니라 아들을 북원의 황제 자리에 올려놓았다. 이를 두고 기황후를 여걸로 보는 시각도 있다. 그러나 결론을 미리부터 말하면 기황후는 원을 멸망의 구렁텅이로 몰아넣은 황실 내부 권력투쟁의 일인자였을 뿐이었다. 원은 말기에 황족 간의 제위 계승을 둘러싼 싸움으로 국력을 소진하고 있었다. 이 시기 원 황실은 환관과 황비 그리고 유력 척족 간 음모와 술수가 판치는 아수라장이었다. 기황후는 이 암투 속에서 비정한 술수를 써서 궁중의 권력자로 올라섰다. 하지만 그녀가 황후의 자리에 오른 것은 개인의 영광일지언정 고려의 입장에서는 극심한 고통을 주는 불행이었다.

기황후는 행주 사람으로 총부산랑 기자오의 막내딸이었다. 충숙왕 때 원에 공녀로 보내진 뒤 궁녀가 되었다. 기황후가 궁녀가 될 수 있었던 것은 원에서 먼저 자리 잡고 있던 고려 출신 환관 박불화와 독만질아의 도움 때문이었다. 기황후는 정치투쟁에 민감한 궁궐의 여인들처럼 역사책을 열심히 보면서 권력투쟁을 준비했다. 그녀는 어린 혜종을 사로잡아 아들 아유시리다(북원 소종)를 낳았고 끝내 황후의 자리에 올랐다. 원 황실은 몽골족 2대 유력 가문 출신만 황후로 맞았지만 기황후는 이런 관례를 깨고 그 자리에 올랐다. 이 과정에서 정실 황후인 타나실리를 황제 역모 사건에 연루시켜 제거했다. 기황후는 권력을 잡는 데 미인계를 쓰기도 했다. 고려 출신 미녀들을 모아 원 실력자에게 보냈다.

기황후는 권력을 잡자 자정원이라는 황후의 재정을 맡아보는 부속 관청을 설치했다. 자정원은 고려인 환관만이 아니라 원의 고위 관리들도 소속되어 '자정원당'이란 세력을 형성했다. 기황후가 권

원 주랑(周郞)이 그린 그림의 일부로 왼쪽에서 네 번째 인물이 기황후다. 고려 공녀 출신으로 황후 자리까지 오르며 원 역사에 한 획을 그었다.

력을 휘두르던 시기에 원 황실은 고려 여인들로 가득했고 그녀들이 입고 쓰고 먹는 것들이 주류 사회의 '명품' 대접을 받았다. 게다가 고려 여인을 처첩으로 얻어야 출세할 수 있다는 의식도 퍼져 있었다.

그러나 기황후의 영광은 고려의 고통이었다. 그녀가 황후의 자리에 오르자 고려에 있던 기철을 비롯한 기씨 일가는 전횡을 일삼았다. 남의 토지와 노비를 맘대로 빼앗고 국왕을 무시하기 일쑤였다. 기황후의 모친 생일을 위한 잔치에 5000필이 넘는 베를 써 물가가 오를 지경이었다.

기철은 충혜왕 대(1330~1332, 1339~1344)에 입성책동 운동을 벌이는가 하면 공민왕의 반원 자주화 운동을 저지하기 위한 갖은 책동을 부렸다. 그러나 기씨 일파는 1356년(공민왕 5)에 반원 정책을 본격적으로 펴기 시작한 공민왕에게 한순간에 제거되었다. 기황후는 아들인 황태자 아유시리다에게 원수를 갚아야 한다며 1364년(공민왕 13) 군사 1만 명을 주고 고려를 공격하게 했다. 그러나 쇠약해진 원의 군대는 고려에 들어오자마자 최영의 고려군에게 대패해 17명만 살아 돌아갈 수 있었다.

과연 이런 기황후를 걸물이라 할 수 있을까? 기황후는 작은 나라에서 산다고 대국의 고관이나 황족이 되면 무조건 좋아하는 우리의 풍조를 다시금 생각해보게 하는 인물이다.

원 명종 쿠살라의 장자 혜종은 원 황실의 권력투쟁에 휘말려 인천 서쪽 대청도에서 1년 5개월을 보냈다. 기씨가 황후가 된 것도 이런 고려와의 인연 때문이었을까?

신돈의 과감한 정치 개혁과 그 좌절의 내막

신돈은 전민변정도감을 설치하고 토지개혁을 추진해
일시적 성공을 거두었다. 그러나 권력 기반이 취약한 상황에서
기득권 세력의 반발에 부딪혀 제거되었다.

원과의 관계에서 벗어난 공민왕은 개혁을 추진하는 데 새
로운 동력이 필요했다. 1362년(공민왕 11) 12월 원 황제가 덕흥군을
왕으로 삼았다는 소식이 고려로 전해졌고, 1363년에는 홍왕사에서
시해 위협을 받기도 했다. 그리고 다음 해에 덕흥군 군대와 고려군
사이에 충돌이 있었다. 이런 일련의 과정을 거쳐 공민왕은 원의 지
배와 간섭에서 벗어났으나 정세운, 안우, 김득배, 김용 등 측근 세
력을 모두 잃었다. 게다가 1365년(공민왕 14) 2월 노국공주가 난산
끝에 사망했다. 노국공주는 공민왕의 정치적 동반자이자 후원자였
다. 그런 노국공주마저 잃자 공민왕 곁에는 원대한 정치 개혁을 수
행해갈 측근이 아무도 없었다.

그 대신 위와 같은 사건들을 수습하고 홍건적을 막아낸 최영 같
은 무장 세력이 대거 조정에 들어오면서 새로운 권력 집단으로 성
장했다. 무장 세력 중심으로 도당이 꾸려지면서 관료 체계는 편중
될 수밖에 없었다. 이런 상황에서 공민왕은 개혁 파트너가 될 만

한 인물에 목말랐다. 세상의 욕심에 초연하여 오로지 개혁 하나에만 열중할 수 있는 인물이라면 중용하겠다고 공민왕은 생각했다. 바로 이때 나타난 인물이 신돈辛旽(?~1371)이다. 신돈을 중용하는 과정에서 공민왕은 당시 신료층에 불만을 표명한 바 있는데 다음과 같다.

왕이 왕위에 있은 지 오래되었는데 재상들 가운데에 많은 이가 뜻에 맞지 않으니 일찍이 세신대족世臣大族은 친당이 뿌리처럼 연결되어 서로 가려주고, 초야신진草野新進은 감정을 꾸미고 행동을 수식하여 명망을 취하니 그들이 귀하고 현달하게 되면 스스로 문벌이 한미한 것을 부끄럽게 여기어 대족들과 혼인 관계를 맺어서 그 처음의 뜻을 모두 버리고, 유생儒生은 나약하고 강직한 이가 적으며 또 문생門生·좌주座主·동년의 칭호가 있어서 무리를 지어 사귀며 정에 따르니 세 부류는 모두 쓰기에 부족하다고 여겼다.(『고려사절요』 권28, 공민왕 14년 12월)

노비의 아들 신돈

신돈은 영산 사람으로 어머니는 계성현 옥천사의 노비였다. 아버지에 대한 기록은 없다. 당시 모계가 천계면 출가할 수 없었는데 신돈이 어린 시절 승려가 되었다는 것을 보면 아버지의 지위가 상당했으리라 추측하는 학자들도 있다. 1358년(공민왕 7) 신돈은 김원명의 추천으로 공민왕을 처음 만나게 되어 궁에 드나들기 시작했다. 이때 공민왕은 매사를 명백하게 논증하고 고담준론을 펴는 신돈을 상당히 마음에 들어 했다. 공민왕은 신돈을 총명하고 지혜로운 인물이라고 판단했다.

공민왕이 신돈을 본격적으로 중용한 때는 1365년부터다. 왕이 신돈에게 청한거사淸閑居士라는 법호를 내리고 사부로 삼아 국정을 자문했다. 왕의 특보로 기용된 셈이다. 신돈이 국정에 참여하면서 가장 먼저 한 일은 정계 개편이었다. 이공수, 경복흥 등 세신대족이라 불리는 기득권 세력을 정계 중심에서 몰아내고 신진 세력을 공민왕의 측근 세력으로 중용했다. 이때 최영 역시 경주로 좌천당해 내려갔다. 그리고 공민왕이 기용하기를 꺼렸던 관료 중 상당수를 유배 보내거나 파면해 정계에서 축출했다. 공민왕의 후반기 개혁을 이끌 측근 세력들이 빈자리를 차지했다. 신돈은 개혁에 동참할 세력으로 신진 사대부라 불리게 될 초야신진을 꼽았다. 이들은 대부분 이제현 등 명망 있는 학자들로 친위 세력이 되기에는 위험 요소가 없지 않았다. 그러나 신돈은 이제현과 이들의 고리를 끊어내 개혁에 동참하게 했다. 신돈이 개혁 정치를 펼 때 등장한 이색, 정몽주, 정도전, 이숭인 등은 고려 말에서 조선 개국에 이르는 전환기의 주역으로 성장한다.

백성들의 성인 신돈

개혁을 위한 인사 조치를 마치고 난 이듬해인 1366년(공민왕 15) 신돈은 드디어 고려 사회에 대한 근본적인 개혁에 착수했다. 바로 토지개혁이었다. 5월 신돈은 전민변정도감田民辨正都監의 설치를 청했고 공민왕은 이를 흔쾌히 받아들였다. 신돈은 전민변정도감의 책임자인 판사가 되어 전민변정 사업을 열정적으로 추진했다. 전민변정이란 토지의 소유자를 밝히고 신분을 바로잡는 것을 말했다. 당시 권세가들은 평민들의 토지를 함부로 빼앗거나 국가의 땅을 몰래 차지하는 일이 많았다. 또 백성들을 강제로 노비로 삼았다. 권세가의 횡포로 인해 국가는 걷어야 할 세금을 걷지 못해 재정이 고갈될 지경이었다. 억울하게 노비가 된 백성의 고통은 말할 것도 없었다. 지방관의 횡포를 피해 유랑 걸식하는 평민의 수가 많아졌고 이를 막지 못해 나라가 피폐해졌다. 사실 이런 문제는 무신정권 이래 계속 있었지만 기득권 세력의 힘이 강해 손을 댈 수 없었다.

신돈의 명령은 엄격했다. 권문세가들이 점탈한 토지와 노비를 원상태로 돌려놓으라는 법령이 발포된 후 개경은 15일, 지방은 40일 이내에 자진 신고할 것을 명령했다. 자진 신고하지 않으면 엄한 처벌을 받아야 했다. 그러자 권세가들이 강점했던 토지와 노비들이 원상태로 돌아왔다. 소수의 권세가를 제외하고 나라 전체가 이를 기뻐했다. 백성들은 성인이 나왔다며 환호했다. 공민왕도 흡족해했다.

> 왕이 신돈의 원찰인 낙산사에 행차하니 좌우에서 다투어 아뢰기를 "올해는 대풍입니다" 했다. 왕이 부처 앞에 무릎 꿇고 말하기를 "못난 제가 나라를 다스린 지 15년 동안 홍수와 가뭄의 재해가 있었는데, 올해의 풍년은 진실로 신돈 덕분입니다" 했다.(『고려사』 권132, 신돈 열전)

공민왕의 만족감은 오래 가지 않았다. 신돈의 개혁에 반발하는 기득권 세력의 공세가 점차 거세졌다. 자신들의 기득권을 밑바닥서부터 부정하는 신돈을 제거하지 않고는 안심할 수 없었던 이들이 강력하게 저항했다. 그러나 중앙에 정치적 기반이 없던 신돈은 그 저항을 막을 힘이 없었다. 공민왕 역시 신돈을 지킬 힘이 없었다.

기득권 세력들은 신돈이 간통을 했다느니, 왕 앞에서 무례한 행위를 했다느니 하며 신돈을 지속해서 공격했다. 그의 집이 7채이며 뇌물을 받았다는 등 부정 축재 문제를 거론하기도 했다. 승려인 신돈이 여자를 가까이하고 애가 있다는 공격까지 했다. 그러나 이런 공격에는 별다른 증거가 없었다. 고려시대와 조선시대에는 통상 절에 부녀자들이 가서 불공을 드릴 때 승려와 단독으로 만나는 일을 빌미 삼아 간통한다는 소문을 퍼뜨리기 일쑤였다. 그러나 이는 '아니면 말고'라는 식의 추측성 공세에 지나지 않는 경우가 많았다. 심지어는 신돈이 반역을 꾀한다는 밀고까지 나왔다.

이런 기득권 세력의 공세를 공민왕은 견딜 수 없었다. 1371년(공민왕 20) 7월 선부의랑 이인이란 자가 한거거사라는 가명으로 신돈이 반역을 꾀한다는 내용의 투서를 재상 김속명의 집에 보냈다. 김속명이 이를 공민왕에게 보였다. 왕은 신돈과 그 일파를 잡아들일 것을 명했다. 결국 신돈과 35명에 이르는 인물들이 반란죄 명목으로 주살되었다.

공민왕은 신돈을 기용하면서 "대사는 나를 구하고 나는 대사를 구하여 죽고 사는 것을 이로써 할 것이며 사람들의 말에 의혹되지 않을 것을 부처와 하늘이 증명할 것"이란 맹세를 했다. 그러나 자신에게도 튈지 모를 불똥을 피해 공민왕은 자신이 사부라 부른 신돈을 죽였다. 정치 권력의 비정함을 보여주는 신돈의 최후였다.

신돈은 실권을 잡기 전에도 기득권 세력의 견제를 받았다. 이승경이 "나라를 어지럽힐 자는 반드시 이 중놈일 것이다"라며 신돈을 견제했고 정세운은 요망한 승려라고 여겨 죽이자 했다.

너무도 허망하게 끝난 공민왕의 개혁 정치

공민왕은 재위 23년 내내 개혁을 추진했다. 그러나 원. 부원파, 권문세족 등 개혁에 반하는 세력의 반발에 막혀 개혁 완수에는 실패했다.

신돈이 실각한 이후 『고려사절요』에 기록된 공민왕의 행적은 엽기적인 폭군의 행각과 다를 바 없었다.

자제위子第衛를 설치하여 나이가 어리고 용모가 아름다운 자를 선발해 소속시키고 대언 김흥경이 총괄하게 했다. 이에 홍륜, 한안, 권진, 홍관, 노선 등이 음탕하고 더러운 행동으로 왕의 총애를 얻어서 항상 침실에서 모셨다. 왕이 후사가 없는 것을 염려하여 홍륜과 한안의 무리로 하여금 여러 비妃들을 강제로 욕보이게 해서 그들이 아들을 낳는다면 이로써 자기 아들로 삼기를 바랐다. 정비, 혜비, 신비 3명의 비는 죽음으로 저항하여 따르지 않았다.(『고려사절요』 권29, 공민왕 21년 10월)

공민왕 자신은 여색을 좋아하지 않았다. 정력적이지 않은 관계로 사랑하는 노국공주가 살아 있을 때도 동침하는 일은 많지 않았다고 한다. 노국공주가 죽은 뒤 여러 비를 두었지만 모두 별궁에 두고 동침하는 일이 없었다. 밤낮으로 노국공주만 생각하며 슬퍼하여 마음에 병이 들었다.

공민왕은 이런 마음의 병 때문에 변태적인 행동을 했다. 젊은 궁녀를 방 안에 들여 보자기로 얼굴을 가리게 하고 홍륜 등을 시켜 성행위를 하게 했다. 공민왕은 옆방에서 창에 구멍을 뚫고 이를 훔쳐보았다. 이때 공민왕은 짙은 화장을 하여 여자처럼 꾸미고는 마음이 동하면 관계를 하던 홍륜 등을 자신의 침실로 끌어들였다고 한다.

이런 행각 끝에 공민왕은 시해되었다. 1374년(공민왕 23) 환관 최만생과 자제위 홍륜 등이 공민왕을 시해한 사건이 벌어졌다. 시해 하루 전 최만생은 공민왕을 변소까지 따라와 은밀하게 이런 말을 전했다.(『고려사』 권131, 홍륜 열전)

"익비가 임신한 지 5개월이 되었습니다."

"내가 후사를 부탁할 데가 없었는데 비가 아기를 가졌으니 이제 근심이 없다."

공민왕은 자신이 억지로 익비를 자제위들과 관계시킨 것을 알기에 바로 다음과 같은 질문을 던졌다.

"누구와 관계했느냐?"

"비가 홍륜이라고 말했습니다."

"내가 내일 창릉에 배알하고 술에 취한 척하며 홍륜의 무리를 죽여서 입을 막아야겠다. 너는 이 계획을 알고 있으니 마땅히 죽음을 면하지 못할 것이다."

자신까지도 죽는다는 말을 들은 최만생은 두려움에 떨며 홍륜,

권진, 한안, 노윤 등 자제위들에게 공민왕의 말을 전했다. 죽음을 눈앞에 둔 이들은 술에 만취한 공민왕을 칼로 찔러 시해했다. 그런데 칼질을 한 이들이 "적이 밖에서 들어왔다"라며 부르짖었는데도 재상을 비롯한 신하 중 아무도 왕의 침전으로 들어오는 이가 없었다. 오직 환관 이강달이 침전에 들어와 낭자한 피를 보고 공민왕이 시해당했다는 것을 알았으나 비밀에 부쳤다. 다음 날 이강달은 왕명이라 하여 이인임, 경복흥, 안사기 등을 소집해 사태 수습을 논의했다. 이인임은 처음 승려 신조를 의심하고 감옥에 가두었다. 그러다 병풍과 최만생의 옷에 묻은 피를 보고 최만생을 심문하여 사태의 진상을 알아냈다. 이후 홍륜 등 일파를 체포하고 신문하니 모두 자백했다. 이들은 사지가 찢기는 환열형을 당하고 삼족이 멸해지는 극형을 받았다. 공민왕의 후사 문제로 여러 논란이 있었으나 신돈의 비첩인 반야般若에게서 얻은 아들 우禑가 왕위에 올랐다.

개혁을 포기하지 않았던 공민왕

재위 23년간 끊임없이 개혁을 추진했던 공민왕의 최후치고는 너무도 수치스럽고 기괴한 최후다. 더욱이 『고려사』가 역성혁명을 추진했던 인사들에 의해 40년간 수없이 고쳐진 것을 보면 이 기록은 액면 그대로 믿기 힘든 면이 있다. 공민왕 말기의 엽기적 행각은 우왕과 창왕을 신돈의 자식이라 하여 폐위한 역성혁명파가 정당성을 얻고자 악의적으로 조작한 기록이라는 추측도 가능하다.

이런 추측이 가능한 것은 신돈이 실각한 1371년(공민왕 20)에도 공민왕이 개혁을 단념하지 않았던 데서 알 수 있다. 물론 신돈이 실각하면서 개혁의 깃발은 꺾였다. 경복흥, 최영 등 무장 세력이 복권하여 경복흥이 좌시중, 최영이 문하찬성사로 임명되었다. 왕 중심의 강력한 개혁 정치에서 권세가 체제로 복귀했다. 그렇다고 공민왕이 마냥 손 놓고 있던 것만은 아니었다. 신돈이 실각하고 6개월 만인 그해 12월에는 21개조에 달하는 개혁 조서를 발표했다. 도평의사사를 강화해 정치 체제를 정비하려 했다. 선군급전제選軍給田制를 회복하고 둔전제를 강화해 군사 체제를 정비하려 했다. 또한 지방관의 농업 장려, 고리대 금지, 미납세 면제, 빈민 구제 사업 강화 등을 통해 민생을 안정시키려 했다. 그러나 이런 개혁을 하기 위해서는 근본적으로 토지제도를 개혁해야 했다. 신돈도 실패한 토지문제를 기득권 세력이 다시 집권한 이상 해결하기는 힘들었다.

공민왕이 설치한 자제위는 사서의 기록처럼 왕의 남색 욕구를 채우는 기관이 아니었다. 자제위의 책임자였던 김흥경은 대몽 항쟁 때 용맹을 떨쳤던 시중 김취려의 증손이었다. 홍륜 또한 시중 홍언박의 손자였다. 홍언박은 김용이 난을 일으켰을 때 목숨을 돌보지 않고 당당하게 처신하다 살해된 인물이다. 다른 자제위 인물들도 아버지가 찬성사, 밀직부사, 판각문사 등 고관이었던 명문가의 자제였다. 김흥경은 좌우위상호군이라는 보직(경호 부대 간부)을 가졌다. 곧 자제위란 약화한 왕권을 강화하기 위해 명문가 자제로 구성된 왕의 친위 부대와 같은 성격을 가진 기관이었다.

공민왕의 개혁 시도는 뾰족한 성과를 얻을 수 없었다. 신돈이 시도한 개혁이 실패하면서 새로운 힘을 키우기도 힘들었다. 게다가 중원의 패자로 등장한 명과의 외교 문제가 최고의 현안이 되어 개혁을 일관되게 추진하기 힘들었다.

공민왕 시해의 배후 세력

공민왕 시해는 단지 젊은 측근들이 일으킨 돌발적 사태에 불과한 것일까? 역사에서 진실 찾기는 힘들다. 수차례 암살 시도를 물리친 공민왕이 그렇듯 순식간에 죽음을 맞았다는 게 이해하기 힘들다. 게다가 사태의 수습 과정을 보면 왕의 시해 사건 처리로 보기에는 너무도 엉성했다. 왕권이 땅에 떨어졌던 무신 집권기에도 왕이 죽고 난 뒤 아무도 사건 현장으로 오지 않는 일은 없었다.

그러나 공민왕 사후에 진행된 후사 문제를 둘러싼 논란을 보면 대략 어느 세력이 시해 사건의 배후에 있는지 추론해볼 수 있다. 당

종묘 공민왕 신당·문화재청
조선 역대 왕의 위패를 모신 종묘에는 공민왕을 위해 건립한 별당이 따로 있다. 종묘를 창건할 때 함께 세워졌다. 1394년 12월에 태조가 한양으로 천도할 때 중국의 제도를 본떠 궁궐 동쪽에 건립을 시작하여 다음해 9월에 1차 완공했다.

시 공민왕 후사로 우왕을 추대하려는 이인임 일파와 다른 종실에서 맞이하려는 파 그리고 북원에 있던 독타불화篤朶不花(심왕 고의 손자)를 추대하려던 부원파가 대립했다. 이 중 독타불화를 내세우려는 부원파가 시해자들의 배후에 있었을 가능성이 컸다.

공민왕이 죽기 사흘 전에 북원의 승려 강순룡은 독타불화를 고려 국왕으로 책봉했다는 말을 전했다. 이 일로 강순룡과 우제가 옥에 갇혔다. 원의 왕위 폐립廢立에 신경이 곤두섰던 공민왕으로서는 응당 취할 수 있는 조치였다. 그리고 공민왕이 시해될 무렵 고려에 와 있던 명 사신 채빈과 임밀이 호송관 김의에게 살해된 사건이 발생했다. 채빈과 임밀은 고려인에 대한 난폭한 행위로 많은 사람의 미움을 샀던 인물이었다. 또한 그 무렵 명은 고려에 무리한 요구를 거듭해와 고려인은 명에 대한 반발심이 강했다. 그런데도 명의 사신을 살해한 사건은 두고두고 대명 외교의 악재가 되었다.

그런데 이 사신을 살해한 김의는 본래 원 사람으로 친원파와 연결고리가 있었다. 곧 친원파는 독타불화를 옹립해 고려 국왕으로 세우고 원과 연합해 명과 일전을 치르려는 의도가 있었을 가능성이 컸다. 그러나 공민왕 시해 후 이인임이 재빨리 우왕을 세움으로써 독타불화 옹립 시도는 불발에 그쳤다고 해석할 수 있다.

공민왕은 끊임없이 개혁을 추진했지만 완수할 수 없었다. 공민왕이 해결하기에는 과제가 벅찼는지 모른다. 그러나 공민왕은 대원 자주화 정치로 국력을 추슬러 고려가 새로운 시대로 나아갈 수 있는 길을 열어놓았다. 또한 성균관을 통해 이색, 정몽주, 정도전 등 신진 사대부를 양성해 새로운 시대의 주역이 될 수 있는 바탕을 만들었다. 그리고 신돈을 내세워 개혁하고자 한 토지 문제는 역성혁명파가 이어받아 해결의 고리를 찾게 하는 시험대가 되었다. 공민왕의 부단한 개혁 추진은 고려 말의 의미 있는 몸부림이었다.

승려 신돈이 개혁을 추진하던 1367년에 공민왕은 개경 북동쪽 숭문관 옛터에 성균관을 새로 짓게 했다. 이때 신돈은 왕의 명을 받고 숭문관 터를 살펴보며 유탁, 이색 등에게 '공자는 천하만세의 스승'이라 칭송했다고 한다.

원의 100년 간섭이
고려에 남긴 것

원 간섭이 지속한 100년간 몽골은 고려의 의식주를 비롯해 생활 문화와
언어생활 전반에 걸쳐 여러 흔적을 남겼다.

고려는 몽골의 간섭 아래 100년을 보냈다. 30년간의 침략
기간을 포함하면 무려 130년간 고려는 몽골의 영향 아래 있었다.
그 시간 동안 왕을 포함하여 고려인의 상하를 막론하고 원과의 인
적·물적 교류가 빈번하게 이루어졌다. 왕이 세자 시절부터 수행원
과 함께 원에서 생활했던 만큼 몽골의 문화 전파는 빠르고도 광범
위하게 퍼졌다. 원에도 고려의 풍습이 전래되어 '고려양'이란 말까
지 생겨났다. 이민족과 이런 접촉은 우리 역사에서 중국 한족을 빼
고는 가장 오래되고 직접적인 것이었다. 그런 만큼 좋든 싫든 몽골
문화는 현재까지도 우리 전통문화의 일부분으로 남아 있다.

우선 한국의 전통주로 알려진 안동 소주는 사실 몽골이 고려에
들여온 것이다. 소주는 페르시아에서 유래해 아라비아를 거쳐 유
럽과 원에 전해진 술이다. 13세기 말 원의 병사들이 일본 침략을
위해 마산, 안동, 제주 등지에 주둔했는데, 이때 소주를 좋아했던
몽골군을 위해 안동에서 소주를 만들기 시작해 유명해진 것이라고

한다.

설렁탕 또한 몽골에서 유래한 것이었다. 흔히 설렁탕의 어원이 선농단에서 풍년을 기원하며 제사를 지낸 뒤 제물인 소를 잡아 고아낸 국물에 밥을 말아 먹었던 데서 유래한 것이라는 설명을 하기도 한다. 그러나 목축 민족인 몽골인들이 떠돌아다니다가 물가에 이르면 소를 잡아먹는 데서 유래했다는 설이 유력하다. 이런 설렁탕은 쉽고도 많이 만들 수 있으므로 서민들이 먹기에 좋았다.

우리가 지금은 흔히 먹는 만두도 몽골을 통해 들어왔다. 고려에 와 있는 몽골의 여성이나 몽골로 갔던 고려 여인들에 의해 요리법이 퍼져 만들어 먹기 시작했다. 그러나 당시 밀가루가 귀했고 만두소로 들어가는 재료 역시 비싸고 만들기 번거로워 상류층에서나 먹을 수 있는 고급 음식이었다.

개고기를 먹는 풍습도 몽골에서 유래했다. 마르코 폴로의 『동방견문록』에는 몽골인들이 개고기를 즐겼다는 기록이 보인다. 지금 몽골에서는 폐병 환자만 개고기를 먹는데 우리처럼 수육으로 먹거나 개소주와 같이 즙을 내서 먹는다고 한다.

족두리와 귀고리도 몽골풍

우리 전통 혼례에서 머리에 쓰는 족두리도 몽골풍이다. 족두리는 몽골에서 사대부가의 부녀자가 외출할 때 쓰는 모자였다고 한다. 조선시대 여성들이 정조를 지키는 상징으로 품에 지녔던 장도刀 역시 몽골에서 남녀를 가리지 않고 쓰던 것이었다. 평소에는 과일을 깎거나 주머니칼처럼 이런저런 용도로 쓰다 위급할 때 호신

용으로 썼다. 여성의 귀고리도 원 침략기 이후 유행했다. 전까지만 해도 의례용이었으나 몽골의 영향을 받아 여성도 귀를 뚫고 장식용 고리를 달고 다녔다. 저고리와 주름 잡힌 치마를 연결한 철릭(첩리) 역시 몽골 옷인 '질손'을 본떠 만든 옷이다.

원 간섭기 때 왕을 비롯해 많은 이들이 몽골 이름을 가졌는데 이성계의 아버지 이자춘의 몽골 이름은 울루스부카吾魯思不花다. 몽골어는 우리말에도 흔적을 남겼는데, 그 대표적인 예가 '장사치', '벼슬아치', '양아치' 등에 쓰이는 '치'다. 바로 이 치는 '다루가치'의 치와 같은 말이다. '다루'는 몽골어로 지배한다는 뜻이고 '치'는 사람을 나타내는 의존명사다. 이 '치'가 지금도 쓰이고 있다. 그 외에도 임금의 밥을 뜻하는 '수라'라는 말도 몽골어다. '대왕마마', '대비마마' 등 궁중 어른에게 쓰는 최고의 존칭어인 '마마'는 세자를 가리키는 몽골어이고 마누라는 세자빈을 가리키는 몽골어다. 물론 오늘날 마누라는 부인의 '비칭'으로 전락했지만 말이다. 이 밖에도 보라매(사냥에 사용하는 길든 매), 송골매(사냥매)도 몽골어에서 유래한 단어다.

제주도가 말의 고장이 된 것은 몽골 침략기 때부터

몽골의 영향이 지역적으로 많이 남은 곳은 몽골로부터 가장 멀리 떨어진 제주도다. 기마전에 능한 몽골이 일본 침략을 준비하면서 제주를 병참기지로 삼아 말을 길렀기 때문이었다. 1273년(원종 14) 원은 삼별초를 진압한 뒤 실리백失里伯을 탐라국초토사로 삼고 둔진군 1700명을 제주에 주둔하게 했다. 이로써 제주는 원의 직접

공마봉진貢馬封進

제주목사 이형상李衡祥이 1702년 한 해 동안 제주에서 거행했던 행사를 화공 김남길金南吉에게 명해 기록한 화첩 『탐라순력도耽羅巡歷圖』 중 제3면의 그림으로 진상에 필요한 말을 징발하여 목사가 최종 확인하는 장면이다. 1273년 원이 탐라를 지배하면서 약 100여 년간 수십만 마리의 몽골 말이 제주에 유입되었고 제주마로 토착화했다.

적인 지배하에 놓였다. 이때 제주에 목마장을 설치해 몽골인 말 사육자인 목호를 이주시켜 말을 키우게 했다. 그 뒤 1294년(충렬왕 20) 제주가 고려 영토로 재편입된 뒤에도 몽골인은 제주에서 말 사육을 계속했다. 그리하여 지금도 제주도는 말의 고장으로 남아 있다. 제주 말은 그 뒤 명에 징발당하는 고초를 겪기도 했다.

궁중 나인의 세숫물 시중을 드는 궁녀를 무수리라고 한다. 무수리도 몽골어다. 무수리는 몽골어로 '소녀'라는 뜻이다.

문익점, 조선의 생활과 문화에 혁명을 일으키다

문익점이 목화씨를 들여오고 그의 장인인 정천익이 재배에 성공하여
퍼뜨린 목화로 우리의 생활 문화에는 혁명에 가까운 변화가 일어났다.

문익점文益漸(1329~1398)은 중국에서 가져온 목화씨 하나 때
문에 역사에 남은 행운아다. 하지만 문익점의 생애는 그다지 행복
하지 않았다. 문익점은 두 번이나 파직당할 정도로 불운한 벼슬살
이를 했고 관직 생활은 그게 전부였다. 흔히 전해지듯 '주머니에 목
화씨 10여 개'를 숨겨서 가지고 올 만큼 집념의 사나이도 아니었
다. 소신을 제대로 펴지 못해 '목화씨'가 아니었다면 역사에 이름
석 자도 남기지 못할 정도로 장삼이사의 삶을 살았던 인물이었다.

문익점은 진주 강성현(경상남도 산청군)에서 태어났다. 아버지 문숙
선은 과거에 급제했지만 벼슬은 얻지 못했다. 고려 초기에는 진주
지방에서 꽤 영향력을 발휘했던 지방의 세력가였지만 문익점 대에
내려와서는 세력이 많이 위축되었다. 문익점은 11세인 1339년(충숙
왕 후8년) 가정 이곡稼亭 李穀 문하에서 이색과 공부해 과거에 같이 급
제할 정도로 학문에 두각을 나타냈다. 문익점은 32세가 되던 해인
1360년(공민왕 9) 과거에 급제해 1363년 좌정언에 오를 때까지 무

난한 관직 생활을 보냈다.

문익점 인생에 파란이 생긴 것은 1363년(공민왕 12) 이공수를 수행해 서장관으로서 원에 사신으로 가면서부터였다. 당시 이공수 일행에게 부여된 임무는 공민왕을 폐위시킨 원을 무마하는 것이었다. 7년 전인 1356년 공민왕은 기황후의 오라비인 기철 일파를 격살했다. 자신의 오라비와 친인척이 주살되었다는 소식을 들은 기황후는 복수를 다짐하고 있었다. 기회를 엿보던 기황후는 흥왕사의 변(1363)을 기회로 보고 황제 혜종이 공민왕을 폐위하게 하고 대신 충선왕의 셋째 아들 덕흥군을 왕으로 책봉하여 원으로 보내고자 했다. 공민왕은 이런 사태를 해결하고자 기황후의 외사촌인 이공수를 정사로 파견하여 기황후와 혜종에게 진정표를 올리게 했다.

원으로 갔던 이공수 일행은 둘로 갈렸다. 원 혜종의 명대로 덕흥군을 수행해 고려로 가고자 한 김첨수, 유인우, 강지연 등이 덕흥군 편에 섰고 공민왕의 복위를 주장한 이공수, 이자송, 홍순 등이 공민왕 편에 섰다. 이때 원 조정에서는 고려 사신들에게 관직을 주며 회유했는데 이때 문익점도 덕흥군 측에서 관직을 받았다고 한다. 원에서 군사 1만 명을 보내 고려를 침략했으나 압록강을 건너기도 전에 최영이 이끄는 고려군에 대패했다. 여기에 덕흥군의 왕위 책봉에 대한 고려 관료들의 반대도 심했다. 결국 원 혜종은 공민왕 복위 조서를 보내는 수밖에 없었다. 이로써 이공수를 비롯한 고려 사신들도 돌아올 수 있었다. 이때 호군으로 있던 배자부는 덕흥군 편에서 밀직부사라는 벼슬을 받았다는 죄목으로 참수당했다. 이에 반해 문익점은 파면되는 데 그쳤다. 문익점이 원의 강요에 마지못해 벼슬을 받고 덕흥군 편에 적극적으로 동조하지 않았던 정상이 참작되었다.

우유부단한 사내의 불행

원에 사신으로 갔던 문익점은 돌아올 때 길가의 목면 나무를 보고 그 씨 10여 개를 따서 주머니에 넣어 가져왔다. 이것이 문익점의 역사적 운명을 바꿔놓았다. 문익점은 파직된 뒤 고향 진주로 돌아가 목면 재배를 시도했다. 하지만 문익점이 심은 목면은 전부 죽고 장인 정천익이 심은 것만 살아남아 3년 만에 밭을 일굴 정도로 재배에 성공했다. 정천익은 중국 승려 홍원의 도움을 받아 목화씨를 빼는 씨아와 실을 뽑는 물레를 만들었다. 정천익과 문익점은 목면 전파에 힘을 쏟아 10년 만에 전국에 목화가 보급되었다.

흔히 목화씨를 가져온 것 때문에 목면이 전국에 퍼졌다고 알려져 있다. 그러나 목화는 당시 원을 오가는 여러 사람을 통해 들어올 수 있었다. 오히려 목화 재배가 전국으로 퍼질 수 있었던 데는 목화씨를 빼는 씨아와 실을 뽑는 물레, 목면 짜는 기술 등을 국산화했기 때문이라는 게 학자들의 시각이다. 한마디로 정천익의 공이 크다는 얘기다.

목화 재배의 공로가 드디어 조정에까지 알려져 문익점은 1375년(우왕 1)에 전의주부로 임명되었다. 문익점은 창왕 대 (1388~1389)에는 좌사의대부에까지 오르는 순조로운 벼슬살이를 했다. 그러나 1389년(공양왕 즉위년) 문익점은 사전개혁私田改革에 반대

녀인방적하고(조선시대) · 국립민속박물관

기산 김준근眞山 金俊根이 조선시대 여인들이 실뽑기하는 모습을 그린 그림이다. 상단 여인들이 씨아를 이용해 목화씨를 빼내고 무명활을 당기고 퉁겨 솜을 부풀린 후 고치로 솜을 말고 있다. 하단 왼쪽 여인은 물레로 실톳을 짓고, 할머니는 손으로 실꾸리를 만들고 있다. 베틀에 앉은 여인은 허리에 부테를 두르고 무명을 짜고 있다.

했다는 이유로 조준에 의해 탄핵당했다. 위화도회군에 성공한 뒤 창왕 대 실권을 장악한 급진 개혁파의 사전개혁으로 정국이 요동쳤다. 온건 개혁파와 급진 개혁파 간에 토지개혁의 폭을 놓고 정치 생명을 건 일진일퇴의 공방전이 벌어졌다. 문익점은 이때 이색, 우현보 등 온건 개혁파 편에 있었다. 그렇다고 온건 개혁파 입장을 강하게 주장한 것은 아니었다. 병을 핑계로 급진 개혁파의 토지개혁안에 서명하는 것을 보류하고 있었다. 그러다 급진 개혁파의 선두 주자인 조준의 직격탄을 맞고 관직에서 물러난 것이다. 간관으로서 입장을 분명히 밝혀야 했으나 비난을 피하려고 출근도 하지 않으면서 은근히 온건 개혁파 입장에 서려 했던 문익점의 의도를 조준이 정확하게 읽어낸 탓이다.

그 뒤 고려가 망하고 조선이 개국하는 역사의 격동기에 문익점은 어떠한 정치적 활동도 하지 않고 고향에서 은거했다. 우유부단했던 문익점의 인생은 소리 없이 사그라지는 듯했다. 하지만 문익점의 인생은 사후에 꽃피었다. 목화씨를 들여와 재배하고 목면 기술을 개발하고 전파한 공로를 인정받아 문익점은 죽은 해인 1398년(태조 7) 강성군에 봉해졌다. 1401년(태종 1)에는 그의 아들 문중용이 사헌감찰(정6품)이란 벼슬을 얻었다. 공신의 아들이 받던 음직을 얻은 것이다. 또 1456년(세조 2)에는 관향에 사우祠宇를 세워 춘추로 제사를 지내고 자손은 영구히 죄를 면하고 벼슬을 얻게 되었다. 온건 개혁파 입장에 서서 개국을 반대했던 문익점은 그 이력과 무관하게 개국공신의 반열에 올랐다.

문익점에 관한 거짓과 진실

문익점의 사후 행운은 끊이지 않았다. 오늘날 우리가 익히 들었던 문익점에 관한 전설은 조선시대에 와서 모두 소설처럼 창작된 것이다. 문익점이 중국 강남에 가서 목화씨를 얻어왔다는 이야기는 허구다. 이 이야기는 1401년 문익점의 아들에게 벼슬을 청하는 권근의 상소문에서 처음 등장한다. 하지만 당시 중국 강남 지역은 반원 세력인 홍건적과 한족이 차지하고 있어 원에서는 갈 수 없는 땅이었다. 권근이 강남에서 가져왔다고 한 것은 목면이 중국 강남의 산물이라는 잘못된 인식에서 나왔다. 목화는 원의 영향권에 있던 중국 강북에서도 몽골족에 의해 재배되고 있었다.

'문익점 전설'이 본격적으로 각색·윤색된 것은 야담과 패설이 유행하기 시작한 15세기 후반 남효온과 문익점의 후손 문치평에 의해서다. 남효온은 「목면화기木棉花記」에서 문익점이 원 황제에게 고려의 입장을 강변하다 강남으로 유배되었다고 역사와는 정반대의 사실을 기술했다. 문치평은 이에 더해 문익점이 목숨을 걸고 원황제에게 공민왕 폐위 사실을 비판하다 극형을 받을 뻔했다는 소설을 덧붙였다. 게다가 강남에서 목화씨를 따면 관에 적발되어 큰 벌을 받게 된다는 극적인 장치까지 만들고 지나가는 노파가 문익점의 애민 정신에 감동받아 붓두껍에 숨겨가라고 충고해줬다는 재미있는 이야기를 구성했다. 이런 허구는 시간이 지나자 역사적 사실이 되어버렸다. 1785년(정조 9)에는 전라도 유생 김상추 등이 상소를 올려 문익점이 혜종의 공민왕 폐위에 반대하다 유배되었다 주장하며 문익점 서원에 사액을 내려달라 청한 일도 있었다.

 이런 허구가 횡행한 데는 어떤 정치적 의도가 있던 것이 아니었다. 문익점의 자손이 퍼뜨린 것을 빼면 개국 초기 백성의 삶의 질을 높이는 데 관심을 가졌던 '건강했던 시기의 성리학자'들이 목면 재배로 인해 생활 문화가 혁신된 것을 높이 평가했기 때문에 이런 전설이 널리 퍼질 수 있었다.

 목면이 널리 퍼지면서 1391년(공양왕 3)에는 혼수용 옷감을 명주 대신 무명으로 하라는 명을 내렸다. 또 1401년(태종 1)에 와서는 백성이 모두 다 무명을 입을 수 있게 되었다. 면포는 생활필수품이 되어 현물 화폐로도 통용되었다. 일본과의 무역에서는 무명을 돈 대신 지급하기도 했다. 뽕이나 모시풀처럼 다년작 식물이 아닌 한해

살이 작물인 목화는 토지이용도도 높여주었다.

목면은 의류만이 아니라 이불과 요로 만들어져 따뜻한 겨울을 보낼 수 있게 했다. 그뿐만 아니라 비단이나 베 침구류에 비해 분량이 훨씬 커진 솜 침구류를 넣기 위해 큰 장롱이 필요하게 되었고, 이런 장롱이 들어가기 위해서는 방의 크기도 커져야 했다. 목면의 보급으로 우리나라 생활 문화에 혁명이 일어났다.

문익점은 효자로도 유명하다. 46세에 모친상을 당해 묘를 지켰는데 마침 왜구의 침입이 있었다. 그러나 문익점은 피난 가지 않고 묘를 지켰다. 왜구도 문익점의 효성에 감탄해 침범하지 않았다는 이야기가 전한다.

최영과 이성계를 영웅으로 만든 왜구 토벌

대규모로 빈번하게 고려의 해안과 내륙에 침입했던 왜구는
고려 말 골칫거리였다. 왜구를 물리치는 과정에서
최영과 이성계 등 무신 세력은 다시금 세력을 떨치게 되었다.

1350년(충정왕 2)부터 조선이 개국되기 전까지 빈번하게 침입해온 왜구는 고려의 골칫거리였다. 100척 이상의 왜구 선박이 침입해온 것만 10여 차례였다. 왜구는 고려에 침입하여 약탈과 살육을 자행했고 이로 인해 고려 백성은 상당한 고통을 받았다. 고려 조정에서 입는 피해도 막대했다. 세금으로 거둔 쌀을 개경으로 옮기는 조운선을 약탈당해 재정 곤란을 겪었다. 고려는 왜구를 척결하기 위해 사신을 파견하거나 군사적으로 대응했다.

『고려사』나 『고려사절요』의 기록에 따르면 왜구倭寇란 해적 행위를 하는 왜인들을 가리키는 말이다. 사실 대마도나 하카다(후쿠오카) 등의 대륙에 인접한 지역의 왜적들은 삼국시대부터 우리나라와 중국의 해안 지방에 침입해왔다. 고려 때도 마찬가지였다. 『고려사』에 따르면 "왜구가 고성, 죽림, 거제를 침입하니 합포천호 최선과 도령都領 양관 등이 이를 격파하고 300여 명의 적을 죽였다. 왜구의 침략이 이때부터 시작되었다."(『고려사』, 권37, 충정왕 2년 2월) 1350년

이후 왜구는 무려 500여 회에 걸쳐 고려에 침입했다. 이 시기에 왜구는 산둥반도 일대 중국 해안에까지 침입했다.

왜구의 노략질이 극심해진 14세기 중반 이후는 일본 가마쿠라 막부 후반기 남조와 북조 두 정권 사이에 투쟁이 전국을 뒤엎은 시점과 일치한다. 전국이 싸움터로 변하자 영주들은 전쟁 비용 마련을 위해 해적인 왜구를 지원하기도 했다. 전장에서 패배한 하급 무사들과 농민들은 최소한의 생필품도 구하기 힘들어 고려와 중국의 연안에서 노략질을 일삼는 해적이 되었다. 이들의 형편은 "자식을 기를 수 없어 자식을 낳으면 바다에 던질" 지경이었다. 해적들은 가마쿠라막부의 통제력이 미치지 않으면서 고려와 가까운 기타큐슈 지방의 쓰시마섬이나 이키섬, 마쓰우라 지방 등을 근거지 삼아 활동했다.

대규모 기병전까지 펼쳤던 왜구

왜구는 초기에는 경상도·전라도·충청도 해안 지방에 침입해 식량을 약탈하고 사람을 납치했다. 납치한 사람은 노예로 팔거나 자신들의 지역에서 값싼 노동력으로 착취했다. 식량을 대규모로 약탈하기 위해 왜구는 개경으로 올라가는 조운선을 습격했다. 왜구는 조운선이 몰리는 개경 부근을 집중적으로 습격했다. 또한 고려의 값비싼 문화재를 약탈하여 일본의 중앙 귀족들에게 비싼 값에 팔기까지 했다. 그리하여 13~14세기 고려 불화 중 90퍼센트가 일본에 있게 되었다.

왜구의 침입으로 해안 지방 백성들이 내륙으로 이주하고 세수

수월관음도水月觀音圖 · 일본 가가미 신사鏡神社

현존하는 고려 불화 가운데 가장 아름답다고 평가받는
그림이다. 충선왕의 총애를 받던 숙비가 발원한 불화
로 14세기 왜구에 약탈당한 불화 중 하나다.

미는 수로가 아닌 육로를 통
해 옮겨졌다. 그러자 왜구는
1374년(공민왕 23)부터 대규
모 병력을 동원해 내륙으로
까지 진출했다. 이들은 배에
말을 싣고 와 기병전까지 벌
였다. 1380년(우왕 6) 황산대
첩에서 이성계가 포획한 왜
구의 말이 1600여 필에 이를
정도였다. 왜구는 해적의 규
모를 넘어 1만여 명을 헤아
리는 대병력으로 고려를 침
략했다.

고려의 교주도(강릉도)에
거주하는 화척과 재인 등 천
인들이 왜구로 속여 말해 관청과 민가를 약탈하는 일도 벌어졌다.
혼란기에 천인들은 생계가 어려워지자 가짜 왜구 행세를 했는데,
마침 이들이 활동하던 지역에 왜구가 없어 중앙에서 치안에 관심
을 두지 않았던 탓이었다.

수전과 육전에서 모두 승리를 거두다

고려는 왜구를 처음에는 대수롭지 않게 생각했다. 북쪽의 일부
여진족이 국경 부근에서 노략질하는 것처럼 하찮게 여겼다. 그들

이 고려의 영토를 침략하리라곤 생각지도 못했다. 그러나 노략질이 빈번해지고 규모가 확대되자 고려 정부는 왜구 토벌을 중대한 과제로 여기게 되었다.

우선 고려는 외교를 통해 왜구를 막고자 했다. 일본 정부에 정몽주 등 사신을 파견해 왜구 활동을 억제하게 했다. 일본의 규슈 정부도 고려 사신이 보는 앞에서 왜구 수십 명의 목을 베고 끌려갔던 고려인을 귀국시키는 조처를 했다. 그러나 남북조시대 혼란기에 있던 일본 정부로서는 왜구를 통제할 수 없었다.

외교로 풀 수 없게 되자 고려는 군사력을 강화해 왜구 토벌에 나섰다. 왜구의 전선에 맞설 수 있는 군선을 건조하고 해군을 재건했다. 이희李禧, 정지鄭地 같은 연해와 섬 출신들은 해군 창설에 자원해 해전에 나섰다. 정지는 1382년(우왕 8) 해도원수海道元帥가 되어 50척의 전선을 이끌고 나주와 목포를 방어했다. 정지의 해군은 이듬해에 왜선 17척을 격파하고 남해대첩에서 승리를 거두었다.

왜구와의 지상전에서는 최영과 이성계의 활약이 눈부셨다. 1376년(우왕 2) 최영은 61세가 된 노구를 이끌고 충청도 홍산에 침입한 대규모 왜구를 대파했다. 홍산대첩이었다. 최영은 입술에 화살을 맞았음에도 후퇴하지 않고 진두지휘하여 병사들의 사기를 최고조로 끌어올렸다. 최영은 왜구가 가장 두려워한 장군이었다. 왜구의 출몰은 1389년(창왕 1) 박위가 왜구의 본산인 쓰시마섬을 정벌하면서 급격히 줄어들게 되었다.

왜구의 침입으로 고려 백성들은 엄청난 피해를 보았다. 하지만 왜구는 고려 말 우리 역사의 변동을 촉진했다. 왜구 토벌 과정에서 우리나라의 군사력은 다시금 증대되었다. 왜구 소탕을 통해 민심을 얻은 이성계는 정치적으로 크게 성장했고 그것이 발판이 되어 조선을 건국할 수 있었다.

1385년 당시 다사강이라 불리던 곳에 왜구가 침략해 노략질하자 그곳에 살던 수만 마리 두꺼비들이 몰려나와 울부짖었다고 한다. 이 소리에 왜구들이 쫓겨갔다는 전설이 있다. 이를 들은 우왕이 다사강에 섬진강이라는 이름을 내렸다고 한다. 섬蟾은 '두꺼비 섬' 자다.

집념의 화약 마니아 최무선의 화포 발명

최무선은 끈기와 집념으로 화약 제조술을 중국인에게 전수받은 뒤
이를 발전시켜 수많은 화포와 화약을 개발했다.

최무선이 오늘날 태어났다면 뛰어난 기술 개발자가 되었
을 것이다. 그렇다면 아마도 당시보다 더 나은 대접을 받고 있지 않
을까? 최무선崔茂宣(1325~1395)은 경북 영주 사람으로 광흥창사 최동
순崔東洵의 장남이다. 최무선은 어린 시절부터 기술 개발에 관심과
소질이 대단했다. 병법에 대해서도 상당히 흥미를 보였다고 한다.

최무선이 활동하던 시기 고려는 왜구의 끊임없는 노략질로 해안
지역은 말할 것도 없고 남부 지방 백성들도 편할 날이 없었다. 따라
서 당시 주요한 정치적 과제는 왜구 소탕이었다. 이런 왜구 토벌 문
제에 대해 최무선은 기술자다운 해법을 제시했다. "왜구 토벌에는
화약만한 것이 없다." 그러나 화약을 당장 만들 수는 없었다. 고려
에는 화약을 만들 만한 기술이 축적되어 있지 않았다. 당시 화약 기
술은 원이 최고의 수준을 자랑하고 있었다. 최무선은 화약 기술을
도입하는 데 노심초사했다. 개경에 중국 상인이 들어오면 만나서
화약 만드는 법을 탐문했다. 그러던 중 기회가 왔다.

기술 도입에 성공하다

원에서 온 이원李元이라는 염초장을 만나게 된 것이다. 화약 제조술을 쉽사리 가르쳐주지 않으려는 이원을 최무선은 온갖 정성을 다해 그의 마음을 얻었다. 최무선은 화약 기술을 도입하기 위해 중국어까지 배웠다. 최무선은 이원을 자신의 집으로 데리고 가 최고의 음식에 최고의 의복을 내주며 수십 일간 화약의 주원료인 염초만드는 방법을 익혔다. 기술자 특유의 고집으로 제조술을 알려주는 데 인색했던 이원에게 유도성 질문을 던져가며 단서를 얻었다. 아무리 복잡한 기술이라지만 배우는 데 수십 일이 걸렸던 것은 이런 과정을 거쳐야 했기 때문이었다. 마치 1960~1970년대 산업화 시기에 일본인 기술자에게서 산업 기술을 전수받던 과정과 비슷한 과정을 거쳤던 것이다.

이렇게 해서 익힌 화약 제조법은 염초자취법焰硝煮取法이었다. 어느 정도 기술 개발에 윤곽을 잡은 최무선은 화약 재료를 모아 제조 실험을 거듭해 마침내 화약 개발에 성공했다. 화약 제조에 성공한 최무선은 너무도 기쁘고 신기한 마음에 며칠 동안 울었다고 한다.

그런데 이런 고생 끝에 기술 개발에 성공한 최무선은 생각지 않은 난관에 부딪혔다. 최고 의사 결정 기구인 도당에서 화약 시범을 보이려 했지만 모두 믿지 않았다. 오히려 최무선을 두고 '거짓말하는 자'라고 비방하는 자까지 있었다. 그러나 최무선은 포기하지 않았다. 몇 해를 두고 계속 화약 제조를 하자는 상소를 올렸다. 결국 그의 끈질긴 제안은 받아들여졌다.

1377년(우왕 3) 최무선은 신설된 화통도감의 제조가 되어 화약

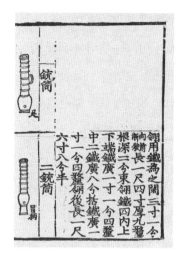

『국조오례의서례國朝五禮儀序例』 병기도설兵器圖說 중 총통銃筒(1474)

14세기 전반 고려 전역에까지 확대될 기세를 보인 왜구의 섬멸을 위해 화약 병기에 대한 절실한 필요성은 더욱 고조되었다. 최무선은 화포의 위력을 발휘하는 길이 왜구 섬멸에 가장 효과적일 것이라는 신념을 가지고 오랫동안 화약 제조 기술의 비밀을 알아내려고 노력했다.

개발에 성공했다. 화약을 이용한 다양한 종류의 화포가 생산되었다. 새로운 화포를 본 사람들은 모두 놀라고 감탄했다. 최무선은 실전에 쓰기 위해 화포만이 아니라 화포를 장전하거나 실을 수 있는 전함도 개발했다.

최무선의 화포와 전함, 위력을 발휘하다

힘들게 개발한 최무선의 화포와 전함은 1380년(우왕 6) 진포대첩에서 위력을 유감없이 발휘했다. 왜선 500척이 전라도 진포에 침입했을 때 최무선은 부원수로서 도원수 심덕부, 상원수 나세와 함께 전선에 나섰다. 왜구들은 배를 한곳에 모아두기 위해 모두 묶어놓고 진포에 주둔했다. 묶인 배는 화공에 취약했다. 최무선의 토벌군은 그 점을 잘 인식했다. 묶인 배를 향해 발사한 화포는 500척을 깡그리 숯덩이로 만들었다. 배에 있던 왜구들은 불바다에 휩싸여 섬멸되었고 도망간 왜구들은 바닷물에 빠져 죽었다.

내륙으로 들어갔던 왜구들은 이성계가 이끄는 병력에 의해 황산에서 섬멸되었다. 왜구는 대규모 병력으로 고려의 내륙을 분탕질 치려 했지만 오히려 완전히 섬멸되었다. 진포대첩과 황산대첩 이후 왜구들의 침입도 눈에 띌 정도로 줄어들게 되었다.

최무선의 화포는 1383년(우왕 9) 해도원수 정지가 진도에서 왜선 70척을 불태워버릴 때도 위력을 유감없이 발휘했다. 또한 박위의 대마도 정벌에도 최무선의 화포가 동원되어 큰 역할을 했다.

그런데 최무선의 화약 제조술은 우리 민족의 지적 자산이 되지 못했다. 최무선은 화약 만드는 법을 기록한 책을 남겼는데, 그가 죽으면서 아들 최해산에게 전해졌다. 그런데 그 책이 국가 기관에 전해진 게 아니라 가문의 재산으로만 전해진 것이었다. 최해산은 아버지 덕에 군기소감에 임명되었고 그의 증손인 최식 역시 조선 성종 때 어모장군으로 있으면서 최무선의 공을 내세워 자신을 중용해달라고 요구했다. 그러면서 자신의 집에 간직하고 있던 〈용화포섬적도用火砲殲賊圖〉 1축과 『화포법火砲法』 1책을 올렸다. 모두 최무선의 저작물인 고화와 고서였다. 화포 기술이 가문으로 비전되어 이후 그 제조술이 계승, 발전되지 못하고 일실되어버렸다. 기술 발전을 등한히 했던 우리 역사의 한 장면이다.

> 태종에 의해 등용된 최해산은 1409년에 화차火車를 제작하는 데 성공했다. 실록에 따르면 이 화차는 철령전鐵翎箭 수십 개를 장탄한 구리통을 작은 수레에 싣고 달리면서 화약을 사용하여 발사할 수 있었다.

염흥방의 소탐이 불러온 권문세족의 몰락

염흥방의 조반 무고 사건을 계기로 우왕은 이인임, 임견미 등 권문세족을 일망타진했다.

1388년(우왕 14) 정월 느닷없이 반역 사건이 보고되었다. 순군상만호 염흥방廉興邦이 전 밀직부사 조반趙胖이 반란을 꾀했다고 우왕에게 보고했다. 염흥방은 우왕에게 현상금을 걸고 신속하게 조반을 체포할 것을 권했다. 놀란 우왕은 신속하게 조반을 체포하라 명했다. 그런데 모반을 꾀했다는 조반은 5명의 기병과 함께 개경으로 들어오고 있었다. 5명이 모반을 꾀하다 도망갈 수는 있어도 5명이 수도로 쳐들어올 리는 없었다. 뻔한 무고였다.

실상은 염흥방의 제보와 완전히 다른 것이었다. 염흥방의 집안 노비 이광이 조반의 백주白洲(황해남도 배천) 땅을 강탈한 일이 있었다. 조반은 염흥방에게 애원하여 그 땅을 돌려받았다. 그러나 이광은 주인 염흥방의 위세를 믿고는 다시 조반의 땅을 강탈하고는 능욕하기까지 했다. 사정하는 조반에게 이광은 더 포학했다. 조반은 더는 참을 수가 없었다. 조반은 기병 수십 명을 데려가 이광을 죽이고 집을 불태웠다. 그러고는 조반은 사태의 전말을 알리기 위해 염홍방이 있는 개경으로 말을 달렸다.

염흥방은 조반이 이광을 죽였다는 말을 듣고 격분하여 조반을 무고했다. 그리고 순군에 명하여 조반의 모친과 처를 잡아두고 400여 기병을 백주로 파견하여 그를 잡으러 갔다. 그러나 기병이 벽란도의 나루터까지 갔을 때 이미 조반은 5명의 기병과 함께 개경으로 들어왔다.

제 무덤을 판 염흥방

조반은 곧 체포되어 순군에 갇혔다. 이때 염흥방과 도만호 왕복해 등이 신문했다. 조반은 하지도 않은 모반을 했다고 할 수는 없다. 조반은 꿋꿋하게 말했다.

"6, 7명의 탐오한 재상들이 노비를 사방으로 풀어 남의 토지와 노비를 빼앗고 백성을 해치거나 학대하니 이들이 큰 도적이다. 내가 이광이라는 자를 참한 것은 오직 국가를 도와 백성의 도적을 제거하고자 한 것일 뿐이다. 어찌 모반이라고 하는가" 하고 종일 고문을 했음에도 굴복하지 않았다. 염흥방은 기필코 조반이 거짓으로 자백하게 만들기 위하여 지극히 참혹하게 다스렸다. 조반이 꾸짖고 욕하며 조금도 굴복하지 않고 말하기를 "나는 너희들, 나라의 도적을 베고자 한다. 너희는 나와 서로 소송을 하는 자인데 어찌 나를 국문하느냐" 했다. 염흥방이 더욱 노하여 사람을 시켜 그 입을 마구 치게 하자 왕복해는 잠이 들어 못 들은 척했고 나머지 또한 감히 어찌하지 못했는데, 오직 좌사의 김약채만이 불가하다고 하며 그만두게 했다.(『고려사』 권126, 임견미 열전)

조반 부부 초상(조선시대) · 국립중앙박물관

우왕은 염흥방이 사리사욕을 위해 조반을 무고한 것으로 확인되자 염흥방을 처형한다. 조반은 위화도 회군 이후 공양왕의 즉위를 명에 알리고 이성계의 외교적 입지를 다지는 데 기여한다.

우왕이 사태의 진실을 알고 움직였다. 우왕은 며칠이 지난 후 최영의 집으로 가서 장시간에 걸쳐 이 문제에 대해 논의했다. 주위를 물리친 밀담이었다. 우왕은 조반과 가족을 석방하고 의약과 갖옷을 내려주며 "재상들은 그만하면 부유하니 녹을 주지 말라. 먼저 먹을 것이 없는 군인들에게 나누어주라" 했다. 조반의 무죄를 인정한 조처였다. 그리고 우왕은 염흥방과 임견미, 이인임 등의 권문세족을 옥에 가두게 했다. 임견미는 순순히 체포되려 하지 않았다. 임견미가 왕의 명을 거역하고 소리를 지르며 사자에게 "7일마다 녹을 주는 게 관례다. 지금 까닭 없이 폐지하니 어찌 왕의 도리라 할 수 있는가. 예로부터 왕의 그릇된 것을 바로 잡는 게 신하의 일이었다"

라고 말했다. 임견미는 반란을 일으키려고 측근들에게 소식을 알리려 했다. 그러나 때는 이미 늦었다. 최영이 지휘하는 병력이 이미 임견미의 집을 포위하고 있었다. 철저히 계획된 숙청이었다.

조반에 대한 무고 사건이 계기가 되어 돌발적으로 일어난 사건으로 임견미, 염흥방, 이성림 등 권문세족 50여 명이 처형되었고 재산은 몰수당했다. 염흥방 집안의 가신과 노복 1000명이 체포되어 죽임을 당했다. 우왕의 즉위를 도운 공로로 최고의 권력을 구가하던 이인임은 겨우 죽음을 면하고 귀양을 가야 했다. 이 사건 뒤 전민변정도감을 설치해 염흥방, 임견미 등이 강탈한 전민을 심사해 원주인에게 되돌려주었다.

기회를 엿보던 우왕

염흥방 사건을 보면 우왕이 사건을 굉장히 신속하게 처리한 것을 알 수 있다. 또한 단순 무고 사건인데 처벌의 폭과 강도가 엄청났다. 이는 우왕이 당시 불법을 일삼았던 권문세족을 어떻게든 손보려던 차에 염흥방이 물의를 빚자 이를 계기로 권문세족을 대대적으로 숙청했다 볼 수 있다.

우왕은 즉위 초기에 이인임, 임견미, 염흥방 등 권신들과 가까웠다. 그러나 이들이 권력을 농단하며 대규모 부정 축재를 저지르자 제거할 것을 결심했다. 우왕은 염흥방 사건이 있기 3년 전에 이미 화원에서 말을 조련하다가 주변 신하들에게 "물푸레나무水靑木 공문을 가져오라. 내가 장차 이 말을 길들이겠다"(『고려사절요』권32, 우왕 11년 11월)라고 말한 바 있다.

당시 이인임과 임견미, 염흥방이 종들을 시켜 좋은 토지를 가진 사람이 있으면 모두 물푸레나무로 때리고 빼앗았다. 땅 주인은 엄연한 땅문서가 있어도 무서워서 항변 한번 해보지 못하고 빼앗겼다. 이때 사람들은 강탈당한 땅문서를 '물푸레나무 공문'이라 불렀다. 우왕은 이 사실을 잘 알고 있었고 이에 대해 굉장히 분노했다.

염흥방 등 권문세족들과 친당은 지방과 중앙의 권력을 휘어잡고 있었다. 이들은 벼슬을 매매하는가 하면 다른 사람의 토지를 강탈하여 온 산과 들을 모두 차지했다. 심지어는 왕릉, 왕실의 창고, 주현, 나루, 역 등에 소속된 땅에 이르기까지 강탈하지 않았던 땅이 없었다 한다. 권문세족들이 강탈한 노비는 천백이 넘었다.

이 사건 후 최영과 이성계는 문하시중과 수시중으로서 권력의 중심에 섰다. 24세가 된 우왕은 이들 무신을 앞장세워 권문세족을 일망타진할 기회를 노리고 있었을 가능성이 컸다. 그러나 우왕의 개혁은 위화도회군으로 완성될 수 없었다.

우왕 때 최고 권력을 자랑하던 이인임은 재판과 인사 문제에도 막강한 권력을 휘둘렀다. 송사하는 자는 모두 이인임에게 뇌물을 바쳐야 했다. 그래서 대간의 탄핵이나 법관의 판결은 모두 이인임에게 보고한 뒤에야 결정할 수 있을 정도였다.

최영 장군은 왜
요동 정벌에 나섰을까?

최영은 전투에서는 불퇴의 기상으로 적들을 물리쳤고
내정에서는 법 집행을 엄격하게 했다. 그의 요동 정벌 추진은
분명한 근거가 있는 것이었다.

　　한국전쟁 전만 하더라도 개성 부근의 덕물산은 무당들이 최고로 치는 영산으로 무촌巫村이 있었다고 한다. 덕물산의 꼭대기에는 최영 장군을 모시는 최영장군사가 있어 2년에 한 번씩 음력 3월에 전국 무당들이 모여서 행하는 대규모 굿판(개성 덕물산 도당굿)이 벌어졌다. 이때 최영 신당에 바쳐진 희생 돼지고기를 성계육成桂肉이라 불렀다. 굿이 끝난 뒤 신주 한 잔에 성계육 한 점을 씹어 먹었다고 한다. 태조 이성계의 이름을 딴 고기를 씹으며 최영 장군의 넋을 위로한다는 뜻일 것이다. 최영은 말년에 정치적으로 대패하여 비참한 죽음을 맞았지만 민중의 가슴속에는 그렇게 살아남았다.

　　최영崔瑩(1316~1388)은 고려의 명문인 동주(철원) 최씨 가문에서 태어났다. 5대조인 최유청崔惟淸은 재상까지 지낸 인물이다. 최유청은 무신정변 때도 덕망을 인정받아 화를 면한 문신 중 하나다. 그러나 최영의 아버지 대에 와서는 가문이 융성하지 못했다. 최영 아버지

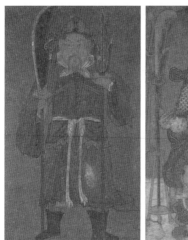

최영장군도崔瑩將軍圖(광복이후)·국립민속박물관

무속에서 믿는 신상神像의 하나인 최영 장군을 표현한 그림이다. 최영 장군은 고려 후기
명장으로 이성계에게 패하여 억울하게 죽은 후 무속 신앙의 대상이 되었다.

최원직崔元直은 종6품인 사헌규정에 그쳤다. 관직은 높지 않았어도
최원직은 아들에게 '황금 보기를 돌과 같이 하라'는 유언을 남겼을
만큼 강직하고도 청렴했다.

최영은 늦은 나이인 30대 중반에 무관으로 정계에 진출하여 왜
구를 막는 데 공을 세워 우달치迂達赤, 즉 왕의 숙위군이 되었다. 그
뒤 최영은 1352년(공민왕 1) 조일신의 난을 진압하고 대호군에 올랐
다. 최영의 전공은 거듭되었다. 고려 서북면 지휘관으로 있으면서
왜구의 침입을 방어해냈고 1360년(공민왕 9)과 1362년 홍건적의 반
란을 진압하는 데 큰 공을 세우기도 했다. 홍건적에게 점령당했던
개경을 탈환했을 당시 김용의 사주로 일어난 '흥왕사의 변'(1363)
때도 역모를 사전에 탐지하여 저지했다. 최영은 이때 공을 인정받

아 일등 공신으로 책봉되어 초상이 공신각에 걸리는 영예와 함께 찬성사(정2품)에 올랐다. 이듬해 원에서 공민왕을 폐위시키고 덕흥군을 옹립하고자 부원배 최유 등을 앞세워 1만 명의 병사를 동원해 고려를 공격해왔을 때도 최영은 이성계와 함께 군사를 이끌고 나가 격멸시켰다.

불의를 용납하지 않았던 원칙주의자

우왕이 즉위한 후 최영은 극성을 부린 왜구를 격파하는 데 전념했다. 1376년(우왕 2) 홍산대첩에서 최영은 죽음을 두려워하지 않는 용맹으로 대규모 왜군을 격파했다. 삼면이 절벽인 험한 곳에서 최영은 노구를 이끌고 대진격전을 치렀다. 우왕은 홍산대첩에서의 전공을 논하여 최영을 시중에 제수하려 했다. 그러나 최영은 시중이 되면 전시에 쉽게 출격할 수 없으니 왜구가 평정된 이후에 받겠다 하여 철원부원군에 봉해졌다. 최영은 거듭 전공을 세우며 우왕에게서 큰 신임을 얻고 있었다.

1388년(우왕 14) 문하시중 임명된 최영은 중앙 정계에서도 과단성 있고 청렴한 정치 노선으로 일관했다. 당대 최고 권세가였던 문하시중 이인임의 청탁을 면전에서 거절하는가 하면, 우왕의 유모인 장씨가 정사에 관여하여 물의를 일으키자 참형에 처하기까지 했다. 우왕은 눈물로 유모의 선처를 호소했지만 최영에게 타협은 없었다.

최영이 시중으로 있던 당시 개경의 물가가 하늘 높은 줄 모르고 치솟았던 적이 있었다. 정세가 불안해 물가가 폭등했다. 장사꾼들은 한 푼이라도 이익을 더 얻고자 물가를 올려 폭리를 취했다. 이에 최영은 매매되는 물건에 정가를 표시하는 세인稅印을 찍어 물가 안정을 꾀했다. 최영은 세인 없이 거래하는 상인은 갈고리로 등을 찍을 것이라는 엄명을 내렸다. 위엄을 알리기 위해 개경 시내에 큰 갈고리를 걸어놓아 상인들이 두려워 벌벌 떨 정도였다.

최영의 요동 정벌 시도는 현실성이 있는 것이었을까?

최영의 운명을 가른 정치적 선택은 반명反明과 요동 정벌이었다. 명 태조 주원장은 1368년(공민왕 17) 원을 막북(외몽골)으로 내쫓고 중원의 강자로 부상했다. 공민왕은 이때를 즈음하여 반원친명 정책으로 전환하면서 쌍성총관부를 회복하고 원의 간섭 기구를 철폐하는 등 국제 정세의 변화에 맞춰 기민한 정치적 대응을 취했다. 최영 역시 공민왕의 시책에 발맞춰 원 세력을 축출하는 데 앞장섰다. 공민왕의 친명 정책은 고려 말 신진 사대부처럼 사대주의나 성리학의 원조 국가인 명에 대한 정서적 친화성 때문이 아니었다. 명을 이용하여 원으로부터 독립하고 고구려의 고토인 만주 땅을 회복하고자 하는 열망 때문이었다. 그래서 정세 변화에 따라 원과 명을 선택하는 등거리외교 속에서 최영이 친명 노선을 선택했던 것이었다.

최영이 반명친원으로 돌변한 것은 명이 요동 땅을 영유하고자 고려에 무리한 압박을 가했기 때문이다. 한때 고려에 우호적이었던 명은 원 세력을 축출한 데다 요동의 요양성 평장인 유익이 투항해오자 요동에 대한 영유권을 주장하기 시작했다. 요동을 점령

할 기회를 놓칠지 모르는 위기에 처하자 고려는 원 세력과 손을 잡고 명의 동진을 막고자 했다. 그래서 1377년(우왕 3)부터 고려는 다시 원의 연호를 쓰며 국교를 재개했다. 원의 제도와 풍습도 되살렸다. 이에 발맞춰 북원은 고려에 요양을 협공하자는 제안을 하기도 했다.

이런 고려의 의도를 명이 모를 리 없었다. 명의 주원장은 고려에 과중한 세공액을 요구하고 거부하면 정병 수십만을 동원해 고려를 치겠다고 협박해왔다. 고려는 초기에는 명의 협박에 응했다. 밀린 5년분의 세공조로 금 500근, 은 5만 냥, 베 5만 필, 말 5000필을 바쳤다. 그러고도 모자라 명은 고려가 공민왕 때 회복한 철령 이북 지역의 땅을 돌려달라고 요구했다. 이에 고려 조정은 영토 할양을 반대하는 목소리로 가득 찼다. 결국 요동 정벌은 피할 수 없는 선택이었다. 그러나 요동 정벌은 화살 한 발 날리지도 못하고 좌절되었다. 잘 알려진 위화도회군 때문이었다. 최영 역시 역성혁명파의 칼날에 스러졌다. 그렇다면 최영은 요동 정벌이 승산이 있다고 판단해 추진했을까?

당시 정세를 보면 요동 정벌은 승리할 수 있었다. 우선 명의 15만 대군이 몽골을 정벌하기 위해 서쪽으로 진출해 요동 땅은 비어 있었다. 고려군이 그 빈틈을 타서 요양 땅을 점령한 뒤 정치적 해결을 도모할 수 있었다. 요양 일대는 고려의 피난민이 살고 있어 원 때도 고려군민총관부를 두어 고려인을 통치하게 했을 정도였다. 이 땅은 고구려의 발상지였다. 그리고 명 역시 중원에서 동떨어진 요동에 대한 영향력은 미약했다. 당이 고구려를 공격할 때 군수 물자 보급에 애를 먹을 정도로 중원에서의 전쟁은 쉬운 일이 아니었다. 게다가 중국 정세는 명이 고려에만 신경을 쓸 만큼 평화롭지 않았다. 북원의 몽골만이 아니라 중국 전체가 격란의 시기였다.

요동 점령 뒤 명이 대대적인 공세를 편다면 그때 가서 외교적 절충을 볼 수 있는 여지는 충분했다. 40년을 전장에서 보낸 칠순 노장 최영은 바로 그런 점들을 노렸다. 역성혁명파의 우두머리인 정도전이 조선 건국 뒤 요동 정벌을 시도했는데, 이는 최영의 전략이 옳았다는 것을 방증한다. 특히 정도전이 요동 정벌을 시도했던 시기가 명이 안정기에 접어들었을 때라는 점을 고려해보면 더욱 그러하다. 그러나 요동치는 고려 내부 정세는 최영의 이러한 전략적 시도를 좌절시켰다. 민간에서 최영이 영웅으로 추앙받으며 무속 신앙에서 주신으로 모셔지기도 하는 까닭은 이런 정치적 비극을 당한 인물의 열정을 높이 사는 데 있지 않을까?

최영이 형을 받는 자리에서 "내 평생 탐욕을 가졌으면 내 무덤에 풀이 날 것이고 그렇지 않으면 풀이 나지 않을 것이다" 했다는데 실제로 묘에는 풀이 나지 않았다. 중국에는 관우를 모신 사당이 가장 많고 우리나라에는 최영 장군을 모신 사당이 가장 많다.

이성계, 위화도회군으로 실권을 장악하다

이성계는 위화도회군을 통해 실권을 잡았고 이를 통해
조선 개국으로 가는 결정적 열쇠를 쥐게 되었다.

　　명을 건국한 주원장은 거만하고 난폭하기 짝이 없었다. 즉
위 이래 무수한 사람들을 사소한 이유로 죽이는 일이 다반사였다.
주원장의 이런 난폭함은 외교에서도 드러났다. 원 대신 명과 사대
관계를 맺은 고려가 사신을 파견하면 입국을 거절하거나 고려 사
신을 정탐꾼으로 몰아붙였다. 고려에 처녀와 환관을 요구한다든지
전투에 쓸 말을 한번에 5000마리씩 요구하는 등 무리한 요청을 거
듭했다. 이런 명의 무례한 태도에 고려인의 반감은 커져만 갔다. 명
보다 훨씬 강한 몽골에도 쉽게 굴복하지 않았던 고려였다.

　　명에 대한 반감은 1388년(우왕 14) 명 태조를 만나고 돌아온 설장
수의 보고를 들으면서 극에 달했다. 명 태조가 "철령 이북은 원래
원에 속했던 것이니 요동에 귀속시키겠다"(『고려사』 권137, 우왕 14년
2월) 했다. 철령 북쪽으로 멀리 공험진까지를 요동에 귀속시켜 직
접 다스리겠다고 한 것인데, 이곳은 윤관이 여진 정벌을 단행해 성
을 쌓았던 지역이었다. 다만 몽골과 전쟁 중에 고려인 조휘가 몽골

에 투항하면서 화주 이북에 쌍성총관부가 설치되었으나 공민왕 때 (1356) 회복했으므로 명백히 고려의 영토였다. 이런 철령 이북의 땅을 명 태조가 노린 데는 고려를 압박해 동북부 지역에 대한 영향력을 확고히 하려 한 의도가 있었다.

명 태조의 요구에 고려 정부는 분개했다. 최영은 백관을 모아 요동 공격에 대한 의견을 물었다. 모두 화친을 주장해 사신을 통해 외교문서를 보냈으나 명 태조의 명령이 다시 한번 전달되었다. 이에 최영은 다시 백관을 모아놓고 철령 이북의 땅을 명에 넘겨주어야 할지 물었다. 모두 불가하다고 답했다. 게다가 얼마지 않아 요동도사에서 철령위를 세우고자 병사들을 강계에 보내고 역참을 설치했다는 보고가 올라왔다. 최영은 우왕과 비밀리에 요동 정벌을 의논했다. 그러고는 전국에서 군사를 징발하고 각 도의 성을 재정비하는 등 전쟁 준비에 들어갔다.

요동 정벌군 진군하다

1388년 3월 명의 일방적 통고에 분노한 최영은 방문을 붙이기 위해 양계에 이른 요동 군사 21명을 죽이게 했다. 전쟁 선포였다. 세자와 왕비 등을 한양의 산성으로 옮겨가게 하고 우왕과 최영은 사냥한다며 해주로 갔다. 사냥이라지만 실제로는 요동을 치기 위한 군 통수권자의 전선 이동이었다. 우왕은 평양에 머물며 압록강에 부교를 설치하고 군사를 모으는 일을 감독하는 등 열성적으로 전쟁 준비에 나섰다.

같은 해 4월 1일 우왕은 최영과 이성계를 불러 요동을 칠 것을 명했다. 그런데 이성계는 유명한 '사불가론四不可論'을 내세워 정벌 중지를 주장했다.

처음에 우왕이 최영과 단독으로 요동을 공격할 것을 결정하고 감히 드러내어 말하지 못했으나 최영과 이성계를 불러 "과인이 요양을 공격하고자 하니 경 등은 마땅히 힘을 다하도록 하시오"라고 했다. 이 명을 듣고 이성계는 "지금 출병하는 것은 4가지 이유에서 불가합니다. 작은 나라가 큰 나를 거스르니 첫째 불가한 것이오, 여름에 군사를 동원하니 둘째 불가한 것입니다. 거국적으로 멀리 공격을 나가니 왜구가 그 빈틈을 탈 것이니 셋째 불가한 것입니다. 마침 장마철이어서 활과 쇠뇌의 아교가 풀어지고 군사들 사이에 질병이 돌 것이니 넷째 불가한 것입니다" 했다.(『고려사』 권137, 우왕 14년 4월)

우왕은 그럴듯하다고 생각하여 다시 논의하자고 했으나 최영의 말을 듣고 이성계의 주장을 받아들이지 않았다. 이성계는 요동을 치려고 한다면 가을에 출병해야 한다고 주장했다. 가을에는 군량미가 넉넉하고 장마를 피할 수 있으므로 군사를 움직이기 편하다는 주장이었다. 그러나 이 역시 받아들여지지 않았다. 우왕은 최영을 팔도도통사로, 조민수와 이성계를 각각 좌우군도통사로 한 군대를 편성했다. 좌우군 합해 3만 8830명, 지원 인력 1만 1634명, 말 2만 1682필의 대군이 4월 18일 평양을 떠나 요동으로 진격했다. 최영은 종군해 군대를 직접 지휘하려 했지만 우왕의 만류로 남게 되었다.

위화도회군으로 고려의 몰락이 시작되다

평양에서 출발한 정벌군은 20일쯤 지난 5월 7일 압록강 건너 위화도에 도착했다. 정벌군은 위화도에서 움직이지 않고 사태를 관망했다. 이성계는 요동성까지 많은 하천이 있는데 빗물이 넘쳐 강을 건너기 힘들고 장맛비에 갑옷이 무거워지고 활이 풀려 군사를 움직이기 어렵다는 등의 이유를 들어 회군을 역설하는 건의문을 우왕에게 보냈다. 그러나 우왕과 최영이 이런 요구를 받아들이지 않고 진군을 독촉하는 사자를 보냈다. 이성계는 사자인 환관 김완을 잡아두고는 군사를 돌려 개경으로 돌아왔다. 위화도에서의 회군은 이렇게 이뤄졌다.

왕명을 어긴 요동 정벌군은 순간 반란군으로 변모했으나 고려의 전 군사력을 모은 정벌군을 어찌할 수는 없었다. 개경에서 최영이 이끄는 1000여 명의 정부군과 이성계의 반란군이 전투를 벌였지만 싸움은 순식간에 끝났다. 우왕은 폐위되어 강화도로 끌려갔다. 최영은 체포되어 고봉현(고양)으로 귀양 갔다. 그 뒤 합포와 충주로 이배되었다가 그해 12월 이성계의 주장에 따라 참살되었다.

회군의 성공으로 이성계는 우시중, 조민수는 좌시중의 자리에 올랐다. 그러나 이런 관직은 명목일 뿐이었고 고려의 실질적인 권력자는 이성계였다. 이성계는 우왕을 폐한 뒤 창왕을 세우는 등 무신 집권기의 무신 실력자 위치에 올라섰다. 회군으로 이성계는 탄탄한 정치적 기반을 다져 개국의 길을 열었다.

무엇이 옳은 길이었는가

이성계의 요동 정벌 불가 주장이 옳은 것인지에 대해서는 연구자들 사이에서도 의견이 엇갈린다. 왜구의 잦은 침입으로 농촌이 황폐화하고 민생이 힘든 상태라는 점과 신흥 강국 명에 맞서 전쟁을 벌이는 것은 무리였다는 주장은 이성계에 동조하는 시각이다. 그러나 홍산대첩과 황산대첩 등 크고 작은 소탕전에서 승리하여 왜구를 걱정할 필요가 없었고 명이 북원을 치느라 요동을 비워둔 상황에서 속전속결했다면 얼마든 승전할 수 있었으리라는 주장은 최영을 옹호하는 시각이다.

한편 최영이 자신의 정치적 라이벌인 이성계가 거느린 동북면 군사를 몰살하기 위해 요동 정벌을 추진했다는 해석도 있다. 과연 최영이 정치적 주도권 확보를 위해 고려의 기간 병력을 희생시킬 음모를 꾸몄을까? 과한 해석이다. 또한 민생을 고려하지 않고 전쟁을 무리하게 추진했다는 주장에 대해서는 다음의 기록을 보면 그것이 옳지 않았다는 것을 짐작할 수 있다.

> 최영은 처형될 때 말과 얼굴빛이 변하지 않았다. 죽는 날 개경 사람들이 저자를 중지했다. 전국에서 최영이 죽었다는 말을 듣는 사람들은 어린이든 시골 부녀자든 모두가 눈물을 흘렸다. 최영의 시체가 길가에 놓여 있었는데 오고 가는 사람들이 말에서 내렸다. 도당에서 쌀, 콩, 베, 종이를 부의했다.(『고려사』 권113, 최영 열전)

백성들은 보통 무리한 공사나 전쟁을 일으킨 자에 엄청난 적개심을 보였다. 서경 천도를 추진한 정종이 그랬고 몽골과의 전쟁을 강요한 무신 집권자들에게 그랬다. 그러나 최영을 추모하는 고려민들의 모습은 요동 정벌 추진이 민생을 고려하지 않은 군사모험주의가 아니었음을 방증하는 게 아닐까?

이성계의 조선은 500년간 명에 지나친 사대로 일관했다. 끊임없이 강대국의 침입을 받았지만 끈질기게 자주적인 태도를 표명했던 고려의 외교와 대비되는 한 대목이다.

위화도는 현재 평안북도 의주군에 있다. 압록강이 싣고 온 토사가 쌓여 이뤄진 섬으로 토질이 비옥하여 옥수수, 조, 콩 등의 산출량이 많지만 조선 초까지만 해도 여진족의 침입이 빈번해 개발되지 못했다. 1811년 대규모 개간이 이뤄졌고 이때 이주한 농민들이 영구 소작권을 얻었다.

이색·정몽주 VS 정도전·조준

정도전, 조준 등 역성혁명파는 온건 개혁파와 토지 관련 문제와
왕조 창건 문제를 놓고 목숨을 건 투쟁을 벌인 끝에 승리해
고려를 멸망시켰다.

위화도회군으로 이성계 세력이 실권을 잡았다. 이성계 세력은 이전 무신 실력자들과 달랐다. 물론 이성계 주위에는 무장력을 갖춘 무인들이 다수 포진되어 물리적 기반이 막강했던 점은 이전의 무신 집권자와 같았다. 그러나 이성계 주위에는 신학문인 성리학을 공부하고 과거에 합격한 신진 사대부들이 이성계의 두뇌 집단으로 자리 잡고 있었다. 그중 정도전, 조준 등은 이성계의 개혁과 개국 청사진을 그리며 정치투쟁의 전략과 전술을 수립하고 집행했다. 이성계가 위화도회군이라는 생명을 건 선택을 할 때부터 역성혁명을 준비했으리라고 보는 견해가 일반적이다.

그렇다고 이성계가 당장 왕위에 오른 것은 아니었다. 지지 세력을 확대하고 개국 기반이 될 정치 개혁을 추진했다. 이성계의 정부 내 지지 세력은 대대로 이어져 내려온 고려의 권문세족이나 왕의 측근 세력들이 아니었다. 그들은 이미 우왕 대(1374~1388)에 최영과 이성계에 의해 대부분 제거되었다. 성리학으로 무장한 신진 사대

부층이 이성계의 지지 세력이었다. 그러나 신진 사대부라고 해서 모두 같은 세력은 아니었다. 이색, 정몽주, 권근 같은 온건 개혁파가 있었고 정도전, 조준, 윤소종 등으로 이뤄진 급진 개혁파가 있었다. 온건 개혁파는 위화도회군 이전에는 이성계의 강력한 연대 세력이었다. 그러나 이성계가 역성혁명을 추진할 기미를 보이자 온건 개혁파는 목숨을 건 반대 투쟁을 전개했다. 위화도회군 이후의 정국은 이들 신진 사대부가 좌우로 갈려 격렬한 정치투쟁을 벌이는 양상으로 전개되었다. 그렇다면 이들은 무엇 때문에 분화되었을까?

조준, 혁명적인 사전 혁파안 제시

사실 토지의 소유권을 둘러싼 문제는 후기 고려에 있어서는 꼭 해결하고 넘어가야 할 문제였다. 고려는 현직에 있는 관료나 군인에게 토지의 조세를 받을 수 있는 수조권을 주었다. 그런데 권세가들은 현직에서 물러난 뒤에도 자식들에게 수조권을 세습하는 불법을 공공연히 자행했다. 그뿐 아니라 백성들의 토지를 사사로이 빼앗는 경우도 많았다. 한정된 토지인데 특권층이 토지를 내놓지 않아 국가 재정은 파탄에 이를 정도였다. 관료들은 녹봉조차 받을 수 없게 되자 결국 백성을 수탈해 경제적 기반을 마련했고 이런 악순환은 고려시대 내내 반복되었다.

고려 말에 와서는 이런 폐해가 극심해져 권문세족은 산과 내를 경계로 할 정도의 광활한 농장을 소유했던 반면, 신진 사대부들은 과전을 받기는커녕 녹봉조차도 받지 못할 지경에 이르렀다. 원 간섭기에도 충선왕 이래 토지 문제를 해결하고자 꾸준히 노력해왔지만 국왕과 권세가의 위로부터의 개혁은 효과가 없었다. 토지개혁이 철저하게 이루어질수록 그들의 기득권은 줄어들었기 때문이다.

이런 상황에서 중소 지주 출신으로 관직에 진출한 신진 사대부들은 급진적인 토지개혁을 시도했다. 대표적인 급진 개혁파 조준은 1388년(창왕 즉위년) 7월 전제 개혁안을 올렸다. 토지를 국유화하여 사전을 혁파하고 대신 수조권 일부를 기관이나 개인 등에게 나눠주자는 안이었다. 조준의 이 같은 개혁안은 고려 토지제의 근간을 바꾸는 것이었다.

조준이 개혁안을 제시하고 조정에 전제 개혁 상소가 잇따르자 도당에서는 격론이 벌어졌다. 정도전과 윤소종은 조준의 주장에 찬성했지만 시중인 이색과 우현보, 권근 등은 반대 의사를 표명했다. 백관회의에서도 참석자 53명 가운데 찬성한 자는 18, 19명이었고 권문세족과 온건 개혁파는 모두 반대했다.

하지만 실권을 쥐고 있던 급진 개혁파는 개혁안을 강력하게 추진해 1389년에는 토지개혁을 위한 양전 사업을 마무리했다. 이어 1390년(공양왕 2) 9월에는 공사의 모든 토지 문서를 불살랐다. 이 과정에서 토지개혁을 반대한 조민수가 탄핵으로 유배되는 등 거대 기득권 세력은 정치적 타격을 입었다.

잇달은 정치 조작 사건

온건 개혁파는 급진 개혁파의 정치 공세로 수세에 몰렸다. 이에 온건 개혁파의 좌장 이색은 이성계의 왕권 도전에 견제구를 던졌다. 1389년(창왕 1) 명에 사신으로 갔던 이색이 명 태조에게 창왕의 입조를 요청했다. 이를 통해 창왕이 명의 보호를 받게 하려 했다. 그러나 명 태조는 공물에만 관심이 있었을 뿐 고려의 왕위 계승 문제에는 관심이 없었다. 반원 자주화 운동을 통해 확립된 고려의 자주권이 다시 한번 수치스러운 사대로 흐르는 사건이었다. 급진 개혁파 역시 명

이색 초상(조선시대)·국립중앙박물관

이색은 1348년 원 국자감의 생원이 되어 성리학을 연구했다. 귀국 후에는 창왕을 옹립하여 즉위를 도왔고, 명에 창왕의 입조를 주청하여 이성계 일파를 견제했다.

을 통해 자신들의 정통성을 입증받고자 공작을 벌였다.

한편 이색 등의 이러한 왕권 옹호 행위에 급진 개혁파는 경계심을 드러냈다. 우왕과 창왕을 구심으로 한 정치 세력이 자신들을 위협할 가능성이 있었기 때문이다. 급진 개혁파는 이러한 위기감을 '김저 사건'을 조작하면서 돌파했다. '김저 사건'이란 1389년 11월 전 대호군 김저가 여주에 있던 우왕을 찾아가서 생긴 일이었다.

우왕이 눈물을 흘리며 "울적하게 이곳에 살면서 아무 일도 하지 않고 죽을 수는 없다. 만약 역사力士 한 명을 얻어서 이 시중(이성계)을 해한다면 내 뜻이 펼쳐질 수 있을 것이다. 내가 평소에 예의판서 곽충보를 좋아했으니 너희는 가서 만나보고 일을 도모하라" 했다. 그러고는 검 한

자루를 곽충보에게 전해주라고 하면서 "일이 성사되면 비妃의 동생을 처로 삼고 부귀를 함께 누릴 것이다. 이번 팔관일에 거사할 만하다"라고 했다.(『고려사절요』 권34, 공양왕 1년 11월)

김저는 우왕의 말을 곽충보에게 전했다. 그리고 곽충보는 이 사실을 이성계에게 말했다. 이 고변을 빌미 삼아 변안열, 이림, 이색, 우현보 등 구세력과 온건 사대부가 유배되었다. 이어 조준, 정도전, 성석린 등 급진 개혁파는 우왕과 창왕이 신돈의 자손이라는 허위 사실을 조작해내어 11월에 두 왕을 죽였다. 창왕을 폐위한 뒤에는 신종의 7대손 요瑤를 왕위에 올렸다. 그가 마지막 고려 왕 공양왕이다.

1390년(공양왕 2)에는 급진 개혁파의 일원인 조반이 이색과 우현보 등이 윤이와 이초를 명으로 보내 이성계 세력을 토벌할 것을 명에 요청했다고 보고했다. 급진 개혁파는 확인할 수 없는 이 사건을 확대해 다시 한번 공안 정국을 조성했다. 급진 개혁파는 '윤이와 이초 사건'을 조작하고 확대하여 이색, 우인열, 이숭인, 권근 등 온건 개혁파의 중심인물 대부분을 옥에 가뒀다. 특히 이 사건을 처리하면서 다수의 무인을 제거함으로써 이성계 세력을 위협하는 군부 세력은 모두 말살되었다.

이러한 강경책은 정몽주 등의 중립적 세력까지도 이성계 세력에 반대하게 할 정도의 무리수였다. 정몽주는 급진적이고도 무리한 이성계 일파의 정치를 비판하면서 여론의 우위를 끌어냈다. 한때 조준, 정도전 등 이성계파의 핵심 인물이 유배되어 죽음 직전에 몰릴 정도로 위기 국면이 조성되기도 했다. 이런 위기를 이성계의 아들 이방원이 1392년(공양왕 4) 4월 사병을 동원해 정몽주를 살해하면서 돌파했다. 그해 7월 배극렴 등의 추대로 이성계가 왕위에 올랐다. 이로써 500년 고려사는 막을 내렸다.

이방원은 즉위 후 정몽주를 익양부원군으로 추증했다. 1780년에는 정몽주의 후손 정호인이 선죽교를 기념하기 위해 다리에 난간을 설치해 사람들의 왕래를 금지하고 그 옆에 새 다리를 만들었다.

조선의 향리와는 너무 달랐던
고려의 향리

"간악하지 않으면 아전으로 생각할 수 없고, 아전이라면 간악하지 않을 수 없다. 그러므로 수령은 아전을 사람의 도리로 대해서는 안 되며 단지 분명히 살펴 감독하고 엄한 법으로 이들을 다스려야 한다." 조선시대 충청도 옥천 관아의 문서집 『관성록管城錄』에 등장하는 글이다. 조선시대에는 향리를 이처럼 사람의 도리로 대할 존재가 아니라고 생각했다. 농민의 눈에 향리는 수령 같은 힘 있는 자들에게는 눈치나 살피는 존재며, 힘없는 백성에게는 '낯선 사람에게 마구 짖는 개' 같이 구는 존재로 보였다. 조선의 향리는 지배층으로 올라갈 수도 없고, 봉급 한 푼 받지 못해 뇌물과 횡령으로 살아가는 존재였다.

그러나 고려의 향리는 달랐다. 고려의 향리는 뿌리부터 지방 호족이었다. 고려 조정은 모든 지방에 지방관을 파견하지 못했다. 고려의 지방 제도는 지방관이 파견된 지역과 향리가 독자적으로 다스리는 지역으로 분리되어 이원적 형태로 운영되었다. 지방관이 파견되었다 하더라도 향리 조직이 있었다. 향리의 장은 호장戶長이라 불렸고 재정 업무를 담당하는 창정倉正, 군사 업무를 담당하는 병정兵正도 있었다. 지방의 군사와 재정 업무를 향리층이 도맡아 했던 것이다.

이처럼 고려의 향리들은 지방에서 독자적인 지위도 누렸고 과거나 음서를 통해 중앙의 관리로 진출할 수 있었다. 이색이나 정도전 등은 모두 과거에 합격한 뒤 중앙 관직에 진출한 향리 출신이다. 이처럼 잘 나가던 향리들은 조선시대에 들어와 중앙의 강력한 향리 견제 정책과 과거 응시의 제한 등으로 비참한 처지로 전락했다.

고려에 이민 온
외국인들

고려는 개방적이었다. 외국과의 교류도 활발했고 외국인들도 인종과 국적을 가리지 않고 받아들였다. 한족, 거란족, 여진족 등 북방의 이민족과 위구르, 티베트, 서역인 등 용모가 뚜렷이 다른 나라의 사람들이 고려에 귀화해 살았다. 여진이나 거란, 일본인 등은 난을 피해 집단으로 고려에 귀화하기도 했다. 그중 적지 않은 수의 외국인들은 고려 조정에서 요직을 맡아 정치사의 한 대목을 장식하기도 했다. 광종 때 과거제 도입을 주도했던 후주 출신의 쌍기가 대표적인 예다.

외국인들의 역할은 원 간섭기를 전후해 확연히 달라진다. 원 간섭기 이전의 외국인들은 대개가 고려 왕에 의해 기용되었는데, 선진 문물에 익숙한 이들은 왕의 측근으로서 왕권 강화를 위한 활동에 매진했다. 반면 원 간섭기에 들어온 외국인들 대부분은 원의 하수인으로서 고려를 간섭하기 위해 들어온 경우가 많았다. 이들은 고려에 많은 폐해를 남기기도 했다.

고려에 이민 온 귀화인 수는 엄청난 규모였다. 태조에서 의종 말년(918~1170)까지 귀화인은 한족, 거란계, 여진계, 발해계 등을 합해 총 17만 명에 달했다. 태조에서 인종 때(918~1146)까지 고려에 귀화한 여진인만 총 481회에 걸쳐 3만 3000명에 달했다. 일본인 역시 모두 22회에 걸쳐 고려에 귀화했다. 흔히 우리 민족을 단일민족이라고 하는데, 역사 속 이런 귀화 사례를 보면 최소한 혈통 면에서만은 단일민족이 아니다.

귀화인 중 주목할 만한 활동을 통해 『고려사』 열전에 실린 인물만 해도 30여 명에 이르렀다. 송 출신으로 예종 때 보문각대제에 오른 호종단胡宗旦, 위구르인으로 조선의 개국공신이 되어 연산부원군에 봉해진 설장수偰長壽, 여진족 출신으로 동지밀직시사가 되어 명 사신 임밀과 채빈을 호송하다 죽였던 김의金義 등이 대표적인 인물이다.

역사의 희생양
이원계

　이원계李元桂(1330~1388)는 역사의 뒤안길에 쓸쓸히 묻힌 인물이다. 이원계는 이성계의 이복 맏형으로 어렸을 때부터 학문과 무예에 출중해 동생과 쌍벽을 이뤘다고 한다. 이복형제였지만 이성계를 포함한 3형제는 우애가 두터웠다.

　이원계는 아우 이성계와 함께 홍건적과 왜구를 토벌하는 데 종군하여 공을 세웠다. 1359년(공민왕 8) 홍건적의 제1차 침입 때는 공을 세워 2등 공신에 올랐고, 1361년 제2차 침입 때는 내부령으로서 안우, 정세운 등과 함께 박주에서 홍건적을 크게 무찔러 또다시 2등 공신으로 책록되었다. 1357년 김의가 심왕 고와 함께 신주로 공격해올 때는 동지밀직으로 원수가 되어 서북 방어를 맡아 공을 세웠다. 이후 우왕 재위 기간 중 빈번한 왜구 침입 때도 원수, 양광도순검사로서 왜구 토벌에 공을 세웠다. 이원계는 동생 못지않게 왜구와 친원파 토벌에 공을 세워 고려에서 출셋길을 걸었다.

　형제간에 입장 차이가 생긴 것은 요동 정벌 때였다. 이원계는 요동 정벌 때 조전원수로서 출전했다. 그는 이성계의 위화도회군을 반대했다. 그러나 대세를 막을 수 없어 회군에 동행했다. 위화도회군 후 개국의 길을 걷는 이성계를 이원계는 막을 수 없었다. 그렇다고 우왕과 창왕을 신돈의 자식이라 누명을 씌워 폐위시키는 역성혁명파의 모반에 찬성할 수도 없었다. 결국 이원계는 진퇴양난의 상황에서 자살을 택했다. 1388년(우왕 14) 10월 23일 네 아들에게는 "너희는 나와 다르니 숙부(이성계)를 도와서 충효를 다하라"라는 유언과 죽음에 임하는 마음을 담은 절명시絶命詩를 남기고 음독 자결했다.

이원계의 흔적은 『태조실록』을 작성하는 과정에서 축소, 왜곡되었다. 역사의 뒤안길에 조용히 묻혀간 대장부의 뒷모습이 아닐 수 없다.

참고
문헌

「고려사高麗史」

「고려사절요高麗史節要」

「삼국사기三國史記」

「삼국유사三國遺事」

「선화봉사고려도경宣和奉使高麗圖經」

「조선왕조실록朝鮮王朝實錄」

「중국정사조선열국전中國正史朝鮮列國傳」

강희웅, 「고려 혜종조 왕위계승란의 신해석」, 「한국학보」 3권 2호, 1977

고석규 · 고영진, 「역사 속의 역사 읽기1」, 풀빛, 1996

국사편찬위원회, 「한국사 11∼21」, 1996

김갑동, 「태조 왕건」, 일빛, 2000

김기웅, 「나말여초의 정치사회와 문인지식층」, 혜안, 1996

김당택, 「원간섭하의 고려정치사」, 일조각, 1998

김당택, 「고려의 무인정권」, 국학자료원, 1999

김당택, 「우리 한국사」, 푸른역사, 2002

김두진, 「고려 광종대의 전제왕권과 호족」, 「한국학보」 5권 2호, 1979

김성철, 「고쳐쓴 조선역사」, 대한금융조합연합회, 1947

김승호 외, 「고려시대 인물전승」, 이회, 1999

김인호, 「우리가 정말 몰랐던 고려 이야기」, 자작, 2001

김일우, 「고려 초기 국가의 지방지배체제 연구」, 일지사, 1998

김재만, 「거란 · 고려관계사 연구」, 국학자료원, 1999

김재영 외, 「한국역사인물 뒤집어 읽기」, 인물과 사상, 2001

김창현 외, 「고려 500년 의문과 진실」, 김영사, 2001

노계현, 「고려외교사」, 갑인, 1994

노용필, 「광종 말년 태자 주의 정치적 역할」, 「진단학보」 68, 1989

독서신문사 편, 「한국사의 재조명」, 독서신문사출판국, 1975

레이 황, 「허드슨 강변에서 중국사를 이야기하다」, 권중달 옮김, 푸른역사, 2001

박경자, 「고려시대 향리 연구」, 국학자료원, 2001

박영규, 「한권으로 읽는 고려왕조실록」, 들녘, 1996

박옥걸, 『고려시대의 귀화인 연구』, 국학자료원, 1996

박종기, 『5백년 고려사』, 푸른역사, 1999

신복룡, 『한국사 새로 보기』, 풀빛, 2001

역사문제연구소, 『실패한 개혁의 역사』, 역사비평사, 1997

역사학연구소, 『교실 밖 국사여행』, 사계절, 1993

이기백 편, 『고려 광종 연구』, 일조각, 1981

이기백, 『고려 귀족사회의 형성』, 일조각, 1990

이기백 외, 『최승로 상서문 연구』, 일조각, 1993

이기백 편, 『한국사 시민강좌 13집』, 일조각, 1993

이능화, 『조선해어화사』, 이재곤 옮김, 동문선, 1992

이도학, 『진훤이라 불러다오』, 푸른역사, 1998

이도학, 『궁예 진훤 왕건과 열정의 시대』, 김영사, 2000

이배용 외, 『우리나라 여성들은 어떻게 살았을까 1』, 청년사, 1999

이승한, 『고려무인 이야기』, 푸른역사, 2001

이이화, 『한국사 이야기 5∼8』, 한길사, 1999

이재범 외, 『한반도의 외국군 주둔사』, 중심, 2001

이재범, 『슬픈 궁예』, 푸른역사, 2000

이종호, 『한국의 유산 21가지』, 새로운 사람들, 1999

이종호, 『세계 최고의 우리 문화유산』, 컬처라인, 2001

이희근, 『한국사, 그 끝나지 않는 의문』, 다우, 2001

인물한국사 편찬위원회, 『인물한국사 2』, 박우사, 1965

임종태, 『바다의 제국』, 새길, 1997

장수근, 『한국의 세시풍속』, 형설출판사, 1984

전기웅, 「고려광종대의 문신관료층과 '후생참적'」, 『역사와 세계』 9권 9호, 1985

정용숙, 『고려왕실 족내혼 연구』, 새문사, 1988

진순신, 『중국의 역사 7∼8』, 한길사, 1995

최용범, 『13인의 변명』, 청년사, 2002

하현강, 「고려왕조 성립기의 제문제」, 연세대학교 박사학위논문, 1984

하현강, 『한국중세사론』, 신구문화사, 1989

한국사편집위원회, 『한국사 25』, 한길사, 1994

한국여성연구소 여성사연구실, 『우리 여성의 역사』, 청년사, 1999

한국역사연구회, 『고려시대 사람들은 어떻게 살았을까 1∼2』, 청년사, 1997

한국역사연구회, 『고려의 황도 개경』, 창작과비평사, 2002

한국중세사학회 편, 『고려시대사 강의』, 늘함께, 1997

한용근, 『우리역사 우리문화』, 서경문화사, 2000

홍승기, 『고려태조의 국가경영』, 서울대학교, 1996

황선영, 『고려초기 왕권연구』, 동아대학교, 1993

하룻밤에 읽는
고려사

개정판	1쇄 발행 2022년 11월 28일
	2쇄 발행 2023년 11월 22일

지은이	최용범
펴낸이	최용범
편집	신상미
디자인	김규림
관리	강은선
인쇄	㈜다온피앤피

펴낸곳	페이퍼로드 paperroad
출판등록	제10-2427호(2002년 8월 7일)
주소	서울시 동작구 보라매로5가길 7 1322호
이메일	book@paperroad.net
페이스북	www.facebook.com/paperroadbook
전화	(02)326-0328
팩스	(02)335-0334
ISBN	979-11-92376-11-0(03910)